憲法上の面会交流権

吉岡万季

憲法上の面会交流権

―― 親の権利の日独比較 ――

学術選書
259
憲 法

信山社

はしがき

　本書は憲法上の面会交流権の主体・法的性質及び限界の解明を、日独の比較を通じて試みるものである。離婚した親と子どもが会う機会をもうけることは、従来親同士の協議に委ねられ、同居親が面会交流に消極的な場合、別居親がとる手段は限定されてきた。こうした問題状況を解決する一つの手段として、親子に面会交流権が保障されるという理論構成が、民法を中心に試みられ、一部の憲法学説でも行われてきた。しかしその面会交流権がそもそも憲法上のものかあるいは民法上のものかをはじめとして、その法的性質、内容については必ずしも明確ではない。このこともあり、従来の司法は、原告が主張する憲法上の面会交流権構想を受け入れてこなかった。
　このような私人間の紛争を中心に議論されてきた憲法上の面会交流権構想については、私人間紛争のみならず公権力による面会交流制限というような広い範囲において考えるべきではないか。本書は、このような問題意識を背景に、憲法上の面会交流権の主体・法的性質・限界を考察するものである。
　本書の狙いを端的に述べるならば、共同親権をめぐる議論とは別に、児童福祉法の領域等広い場面で主張ができる憲法上の面会交流権をもって、日本の現行制度の枠内では主張が困難な面会交流の実現を可能にする立法義務を憲法から導き出し、かつその枠組みを示すことにある。本書で述べるように、親子の面会交流制限については、主に司法の場での救済を通じて現行の法制度の枠組みで解決できる問題と、そうではない問題が存在する。そこで、前者はもとより、特に後者の問題解決にあたり、憲法論を展開する意義がある。
　ただ、ここで想定する、特に親の面会交流「権」が従来の「権利」と同一の法的性質・限界をもつかは疑問である。もとより、この親の面会交流権が、子どもをその意思にかかわらず、親の思い通りに扱うツールに成り下がってはならない。子どもには子どもの意思がある。そこで、面会交流権について踏み込む前に、憲法上の他の権利と異なるとされる、国家に対してのみならず子ども

はしがき

との関係をも意識した憲法上の親の権利の詳細を解明する意義があるといえるだろう。

本書は、中央大学に提出した博士論文「憲法上の面会交流権——憲法上の親の権利との関連で」について審査結果内容を可能な範囲で検討し、その後の判例、立法の動向及び学説に関する新たな研究成果を踏まえて追記、修正したものである。本書の構成は、以下のとおりである。

まず、第1章で、日本の問題状況及び憲法上の面会交流権について考察する必要性を述べる。ここで、2023年までの主な面会交流に関する訴訟・立法動向を加えた。

次に、第2章で、わが国の問題状況を確認したうえで、ドイツの親の権利に関する議論を参考に、親にのみ認められる権利の特性を考察する。

更に、第3章では、憲法上の面会交流権の法的性質と主体について、主にドイツの生物学上の面会交流権とその先にある議論を参考に検討した。ここでは、博士論文提出後の研究結果を踏まえ、特に2人親原則をめぐる議論について、内容を改めている。

第4章では、わが国の問題状況を簡潔に述べた上で、憲法上の面会交流権の限界について考察している。

最後に、結論では、日本の憲法上の面会交流権構想を述べる。ここでも、2023年までの面会交流に関する訴訟・学説・立法動向を踏まえ、改めて結論・課題を述べている。

離婚した親と子どもが会う機会をもつことを権利として保障すべきかどうか、いわゆる「面会交流権」をめぐる問題がわが国においても脚光を浴びつつある。これを「面会交流権」として保障すべきであるという点については、一見問題がなさそうにみえる。しかしその面会交流権がそもそも憲法上のものかあるいは民法上のものかをはじめとして、その法的性質、内容については必ずしも明確ではない。

本書が、権利としての面会交流権を考察することにより、現行制度の活用では救済できない親子の面会交流を実現するため、司法の判断に対する批判にとどまらず、国会が新たに立法すべき論拠及び立法枠組みを提示することができ

はしがき

ていれば幸いである。

　なお、本書の脱稿（2024年1月）後、2024年3月8日に共同親権制度の導入を含む民法改正案が国会に提出され、同年5月17日に成立した。面会交流権の問題にとって、この制度の導入が重要な意味をもつこと自体は否定されないであろう。しかし、本書はあくまでも「憲法上の面会交流権」をより広い視座の下で構想するものであり、むしろ共同親権制度の導入後にこそ、その存在意義がさらに問われるものと思われる。

2024年6月

　　　　　　　　　　　　　　　　　　　　　　　　　　　吉　岡　万　季

目　次

序　論 …………………………………………………………… 3
　Ⅰ　親と子どもの面会交流権？ …………………………………… 3
　Ⅱ　問題の所在と憲法上のアプローチの必要性 ………………… 3
　　1　民法766条 …………………………………………………… 3
　　2　憲法上の議論の必要性と意義 ……………………………… 4
　　3　ドイツの議論を検討する必要性 …………………………… 5
　Ⅲ　本書の構成 ……………………………………………………… 6

第1章　わが国における面会交流権をめぐる現状と
　　　　　ドイツとの比較の必要性 …………………………… 9
　Ⅰ　民法766条改正の経緯 ………………………………………… 9
　　1　1996（平8）年民法改正要綱案 …………………………… 9
　　2　2011（平23）年民法の一部改正 …………………………… 10
　　3　2011（平23）年民法改正に対する評価 …………………… 10
　　4　法制審議会の動き …………………………………………… 11
　Ⅱ　面会交流を実現するための手段の現状 ……………………… 12
　　1　面会交流をめぐる実務 ……………………………………… 12
　　2　面会交流と間接強制の可否 ………………………………… 14
　Ⅲ　民法における面会交流「権」についての議論状況
　　　及び実務並びに憲法上論ずる意義 …………………………… 15
　　1　民法における面会交流をめぐる学説 ……………………… 15
　　2　「面会交流原則実施論」の弊害 …………………………… 15
　　3　実務の動向 …………………………………………………… 17
　　4　憲法上の議論の意義 ………………………………………… 18
　Ⅳ　憲法上の議論の問題点 ………………………………………… 19

目　次

  1　本書の視座 ── 憲法上の権利としての面会交流権構想……… 19
  2　東京高決1967(昭42)年8月14日家月20巻3号64頁………… 19
  3　最決1984(昭59)年7月6日家月37巻5号35頁……………… 20
  4　Xの主張の問題点……………………………………………… 21
  5　別居親の面会交流権の憲法上の権利性が争われた事例……… 22
   (1)　原告の主張 (23)
   (2)　東京地裁(東京地判2019[令元]年11月22日法教474号
    123頁)の判断 (23)
   (3)　東京高裁(東京高判2020[令2]年8月13日判時2485号
    27頁)の判断 (24)
   (4)　評　価 (25)
   (5)　東京地判2022(令4)年11月28日 LEX/DB25572766 (26)
  6　学　説……………………………………………………………… 28
   (1)　根拠条文をめぐる争い (28)
   (2)　制度重視型と権利重視型の争い (31)
 Ⅴ　想定場面及び本書の視点……………………………………………… 31
  1　個別的検討の必要性…………………………………………… 31
  2　本書の視点……………………………………………………… 32
 Ⅵ　ドイツの特徴…………………………………………………………… 32
  1　基本法6条2項………………………………………………… 32
  2　ワイマール憲法における親の権利…………………………… 34
  3　ドイツを比較対象とする理由………………………………… 36
 Ⅶ　本章の小括……………………………………………………………… 37
  1　民法766条について…………………………………………… 37
  2　憲法論の必要性………………………………………………… 37
  3　個別具体的検討の必要性……………………………………… 38

第2章　憲法上の親の権利の輪郭
　　　──ドイツの学説・判例を参考に……………………… 41

- Ⅰ　日本国憲法における親の権利をめぐる議論………………… 41
  - 1　憲法上の親の権利を検討する意義……………………… 41
  - 2　わが国の学説状況………………………………………… 41
  - 3　比較法的考察の必要性…………………………………… 42
  - 4　他国の状況………………………………………………… 43
  - 5　本章の構成………………………………………………… 44
- Ⅱ　ドイツの親の権利主体・法的性質・国家による介入……… 44
  - 1　憲法の優位思考の展開…………………………………… 44
    - (1) ホルツハウアーの見解（44）
    - (2) 以降の学説（46）
  - 2　権　利　主　体…………………………………………… 47
    - (1) 親（47）
    - (2) 子　ど　も（47）
  - 3　親　の　権　利…………………………………………… 48
    - (1) 自然的権利としての親の権利（48）
    - (2) 防御権としての親の権利（52）
  - 4　親　の　義　務…………………………………………… 53
    - (1) 基本義務としての親の権利（53）
    - (2) 親の権利理解について他の基本権と一線を画すものと理解する見解の台頭及びその見直し（54）
    - (3) 第二段階の学説とこれに異議を唱える権利理解（第三段階）の争い（61）
  - 5　実質的保障領域…………………………………………… 73
  - 6　親の権利の時間的な保護領域の射程…………………… 74
  - 7　制度的保障の核及び保障次元…………………………… 74
  - 8　監　督　任　務…………………………………………… 75
    - (1) 親の権利への介入（75）

目　次

　　　(2) 監督任務に関する学説 (76)

　　9　小　括 …………………………………………………… 81

　Ⅲ　ドイツの親の権利学説の新傾向 ………………………… 82

　　1　ドイツ法体系における子どもの存在 ………………… 82

　　2　国家に対する子どもの権利 …………………………… 83

　　　(1) 連邦憲法裁判所の立場 (83)

　　　(2) 学　説 (84)

　　3　親に対する子どもの権利？ …………………………… 85

　　　(1) 親子間への基本権効力に関する議論 (85)

　　　(2) 間接効力説と親子 (87)

　　　(3) 無 効 力 説 (89)

　　　(4) 連邦憲法裁判所判例の展開 (90)

　　4　子どもの基本権名宛人修正及びそれにより生じた問題 ……… 91

　　　(1) 司法の場における動き (91)

　　　(2) 子どもの基本権カタログ創出の試み (92)

　　　(3) 子どもの基本権カタログ (93)

　　　(4) 子どもの基本権具体化により生じた問題 (97)

　　5　子どもの福祉の法的内容理解とこれによる国家介入閾値
　　　の明確化 —— ヴァプラーを中心に ……………………… 97

　　　(1) 子どもの福祉の法的内容をめぐるイエシュテット説 (97)

　　　(2) 子どもの福祉の法的内容をめぐるヴァプラー説 (98)

　　6　第三段階で主張された学説の健在及び子どもの意思の扱い
　　　……………………………………………………………… 100

　　　(1) ヴァプラーの見解のもう一つの特徴 (100)

　　　(2) 子どもの意思の扱い (102)

　　　(3) ヴァプラーによる「子どもの福祉基底型の受託モデル」の
　　　　否定 (107)

補論 —— ドイツにおける子どもの意思の聴取制度 ……………… 108

　1　新配慮法の成立と手続法の改正 ………………………… 109

　2　ドイツの家裁制度 ………………………………………… 110

Ⅳ　本章の小括及び考察 ………………………………………… 111

第 3 章　憲法上の面会交流権の法的性質と主体 ………… 113

　Ⅰ　権利の法的性質 ………………………………………………… 113
　　1　ドイツの面会交流制度 ……………………………………… 113
　　　(1) 歴史的沿革（113）
　　　(2) 面会交流権者の範囲（115）
　　　(3) 家庭裁判所の交流決定の権限（115）
　　　(4) 交流支援・保護（116）
　　　(5) 児童並びに少年援助法による交流支援（117）
　　　(6) ハーグ条約実施状況（117）
　　2　面会交流権の法的性質 ……………………………………… 119
　　　(1) 1971年の連邦憲法裁判所の判決（119）
　　　(2) 学説の評価（119）
　　　(3) 親の人格的利益の保護と親の意思に反する面会交流の強制
　　　　　──親の事実上の固有の利益の優先？（121）
　　3　子どもの面会交流権 ………………………………………… 121
　　4　子どもの福祉 ………………………………………………… 122
　　5　小　括 ………………………………………………………… 123
　Ⅱ　権利の主体 ……………………………………………………… 123
　　1　問題の所在 …………………………………………………… 123
　　2　ドイツにおける生物学上の父の面会交流権
　　　　及びそれに伴う問題 ………………………………………… 124
　　　(1) 法における生物学的父子関係の取り扱いの変遷（124）
　　　(2) 生物学上の父の面会交流権の問題点（126）
　　　(3) 連邦憲法裁判所の決定（生物学上の父が父性否認権と
　　　　　面会交流権を主張した事案、BVerfGE 108, 82）（126）
　　　(4) 欧州人権裁判所による生物学上の父の面会交流権（131）
　　　(5) 立法者の対応（135）

(6) ドイツにおける国際法の影響（138）

　　　(7) 生物学上の父の面会交流権は親の権利として根拠づけ
　　　　 られるか（161）

　　3　2人親原則の「崩壊」と同原則の位置づけ……………………167

　　　(1) 2人親原則の「崩壊」（168）

　　　(2) 子どもの基本権の具体化と親の権利の実質的保護領域
　　　　 拡大の基礎づけ（173）

　　　(3) 2人親原則の位置づけ（175）

　　　(4) 祖父母の面会交流権（187）

　　　(5) 養子に出される子どもと実親の面会交流（189）

　Ⅲ　本章の小括………………………………………………………………192

　　1　前章の検討……………………………………………………………192

　　2　ドイツにおける面会交流制度と面会交流権主体の拡大………192

　　3　2人親原則の崩壊？…………………………………………………192

　　4　祖父母の面会交流権及び養子縁組に出された子どもの
　　　　実親の面会交流権…………………………………………………193

第4章　権利の限界……………………………………………………195

　Ⅰ　個別の場面における面会交流権の限界を検討する必要性……195

　Ⅱ　公権力による面会交流の制限………………………………………196

　　1　はじめに………………………………………………………………196

　　2　問題状況………………………………………………………………196

　　　(1) 公権力による親子の面会交流規制の現状（196）

　　　(2) 近時の判例動向（198）

　　　(3) 近時の判例を踏まえた憲法上の議論の必要性（203）

　　3　憲法上の議論の問題点……………………………………………203

　　4　子どもの保護を目的として分離された親子の
　　　　面会交流規制基準の考察——基本法6条3項の適用及び
　　　　コロナ禍における面会交流規制を中心に……………………204

(1) 基本法6条3項の規範内容 (204)
　　　(2) 里親に託置されている子どもと親の面会交流排除事例 (206)
　　　(3) コロナ禍における面会交流規制 (208)
　　5　小　括……………………………………………………………… 210
　Ⅲ　私人間の紛争における面会交流の限界 ……………………………… 210
　　1　問 題 提 起…………………………………………………………… 210
　　2　私人間の面会交流紛争に関する判例 ……………………………… 211
　　　(1) 同居親による面会交流拒否 (211)
　　　(2) 評　価 (212)
　　　(3) 別居親による拒否 (212)
　　　(4) 評　価 (213)
　　　(5) 子どもによる拒否 (214)
　　3　小　括………………………………………………………………… 215
　Ⅳ　生物学上の親による面会交流請求 …………………………………… 216
　　1　問 題 提 起…………………………………………………………… 216
　　2　生物学上の父による面会交流請求の限界 ………………………… 216
　　　(1) 家事事件手続法167a条における出自鑑定制度 (216)
　　　(2) 連邦憲法裁判所による判断 (217)
　　　(3) 評　価 (219)
　　3　小　括………………………………………………………………… 220
　Ⅴ　本章の小括及び考察 …………………………………………………… 221
　　1　公権力による面会交流制限の類型化 ……………………………… 221
　　2　私人間の面会交流紛争の類型化 …………………………………… 222
　　3　生物学上の父の面会交流権の限界 ………………………………… 223

結論── わが国における憲法上の面会交流権 …………………………… 225
　Ⅰ　わが国における憲法上の親の権利 …………………………………… 225
　　1　ドイツの親の権利論の概要 ………………………………………… 225

目　次

　　2　わが国とドイツの差異……………………………………………226
　　3　わが国における憲法上の親の権利学説の
　　　　議論状況に対する示唆……………………………………………228
　　　(1)　親権の法的性質をめぐる議論（229）
　　　(2)　憲法学説状況（231）
　　　(3)　西　原　説（234）
　　　(4)　横　田　説（235）
　　　(5)　両者の差異及び考察（235）
　　　(6)　近時の学説（237）
　　　(7)　主な論点の検討（238）
　　　(8)　自説の問題点（242）
　　　(9)　判　例　動　向（243）
　　4　小　　括…………………………………………………………………244
　　　(1)　わが国の親の権利学説への示唆（244）
　　　(2)　面会交流権の検討へ（245）
　Ⅱ　面会交流権の法的性質・主体…………………………………………246
　　1　面会交流権の法的性質……………………………………………246
　　2　義務者と義務内容…………………………………………………249
　　3　面会交流権の主体拡大可能性……………………………………250
　　4　わが国の面会交流実務への示唆…………………………………251
　　5　面会交流権主体を拡大するさいの留意事項……………………251
　　6　祖父母の面会交流権………………………………………………252
　　7　養子縁組に出された子どもの実親の面会交流権………………255
　Ⅲ　面会交流権の限界………………………………………………………255
　　1　公権力による面会交流制限の類型化……………………………255
　　2　司法の新傾向………………………………………………………257
　　　(1)　大阪地判2022（令 4 ）年 3 月24日判例タイムズ1506号129頁（257）
　　　(2)　評　　価（260）
　　　(3)　大阪高判2023（令 5 ）年 8 月30日 LEX/DB25596449（261）
　　　(4)　評　　価（263）

3　議論が望まれる場面……………………………………………264
　　　(1) 里親のもとにいる子どもと親の面会交流規制（264）
　　補論——里親の面会交流権？………………………………………266
　　　(2) コロナによる面会交流制限（270）
　　4　私人間の面会交流紛争の類型化……………………………………271
　　5　生物学上の父の面会交流権の限界………………………………272
Ⅳ　現行制度の合憲性及び今後の立法指針に関する検討……………272
　　1　私法における面会交流をめぐる現行制度の検討………………272
　　2　公権力による親子の面会交流制限について……………………277
Ⅴ　今後の課題……………………………………………………………278

謝　辞（281）

憲法上の面会交流権

序　論

　本書は、憲法上の面会交流権の主体・法的性質及び限界の解明を、日独の比較を通じて試みるものである。なぜ権利としての面会交流権を考察するのか。それは、現行制度の活用では救済できない親子の面会交流を実現する立法を、国会が実現すべき論拠を提示することを最終目的としているからである。

Ⅰ　親と子どもの面会交流権？

　離婚した親と子ども[(1)]が会う機会をもつことを権利として保障すべきかどうか、いわゆる「面会交流権」をめぐる問題がわが国においても脚光を浴びつつある。これを「面会交流権」として保障すべきであるという点については、一見問題がなさそうにみえる。しかしその面会交流権がそもそも憲法上のものかあるいは民法上のものかをはじめとして、その法的性質、内容については必ずしも明確ではない。

Ⅱ　問題の所在と憲法上のアプローチの必要性

1　民法766条

　2023年現在わが国においては、民法766条の規定において離婚のさいに別居親と子どもの面会交流について協議するように定められている。この規定は、「民法等の一部を改正する法律（2011［平23］年第61号）」によって、従来の規定（「①父母が協議上の離婚をする時は、子の監護をすべき者その他監護について必要な事項は、その協議で定める。協議が調わない時、又は協議をすることができな

---

(1) 本書では特に断りのない限り、従来の子どもの権利条約の定義に従い、18歳未満の者を「子ども」と表記する。

いときは、家庭裁判所が、これを定める。②子の利益のため必要があると認めるときは、家庭裁判所は、子の監護をすべき者を変更その他監護について相当な処分を命ずることができる。③前二項の規定によっては、監護の範囲外では、父母の権利義務に変更を生じない」。）から改正されたものである。

　しかし、権利としての性格ははっきりしない。同規定はあくまでも離婚後の親子の面会交流の存在を認め、少なくとも子どもの監護や面会交流についての親の協議義務は定められているととらえられるが、面会交流に関する具体的な権利義務を定めているようには読み取ることはできない。そして、面会交流を望む別居親と面会交流を拒む同居親が対立した場合、ごく一部の手段を除き、面会交流を実現する手段は限定されている。

　この現状を解決するために、民法上複数の学説が展開されているが、その権利性を認める場合、論点が複数生じる。すなわち、「親の権利か子どもの権利か、面会交流を求められる人的範囲はどこまでか、祖父母や兄弟姉妹などの父母以外の第三者が子に対する面会交流をする権利が認められるのか、それとも子の利益となる限りで認められる弱い権利や法的利益というべきか」というテーマにまで発展し、混迷を極めている。

　実務においては、一部の判例が、民法における「面接ないし交渉する権利」を認めたとされている。また、別の審判を踏まえると、面会交流は親の権利のみでならず義務であるというようにもとらえられうる。

2　憲法上の議論の必要性と意義

　このような議論の混迷から抜け出すためには、民法とは異なる切り口となる憲法上の議論が望まれる。しかし、学説上は、根拠条文をはじめ、議論は流動的である。そして、現在裁判所は権利の内容が不明確であることを理由に憲法上の面会交流権を認めない。

　その結果、司法の場で、積極的な面会交流支援制度構築を国家は怠ったと別居親が主張した。しかし、かような立法不作為による国家賠償請求は、司法機関で認められなかった。この傾向は、その後複数の判例を経ても変化はない。

　原告の主張がそのまま認められるか否かはさておき、この訴訟によって提起された面会交流権をめぐる問題については、先述したように民法学だけではな

く憲法学からのアプローチが必要であるように思われる。

確かに、社会には多様な親子関係があり、家族法については憲法24条2項は、立法者が「法律でこれを定める」としている。しかし、憲法が家族法の内容をその時々の立法者に丸投げしているとは考えられず、立法裁量の広狭はあるとしても、そこには当然、憲法上の枠があるはずで、その解明は憲法学の責務である。また、従来憲法上の親の権利は、親権を想定していた。憲法上の面会交流権を想定することによって、少なくとも従来の憲法上の親の権利理解に新たな視点を加えることが期待できる。

更に、面会交流の議論は、近年、離婚の場面に集中する傾向にあるが、面接交流権の限界については、より広くそして個別具体的に考えるべきであろう。面会交流が問題になるのは離婚の場面だけではなく、広く公権力による面会交流制限が問題となる場面について、個別具体的な限界を考えるべきである。

以上のような問題意識にもとづき、本書では、憲法論として面会交流権の主体、法的性質、限界を明らかにする。

3　ドイツの議論を検討する必要性

そして、本書では、先述した比較憲法的対象として、ドイツの議論を検討する。

ドイツでは、基本法6条2項において、親の権利が明文で規定されている。そのため、親の権利の法的性質に関する議論が蓄積し、現在は連邦憲法裁判所による2013年判決以降の子どもの基本権の具体化への対応を迫られている。また、子どもの権利条約を批准しているというわが国との共通点がある。このようなドイツの議論状況を参考にすることによって、わが国の憲法上の親の権利の法的性質や争点について考察をするのみならず、憲法上の親の権利の1つである面会交流権の法的性質、主体そして限界について検討することが可能になる。

また、ドイツでは、面会交流権についてそれが子どもの権利のみならず親の権利であるという理論構成をとっている。この点も、親の権利が実質的には権限にすぎないのではないか、というわが国の学説にとって重要な示唆となるのではないか。

序　論

Ⅲ　本書の構成

　本書の構成は、次のとおりである。
　まず、第 1 章では、考察の前提として、わが国における面会交流権をめぐる問題状況を指摘する。わが国では面会交流に関する積極的な国家による支援を求める声があるが、そもそも面会交流権の法的性質が民法上も憲法上も定まっていない。そして、その状況を打破するための処方箋の一つとして、ドイツを対象とする比較憲法的考察がいかに必要かつ重要かを述べる。
　次に、第 2 章では、面会交流権を検討する前提として、「憲法上の親の権利」に関する学説状況を確認したうえで、ドイツにおける「親の権利」の主体・法的性質・限界に関する学説・判例を検討する。そもそもわが国において、憲法上の親の権利については根拠条文・法的性質・限界をめぐる争いがある。ドイツにおける親の権利をめぐる議論は、この争いへの示唆をもたらす。
　更に、第 3 章において、ドイツの学説・判例を参考に面会交流権の法的性質・主体を検討する。後者については、生物学上の父、祖父母、養子に出された子どもの実親を想定する。
　そのうえで、第 4 章では同様の手段で面会交流権の個別の限界を生物学上の親の面会交流請求、公権力による親子の面会交流制限及び私人間の紛争の 3 点から明らかにする。
　ドイツにおける面会交流権は親の権利とパラレルに語られうるが、親自身の利益がそこにあると考えられる。そして、その主体は広がる余地があるが、あわせて限界があるかも検討するべきである。そして、主体の限界とは別に、面会交流権の限界を個別に検討しなければならない。この点についても、ドイツの学説・判例が参考になる。
　そして最後に結論で日本法への示唆を導き出す。ここでは、親の面会交流権の根拠条文、法的性質、主体及び限界を明らかにする。そのさいにドイツの議論を参考にする。
　なお、本書のもととなる拙稿博士論文は、修士論文「憲法上の権利としての面会交流権──ドイツにおける交流権（Umgangsrecht）を題材に」（2015 年）の内容について更に考察を深めたものである。具体的には、前掲論文の内容に

ついて、わが国の近時の判例・学説動向及びドイツの2013年以降の学説状況を加えたうえで、前掲論文が主に想定している離婚のさいの面会交流よりも広い場面を検討している。

第1章　わが国における面会交流権をめぐる現状とドイツとの比較の必要性

I　民法766条改正の経緯

1　1996（平8）年民法改正要綱案

　社会には多様な親子関係があり、家族法については憲法24条2項が、立法者は法律でこれを定めるとしている。

　しかし、後に詳細に検討する2019年から始まった訴訟で問題となった憲法上の面会交流権という重要な権利もそのように解して良いのだろうか。

　わが国においては2023年現在、民法766条の規定において離婚のさいに別居親と子どもの面会交流について協議するように定められている。この規定は、「民法等の一部を改正する法律（平23年第61号）」によって、従来の規定[1]から改正されたものである。

　ただし、民法766条はこれより以前に1996（平8）年要綱案によって改正の提言がなされている。この改正提言内容は以下のとおりである。まず、「子の監護に必要な事項の定め」として1項で「父母が協議上の離婚をするときは、子の監護をすべき者、父又は母と子との面会及び交流、子の監護に要する費用の分担その他の監護について必要な事項は、その協議でこれを定めるものとする。この場合においては、子の利益を最も優先して考慮しなければならないものとする。」とした。次に、2項で「1の協議がととのわないとき、又は協議をす

---

[1]　「①父母が協議上の離婚をする時は、子の監護をすべき者その他監護について必要な事項は、その協議で定める。協議が調わない時、又は協議をすることができないときは、家庭裁判所が、これを定める。
　　②子の利益のため必要があると認めるときは、家庭裁判所は、子の監護をすべき者を変更し、その他監護について相当な処分を命ずることができる。
　　③前二項の規定によっては、監護の範囲外では、父母の権利義務に変更を生じない」。

ることができないときは、家庭裁判所が、1の事項をさだめるものとする」とした。更に、3項で「家庭裁判所は、必要があると認めるときは、1又は2による定めを変更し、その他の監護について相当な処分を命ずることができるものとする」とした。最後に4項で、「1〜3までは、監護の範囲内では、父母の権利義務に変更を生ずることがないものとする」とした。しかし、この提言は実現しなかった。

2　2011(平23)年民法の一部改正

そして、2011年に児童虐待を防止するために先述した「民法等の一部を改正する法律（2011［平23］年61号）」によって、現在の766条が規定されることになった。この法律は、「児童虐待の防止等を図り、児童の権利利益を擁護する観点から、親権の停止制度を新設し、法人又は複数の未成年後見人を選任することができるようにすること等の措置を講ずる為、民法の改正を行い、これに伴い家事審判法及び戸籍法について所要の改正を行うとともに、里親委託中等の親権者等がいない児童の親権を児童相談所長が行うこととする等の措置を講ずる為、児童福祉法の改正を行う必要がある[2]」ため立法された。したがって、立法理由において明確に面会交流には言及されていない。

3　2011(平23)年民法改正に対する評価

法務省の説明によれば、この766条改正の意義は「子の利益の観点の明確化等」にあり、「親子の面会交流等についての明文規定がない」ため現行規定をもうけたとされる[3]。しかし、この規定はあくまでも離婚後の親子の面会交流の存在を認め、少なくとも子どもの監護や面会交流についての親の協議義務は定められているととらえられるが、面会交流に関する具体的な権利義務を定めているようには読み取ることはできない。

以上のような事実をもとにこの改正は「突然」のものと評されている[4]。なぜならば、先述した1996年改正要綱案のうち、1項の「父又は母と子との面

---

(2)　http://www.moj.go.jp/content/000070714.pdf（最終確認日：2022年12月31日）

(3)　http://www.moj.go.jp/content/000082603.pdf（最終確認日：2022年12月31日）

会及び交流」の後半部分が「面会及びその他の交流」に変わったのみで、あとは同要綱案通りに改正されているからである。これは、2011年の法制審議会で法務大臣から答申された内容ではなく、婚姻、離婚制度の体系的な見直しを目指した1996年の答申の中に含まれていた内容を切り出して、今回の改正法案に盛り込んだものである。なぜこのような手段をとったのか。それは「子どもの利益の為の改正という意味で、多少の繋がりがある」からだという[5][6]。また、面会交流に関して同条以外の新たな法律も設けられてはいない。

4　法制審議会の動き

　2019年に父母の離婚後の子の養育の在り方に関する民事法制の見直しを検討する「家族法研究会」が設けられ、2021年3月に「家族法研究会報告書──父母の離婚後の子の養育の在り方を中心とする諸課題について」を公表した。同年2月に、当時の法務大臣により、法制審議会に、養育費、面会交流、離婚後の共同親権などの離婚及びこれに関連する家族法性の見直しを諮問し、同年3月末より、法制審議会家族法制部会が立ち上がり、協議離婚制度や離婚後の子の養育をめぐる法制の見直しの調査審議を開始した。

　そして、2022年11月には、中間試案が取りまとめられた。本書が掲げるテーマに関連する点は、以下のとおりである。

　まず、父母の協議離婚の際に、子どもの監護に必要な事項（親子交流［面会交流］や監護費用［養育費］）の取決めを義務化する甲①案、子の監護に必要な事項の定めにおいて弁護士等の確認を要求する甲②案、子の監護に必要な事項の定めは要件化しないが、促進策を検討する乙案が示された。

　次に、親子交流に関する裁判手続の見直しとして、（ア）審判前の保全処分と

---

(4)　飛澤知行「児童虐待防止のための親権制度の見直しについて──平成23年民法等の一部を改正する法律（民法改正部分及び家事審判法改正部分）の概要」戸籍時報689号（2012年）48頁。
(5)　飛澤・前掲注(4)47-48頁。
(6)　面会交流というテーマは親子法に係る事項であり、1996年以降民法改正委員会や学会によって改正案が何度も出されている。改正案のまとめについては、梶村太市「家族法の改正をめぐる諸問題」戸籍時報675号（2011年）27頁以下参照。

して、暫定的な親子交流の実施を命じる制度、(イ)調停・審判の申し立てから比較的早い時期に家庭裁判所裁判官が関与して交流状況を観察させる制度が提案された。

　最後に、親以外の第三者と子との交流については、親権者（監護権者の定めがある場合は監護者）との協議により、子との交流をすることができる旨の規律をもうけるものとし、その要件等について引き続き検討するものであるとされた(7)。

　これらの案に対しパブリック・コメントを通じて寄せられた意見の検討が行われた。また、2023年4月に同部会は、共同親権制度を導入する方針を確認している。

II　面会交流を実現するための手段の現状

1　面会交流をめぐる実務

　そもそもわが国においては、2011年の民法改正より前から、実務において主に家庭裁判所の審判事項として親子の面会交流は扱われていた。ここにいう「面会交流」（面接交渉）とは、「親権者・監護者でない為、子を現実に監護教育できない親（別居親）と子が会ったり、手紙や電話で交流すること(8)」をいう。別居親がまず求めることは、「直接、子と会って交流する方法（直接交流）」である(9)。この要求が父母の葛藤や子自身が会いたがらない場合、直接的な面会ではなく、手紙、ビデオ、写真、成績表の送付など間接的に交流する方法（間接的交流）にとどまる場合もある(10)。原則としてDVや児童虐待等親

---

(7)　中間試案をめぐる議論状況を総括したものとして、棚村政行「中間試案について——研究者の立場から」ジュリスト1582号（2023年）14-25頁が挙げられる。

(8)　二宮周平『家族法［第5版］』（新世社、2019年）122頁。

(9)　例えば、「毎月2回などの面会の頻度、宿泊の有無、場所と送り迎えの方法、費用負担」等を定めるが、当事者の合意をする前に面会の試行を実施したり、父母間の葛藤・信頼関係の再構築の度合いによっては家庭裁判所調査官の指導、弁護士その他の第三者の付き添い・立ち合いが条件とされるケースも存在する（二宮・前掲注(8)129頁）。

(10)　二宮・前掲注(8)129頁。

としての不適格性が顕著である場合には、間接的な交流さえも認められない場合もあるが、そうではない場合には「現時点で直接の面会交流が不可能であっても、可能な限り、それに代わる何らかの親子の交流を保障し、将来の直接的な面会交流に発展させる基盤づくりをしておくことが、子の福祉のためには不可欠[11]」であると主張されている。

　もっとも先述したように、親子の面会交流についてわが国では民法766条以外に特に定まった規定は存在しない。実務上面会交流不履行の場合には、履行勧告、間接強制等[12]といった手段が存在する。面会交流の実施についてはあくまでも当事者の合意が原則とされているが、これだけでは同居親による面会交流の不履行（ボイコット）に対抗する手段が存在しない。そのために実務上はあくまでも合意を前提とした上で、必要とあれば強制的な実現手段を用いている。実務家によって現在特に問題視されていることは、「子の監護に関する調整」に関する履行勧告の増加傾向である。今日面会交流の履行を求める申し出が増加し、かつ家裁調査官による勧告によって履行される確率が低い[13]。当事者による話し合いや履行勧告のみに委ねるには、限界があるといえる。そのため、実務上間接強制が認められてきた[14]。

---

(11) 二宮・前掲注(8)129-130頁。もっともこの考えについては、慎重に検討しなければならない。詳細については、後述する。

(12) 後述する訴訟においては、「別居親と子との面会交流について、まずは父母の協議により定めることとし、協議により定めることができないときは、家庭裁判所の調停、審判により定めるという法制度は不合理なものとはいえない。また、別居親と同居親との間で調停、審判により面会交流の具体的日時、場所、方法等が決定されていれば、同居親がその履行を怠った場合には、家庭裁判所に対し、履行勧告の申出を行うこともできるし（家事事件手続法289条1項）、これを履行しなかった同居親に対しては、別居親から不法行為に基づく損害賠償請求をすることができる場合もある。さらに、調停・審判において面会交流の日時又は頻度、各回の面会交流の長さ、子の引渡しの方法等が具体的に定められ、同居親がすべき給付の特定に欠けることがないといえる場合には、当該調停、審判に基づき間接強制決定（民事執行法172条）をすることもできる」と整理されている（東京高判2023［令5］年8月31日 LEX/DB25596453）。ただし、問題は、本文で示しているように、これらの手段の実効性である。

(13) 細矢郁「面会交流の理論と実務（その2）裁判官の立場から」戸籍時報690巻（2012年）46頁。

第 1 章　わが国における面会交流権をめぐる現状とドイツとの比較の必要性

2　面会交流と間接強制の可否

　面会交流に関する義務不履行の場合に間接強制をすることが可能か否かは争いがあるが、これについては実務上部分的に承認されている。しかし、問題がないわけではない。間接強制は本来強制すべき債務名義として執行力を有するのは、特定の給付を為すことを合意の内容とする給付条項のみであるとされている（高松高決2002［平14］年6月25日家月55巻4号66頁）。つまり、間接強制を実現するためには給付内容の特定が必要である。しかし、裏を返せば給付内容の特定ができなければ間接強制は不可能である。つまり、状況によっては給付内容の特定すらできず面会交流を望んでもそれが実現できないという事態が生じうる。ここに民法上の面会交流実現手段の限界が存在する。このような手段を尽くした場合、別居親には打つ手がなくなる[15]。なお、ハーグ条約による接触の権利とその行使については、使える場面が限定されるため、現状を全面的に解決するには適していないといえよう[16]。

---

[14]　最決2013（平25）年3月28日民集67巻3号864頁。

[15]　面会交流の実効性を図るためには事後的救済ではなく、事前に当事者に必要な情報を十分に提供し、離婚後の親子の交流を理解したうえで調停手続に入ること、そして納得の上での合意を形成することが重要であり、近道であると説明されている。そのため、最高裁判所家庭局は面会交流について啓発活動を行っている。また、面会交流を行っていく過程で起こるトラブルや相談に応じ、当事者をサポートする体制が不可欠であるとされている（二宮・前掲注(8)130-131頁）。詳細については、桑田道子「面会交流の合意内容を実現するための支援活動」戸籍時報685号（2012年）39頁以下参照。

[16]　わが国におけるハーグ条約の実施状況については、少なくとも面会交流事案については着実に実績をあげていると評価されている（大谷美紀子・西谷祐子編著『ハーグ条約の理論と実務——国境を越えた子の奪い合い紛争の解決のために』［法律文化社、2021年］85-86頁）。なお、2020年4月1日から2021年3月までの間に、「国際的な子の奪取の民事上の側面に関する条約の実施に関する法律」に基づき外務大臣に対してなされた日本国面会交流援助（日本国内に所在する子どもとの面会交流援助）及び外国面会交流援助（日本国以外の条約締約国に所在する子どもとの面会交流援助）件数は、それぞれ3事案であり、いずれも昨年度と比較して増加傾向にある（詳細については、高橋あゆみ・木田佳央人「国際的な子の奪取の民事上の側面に関する条約の実施に関する法律の実施状況について」家庭の法と裁判35号［2021年］160-165頁参照）。

Ⅲ 民法における面会交流「権」についての議論状況及び実務並びに憲法上論ずる意義

1 民法における面会交流をめぐる学説

ここで民法における面会交流をめぐる学説を簡潔ながらみていく。先述したように、わが国では親子の面会交流は民法766条で明文化されているが、その権利性は明らかにされていない。面会交流権の民法上の権利性について、①親子関係から導かれる親固有の権利説[17]、②潜在的な親権・監護権の一部とする説[18]、③子どもの権利説[19]、④（実体的）権利性否定説[20]、そして⑤面会交流権は親の権利であると同時に子どもの権利でもあるとする説（複合的権利説)[21]と見解は多岐にわたる。

2 「面会交流原則実施論」の弊害

また、民法学における面会交流権の権利性をめぐる対立の中で、④を主張する梶村太市により、いわゆる「面会交流原則実施論」の弊害が主張されている。梶村は、次のように主張する。「面会交流原則実施論」は、「調停の基本方針としては、面会交流を禁止・制限すべき事由の判断要素ないし基準（①子どもの連れ去り、②子どもの虐待、③監護親へのDV等の3原則）に該当しない限り面会交流を認めるべきであり、その円滑な実施に向けて審理・調整を進める」というものである。それは、「調停・審判を通じての運用基準であり、しかもその原則に従って成立した調停や審判は不履行であれば間接強制によって実現することを前提としているもの」と解される[22]。それは理論的には、「判断基準に

---

[17] 久貴忠彦「面接交渉覚書」阪大法学64号（1967年）99頁以下参照。
[18] 野田愛子「面接交渉の権利性について」最高裁判所事務総局家庭局編『家庭裁判所の諸問題（上)』（法曹会、1969年）209頁等が挙げられる。
[19] 相原尚夫「面接交渉の実務覚書」ケース研究114号（1969年）52頁等が挙げられる。
[20] 梶村太市「子のための面接交渉」ケース研究153頁（1976年）94-95頁。
[21] 棚村政行「離婚と父母による面接交渉」判例タイムズ952号（1997年）59頁、二宮周平「面会交流の権利性 —— 人格的構成(1)(2)(3・完)」戸籍時報785、787、789巻（2019年）2-11、2-9、2-9頁。

第1章　わが国における面会交流権をめぐる現状とドイツとの比較の必要性

ついて明白基準説（監護者が子の利益に反することを主張立証しない限り、すなわち子の利益に反することが明白でない限り、面会交流を実施するとする説）に立脚し、かつ実体的権利説を前提としている。」しかし、一部の最高裁判例がとる「適正措置請求権説（『面接交渉の内容は監護者の監護教育内容と調和する方法と形式において決定されるべきものであり、面接交渉権といわれるものは、面接交渉を求める請求権というよりも、子の監護のために適正な措置を求める権利である』）」や民法766条の「非実体的権利説」からは、「比較基準説（双方の諸事情を総合的に比較検討してこの利益に合致する時に限り実施するとする説）を採用すべきことになるので、原則的実施論はそれらの民法766条の明文規定・立法趣旨及び最高裁判決の趣旨にも反する[23]」。こうした原則的実施論の強行は、「子の利益」にかなうどころか、むしろ実施によって「子どもの被害が深刻化[24]」することがある[25]。

　このように、（特に別居親の）面会交流の実体的権利を主張する場合には実体的権利否定説を主張する実務家の主張を無視することはできないことが分かる。しかし、論者は実体的権利説を主張することはその権利内容構成次第では、監護親及び子どもの利益を守ることに繋がるのではないかと考える。つまり、別

---

(22)　梶村太市「民法766条改正の今日的意義と面会交流原則的実施論の問題点」戸籍時報692号（2013年）20頁。
(23)　梶村・前掲注(22)20-21頁。
(24)　梶村太市が挙げている例は、以下のとおりである（前掲注(22)26頁より抜粋）。
「面会交流の実施を認める調停成立を強制されて、やむを得ず面会交流を認めた。裁判官と調停委員2名と家庭裁判所調査官の4名からかわるがわるそれを説得されて、訳のわからないまま調停に合意した。確かにその際に裁判官から、調停に従わなければ間接強制されるからそのようなことの内容にという説明を受けた。しかし間接強制とはどういうもので、それがいつどのような形で行われるのかさっぱりわからなかった。時期が来て父親は面会交流を求め、認めなければ間接強制の申立をするといわれた。しかし、その意味が分からなかったし、子どもがぐずりあいたくないというので、そのままにしておいたところ、従わなければ毎月〇〇万円の賠償金を支払えという命令がきた。そして父親は養育費を支払わなくなった。やむを得ず、子どもを父親に会わせたところ、案の定子どもが泣き叫び、子どもはその後まもなくして深刻な精神的な疾患を患い、医者通いを始めた」。
(25)　梶村・前掲注(22)24-25頁。

Ⅲ 民法における面会交流「権」についての議論状況及び実務並びに憲法上論ずる意義

居親の権利利益ばかりではなく、別居親、監護親及び子どもの権利利益内容を整理し、一部の学説が主張するように、「比較基準説」のエッセンスを取り入れた実体的権利を構想することにより、原則的実施論の見直しを進めることができるのではないか。

いずれにせよ、民法学説については、その権利性を認める場合、論点は「親の権利か子どもの権利か、面会交流を求められる人的範囲はどこまでか、祖父母や兄弟姉妹などの父母以外の第三者が子に対する面会交流をする権利が認められるのか、それとも子の利益となる限りで認められる弱い権利や法的利益というべきか[26]」というテーマにまで発展し、混迷を極めている。

3 実務の動向

そして、実務においては、一部の判例[27]が、民法における「面接ないし交渉する権利」を認めたとされている。また、別の審判(大阪家審1994[平5]

---

(26) 棚村政行「面会交流の理論と実務(その1)研究者の立場から」戸籍時報687巻(2012年)10頁。
(27) 代表的な判例は、東京家審1964年(昭39)年12月14日家月17巻2号55頁である。事案は、次のとおりである。

申立人X(母)は1956年に婚姻し、子どもAが生まれた。1963年にXとその相手方Y(父)は離婚したが、別居を開始した1963年4月1日以降Xは自らの手元でAを養育していた。しかしその後YがAの親権者と定められた。XはAをYに引き渡すことに抵抗を感じていたが、Yが調停の席で離婚後いつでも申立人と子どもを面会させることを約束したため、YがAの親権者として監護養育することに同意し調停を成立させた。Yの面接に関する約束は、調停条項として記載されていない。しかし、これはYが何時でもAをXに面接させると確約し、Yの代理人も、Xが離婚後Aと面接することは親として当然なしうることであると言明したので、調停条項として記載されなくても、Aと問題なく面接できると思ったからである。

ところがXが面接を詳細に取り決めようとしたところ、Yは先に取り決めた確約に反しこれを頑なに拒否した。XがAと面接することは、調停の席上で繰り返し確認されたにもかかわらず、母であるXに当然認められる権利であること、Yがこれを拒否すべき正当な理由がないことから、X自ら毎月2回子どもを申立人に面接させる旨の子どもの監護に関する処分の調停を求めた。しかし、調停は不調に終わり、審判に移行した。

この事例について、東京家庭裁判所は、次のような審判を下した。

第1章　わが国における面会交流権をめぐる現状とドイツとの比較の必要性

年12月22日家月47巻4号45頁）では、面会交流が「子の監護義務を全うする為に」親に認められる権利である側面を有する一方、「人格の円満な発達に不可欠な両親の愛育の享受を求める子の権利としての性質をも有する」とするべきとされた。そのため、面会交流は親の権利のみでならず義務であるというようにもとらえられうる。

4　憲法上の議論の意義

このような議論の混迷を解決することこそが、憲法上別居親に面会交流権が保障されていないかを検討する意義であるといえる。また、現在の自力救済の横行を止める必要性[28]も確かに主張されるところであるが、正しくは、「自力救済せざるを得ない現状を改善する必要性」により憲法上の議論が望まれているといえよう。ただし、そのさいには上述した面会交流原則実施論への批判に留意しなければならない。

　　「ここで問題となるのは、本件申立人の如く、離婚後親権もしくは監護権を有しない親が未成熟子に対し面接ないし交渉の権利を有するか、また有するとして、その親が面接ないし交渉権を行使する為必要な事項について他方の親権もしくは監護権を有する親との間に協議が調わずまたはできない場合に家庭裁判所が審判をすることが出来るかということである。けだし、わが民法は多くの国の立法例のように、子の親権もしくは監護権を有しない親の未成熟子に対する面接ないし交渉に関する明文の規定をおいていないからである。
　　しかしながら、当裁判所は、この未成熟子に対する面接ないし交渉は、親権もしくは監護権を有しない親としての最低限の要求であり、父母の離婚という不幸な出来事によつて父母が協働で親権若しくは監護権を行使することが事実上不可能な為に、一方の親が親権者もしくは監護者と定められ、単独で未成熟子を監護養育することになつても、他方の親権若しくは監護権を有しない親は、未成熟子と面接ないし交渉する権利を有」する。そして、「この権利は、未成熟子の福祉を害することがない限り、制限されまたは奪われることはないものと考える。」。この権利は監護そのものではないが、「監護に関連のある権利というべき」であり、行使のため必要な事項は、民法766条1項による監護について必要な事項と解されるため、「未成熟子との面接交渉権行使に必要な事項につき他方の親権もしくは監護権を有する親との協議で定めることができ、その協議が調わないとき、またはできないときは、家庭裁判所がこれを定める」ことができる。
(28)　櫻井智章「判批」法学教室474号（2020年）123頁。

IV 憲法上の議論の問題点

1 本書の視座——憲法上の権利としての面会交流権構想

それでは、権利としての面会交流権は憲法上どのように構成するべきだろうか。

ここでそもそもなぜ制度論ではなく、権利論なのか。後述するように裁判所は権利の内容が不明確であることを理由に憲法上の面会交流権を認めない。そこで、長期的には立法者に立法を促すこと、短期的には司法救済で個々人を救済する必要がある。そのために、本書では制度論ではなく権利論を用いる。

憲法と面会交流とのかかわりについて、過去に東京高等裁判所で面会交流を制限する子との合憲性が憲法13条をもって争われた。そしてついに1984年には、最高裁判所において「面接交渉権」と憲法13条とのかかわりが原告によって主張されている。更に2019年からの訴訟を通じて、面会交流権の憲法上の権利性が正面から司法の場に持ち込まれた。

2 東京高決1967(昭42)年8月14日家月20巻3号64頁

事案は、次のとおりである。申立人X(父)と相手方Y(母)は、1960年6月に婚姻し、1961年8月に子どもAをもうけた。その後、夫婦の性格的不調和などにより回復困難な破たん状態となり、親権者の指定を残して1967年5月に離婚調停が成立した。そこでXは、東京家庭裁判所にAの親権を申し立てた。

東京家庭裁判所は、子どもの親権をXと定め、子どもの人格の健全な養育のためには両親の愛情に接することが望ましいことを理由に、Yと子どもとの面会を年2回とした。この面会制限に対し、Xが抗告を行った。

判旨は、次のとおりである。

「親権者とならなかつた親はその子と面接することは、親子という身分関係から当然に認められる自然権的な権利であり、監護する機会を与えられなかつた親として最低限の要求であり、親の愛情、親子の関係を事実上保証する最後のきずなとも言うことが出来るけれども、面接が子の監護養育上相当でない場

合には、これを制限することはもとより妨げないもの」であり、この制限は憲法13条に違反しないとした。そして、原審は相手方の面接の機会を全く奪ったものではなく、不当でないとして相手方の抗告を棄却した。

3　最決1984(昭59)年7月6日家月37巻5号35頁

　事案は、次のとおりである。

　抗告人X（父）は、相手方Y（母）と協議上の離婚をしている。離婚に際して長女Aの親権者はYとなっている。

　Xは、YはXとAとを少なくとも年二回面接交渉させなければならないとの審判を家庭裁判所に申し立てた。家庭裁判所は、親権者である親も子どもに対する面接交渉権を親として当然に有するものであるが、子どもの権利は子どもの福祉に適合する場合にのみ行使が許されるものであるとしたうえ、本件の事実関係の下においては、Xの長女に対する面会交流権の行使は、Aの福祉に適合しないと判断した。そして、Xの申し立ては棄却された。Xは即時抗告の申立をしたが抗告審はほぼ家庭裁判所の認定判断を是認して、Xの抗告を棄却する決定をした。Xは、特別抗告の申立をして、XにAと面会交流させることはAの福祉に適合しないとして面会交流を認めなかった原決定は憲法13条に違反すると主張した。なぜならば、面会交流権は、「親子という身分関係から当然に認められる自然権」として、憲法13条で保障されるからである。

　判旨は、次のとおりである。

　「所論は、協議上の離婚をした際にAの親権者とされなかつた同女の父であるXにAと面接交渉させることは、Aの福祉に適合しないとして面接交渉を認めなかつた原決定は、憲法13条に違反すると主張するが、その実質は、家庭裁判所の審判事項とされている子の監護に関する処分について定める民法766条1項又は2項の解釈適用の誤りを言うものに過ぎず、民訴法419条ノ2所定の場合にあたらないと認められるから、本件抗告を不適法として却下し、…本件抗告を不適法として却下しXに負担させることと」する。

　当判決ではXにより、最高裁判所において憲法13条と面会交流権を結びつける初めての主張がなされた。すなわち、「親子という身分関係から当然に認められる自然権」の1つとして面会交流権は、幸福追求権で保障されるという

Ⅳ　憲法上の議論の問題点

のである。この主張に対し、最高裁判所はＸの主張は実質的には民法766条1項、2項の解釈適用の問題に過ぎないとしている。ここでは、面会交流の権利性については直接判示されていない。少なくとも最高裁判所はＸの主張を認めるかは民法766条所定の「必要な事項」又は「相当な処分」として、子どもの福祉の観点に立って子どもの監護のために必要かどうか相当かどうかということから決せられるべき事項であって、民法の解釈適用の問題であり、憲法問題ではない、とした[29]。学説においてもこの判決を支持する見解は存在する[30, 31]。

4　Ｘの主張の問題点

　ここでＸのいう面会交流権を憲法13条の権利として主張することは、先に述べたように民法上の面会交流「権」論争に新しい見方を提供する意義を有している。しかし、Ｘの主張については、以下の2つの問題点が存在する。

　1つ目の問題点は、Ｘは当然のように面会交流権を「親子という身分関係から当然に認められる自然権」であると主張した。しかし、そういった言葉で捉えることは論証が不十分ではないのかということである。わが国では、憲法上明文で「親の権利」なるものは規定されていない。にもかかわらず、面会交流権を当然のように親の自然権として捉え主張することには、前提となる正当化根拠を欠いているといわざるをえない。しかし、国内においても「親」の教育「権」を肯定する見解[32]が存在し、また未成年者に対する親の養育権を憲法13条から解釈論上導き出す余地を肯定する見解[33]が存在すること、憲法24

---

(29)　清永利亮「親権者でない親と子との面接交渉と憲法13条」ジュリスト828号（1985年）108頁。

(30)　この指摘について、石田敏明「判批」久貴忠彦・米倉明編『家族法判例百選〔第5版〕』（1996年）108頁。

(31)　大村はこの判決について、「面接交渉権の法的性質について直接の判断がしめされたわけではないが、それが『子の福祉』によって否定される弱い権利であるとされたことは確かである」と評している（大村敦志『家族法〔第3版〕』〔有斐閣、2010年〕77頁）。

(32)　一例として、長尾一紘『日本国憲法〔全訂第4版〕』（世界思想社、2011年）163-164頁が挙げられる。

第 1 章　わが国における面会交流権をめぐる現状とドイツとの比較の必要性

条の存在を考えると、自分のためではなく他人（子ども）の権利に影響を及ぼすことが時として予定される親だけが持つ権利が憲法上存在すると解釈をする余地はある。問題は、その余地について十分に論じることのないまま面会交流権を憲法13条から性急に導き出してしまったことにある。

　2つ目の問題は、仮に幸福追求権として面会交流権が保障されるとしても、憲法13条という漠然とした規定によって安易に新しい人権を創設することがかえって法体系の混乱を招くことになる危険性である。この危機感をもとに13条の性質について「新しい人権の主張の為には、その権利の法的根拠のみではなく、権利の法的性質、その射程範囲、保護をうける程度などを精密に検討しなければならず、更に裁判によって保護を受ける為には、一般的には民法709条やその他の法令の規定の補充を受けつつ、権利を主張できる当事者適格、与えられる救済方法などをも明確にするという態度が望まれよう[34]」とする見解が存在する。このように考えると、面会交流権を憲法上主張する場合にはその権利の法的性質、射程範囲、保護を受ける程度、法令既定の補充、当事者適格、与えられる救済方法の明確性が求められるべきである。また、面会交流は親子関係の事柄であるために24条との関係をもまた検討すべきであろう。

　以上の2つの問題点から、現時点において面会交流権が13条のみによって保障される権利であると直ちにはいうことはできない。憲法上保障される権利であるというためには、親のみが持つ権利の規範構造や面会交流権という権利に関する具体的なイメージが必要である。

　こうした論者の問題意識は、以下で述べる2019年からの別居親の面会交流権の憲法上の権利性の主張をみてより確固たるものとなった。

5　別居親の面会交流権の憲法上の権利性が争われた事例

　原告の主張は、現在わが国において面会交流支援制度が不足しているというものである。これについて、東京地方裁判所及び東京高等裁判所は次のように判断した。なお、以下では本論に直接関係ある憲法13条及び24条に関する議論

---

　(33)　内野正幸『表現・教育・宗教と人権』（弘文堂、2009年）201頁。
　(34)　伊藤正己『憲法入門［第4版補訂版］』（有斐閣、2006年）143頁。

のみ取り上げる。

(1) 原告の主張

原告Xらは婚姻中または離婚後の夫婦の別居に伴い、子どもと別居することに至った親である。Xらは、憲法上保障されている別居親と子どもとの面会交流権の権利行使の機会を確保するために必要な立法措置をとることは必要不可欠であり、それが明白であるにもかかわらず、国会が正当な理由なく長期にわたって立法措置を怠ってきたことは、国家賠償法1条1項の違法な行為に該当すると主張した。

Xらによれば、面会交流権は幸福追求権の1つである。そのうえでXらは、「憲法24条2項は、家族についても個人と個人の関係であるとして、これを尊重しなければならないと規定したものであり、婚姻中に別居した場合や離婚後の親子のかかわり方についても、個人の尊厳に立脚した法整備が行われなければならないと解される。憲法24条2項は、憲法13条、14条1項を家族生活の中に具体化したものであるとされるから、憲法24条2項によっても、被告は別居親の面会交流を確保する法整備を整えるべき義務を負っているといえる」と主張した。この主張に対して、東京地裁と東京高裁は次のように判示した。

(2) 東京地裁（東京地判2019［令元］年11月22日法教474号123頁）の判断

(a) 憲法13条との関連について

面会交流の法的性質についての議論の状況は、別居親が面会交流の権利を有しているかどうかや、認められるとしてもその具体的内容がいかなるものであるかについて、その議論が一義的に定まっているとは評価し難い。仮に別居親において、子どもの養育に関して人格的な利益を有するとしても、これを憲法13条により保障された権利と解することは困難なものというほかなく、Xらの主張は採用できない。

(b) 憲法24条2項との関連について

いわゆる夫婦同姓制度違憲訴訟（最大判2015［平27］年12月16日大法廷判決民集69巻8号2586頁）を前提とすると、憲法24条2項は、離婚や家族に関する事項について、具体的な制度の構築を第一次的に国会の合理的な立法裁量にゆだね

るとともに、その立法に当たっては、個人の尊厳と両性の本質的平等に立脚すべきであるとする要請、指針を示すことによって、その裁量の限界を画したものといえる。全体として、Ｘらが主張する立法措置は、一般的な意味で面会交流の実現を促進するといい得るものの、具体的な制度設計についての検討を欠くものや、その導入のデメリットについての検討を要するもの、更に、現行の調停・審判手続や民事執行手続との整合性の検討を要するものであり、この点は、Ｘら（別居親）の人格的利益を基準として、立法裁量の逸脱等を検討することの困難を反映しているものといわざるを得ない。したがって、Ｘらの主張するような立法がなされていないことが、国会に与えられた合理的裁量を逸脱するものとは認められず、民法766条１項、２項を中心とした現行の面会交流についての法律等の定めが、憲法24条２項に違反するものとは認められない。

(3) 東京高裁（東京高判2020［令２］年８月13日判時2485号27頁）の判断
(a) 憲法13条との関連について

原判決が説示したとおり、そもそも、面会交流の法的性質や権利性自体について議論があり、別居親が面会交流の権利を有していることが明らかであるとは認められないから、Ｘらの主張する別居親の面会交流権が憲法上の権利として保障されているとはいえない。

(b) 憲法24条２項との関連について

婚姻及び家族に関する法制度を定めた法律の規定が憲法13条、14条１項に違反しない場合に、更に憲法24条にも適合するものとして是認されるか否かは、当該法制度の趣旨や同制度を採用することにより生ずる影響につき検討し、当該規定が個人の尊厳と両性の本質的平等の要請に照らして合理性を欠き、国会の立法裁量の範囲を超えるものとみざるを得ないような場合に当たるか否かという観点から判断すべきものとするのが相当である。

しかるに、別居親と子との面会交流については、民法766条により、子どもの監護に関する事項として、子どもの利益を最も優先して考慮して父母の協議で定めるものとされる一方で、協議により定めることができないときは、家庭裁判所がこれを定めることとされており、家庭裁判所に、監護親に対し別居親

と子どもの面会交流をさせるよう命じる審判の申立てをすることができる。また、当該審判において監護親が命じられた給付の特定に欠けることがない場合には、当該審判に基づき間接強制をすることができるものとされている。

面会交流に関する以上の法制度は、別居親と子との面会交流が不当に制約されることがないようにされているものといえ、個人の尊厳と両性の本質的平等の要請に照らして合理性を欠くものとはいえないから、Xらの主張は理由がない。

(4) 評　価

この判例でも、結局のところ面会交流権の権利のイメージがつかめていないことが問題とされている。最高裁判所[35]も「面会交流の権利は憲法上保障されているとは言えない」と判断し、X側敗訴とした一、二審判決が確定した。

Xは憲法26、13、14条及び24条と様々な観点から面会交流権の憲法上の権利性を検討している。しかし、その敗因はひとえに面会交流権の憲法上の権利性の不明確さにあるといえよう[36]。この判例は既存の憲法上の面会交流権を認めない判例を踏襲したものとも分析できるが、「面会交流権が憲法13条による保障された権利とする理解を否定する論拠は不分明」との厳しい批判が、大森貴弘によりなされている[37]。

そして、2022年11月に、親及び子どもが面会交流に関する法整備を国が怠ったためで憲法違反であると主張して国に賠償を求めた。同事件の特徴は、原告X側に子どもや祖父母が加わったことにあり、祖父母の面会交流権（該当箇所で後述）や国際法にも裁判所が言及したことにある。以下では、争点ごとに東京地裁の見解を述べる。

---

(35)　最二小決2021（令和3）年7月7日令和2（オ）第1341号判例集未登載。
(36)　しかし、だからといって憲法学説から、「面会交流権は，実現内容・方法に具体的な形成が必要なだけで，例えば環境権のように具体的に何を求める権利なのかが明確ではないというものではない」（櫻井・前掲注[28]123頁）と指摘されるように、その権利性を否定して良いわけではない。
(37)　大森貴弘「離婚後単独親権制度の違憲性――憲法上の親の権利への侵害に抗して」常葉大学教育学部紀要42号（2022年）34頁。

第1章　わが国における面会交流権をめぐる現状とドイツとの比較の必要性

(5) 東京地判2022（令4）年11月28日 LEX/DB25572766
(a) 憲法13条違反との関連について

Xらが主張する前国家的、始原的な権利という概念は必ずしも明確ではなく、これに当たるからと言って直ちにこれが憲法上保障される権利であると解することはできない。また、外国の法制度において権利として確立しているからと言って、直ちにこれが日本の憲法上保障される権利であると解することもできない。その上、面会及び交流の具体的内容が明らかでないのみならず、その実現に相手方の対応が必要と解されることからすれば、これを別居親または子そもの個人の人格権や幸福追求権として保障されると解することには疑問がある。

(b) 憲法14条違反との関係について

民法766条について、同居親に子どもの面会交流の許可権を付与したと解される規定は見当たらないから、Xらが主張する「特権」の有無の点で同居親と別居親とに法的な差異はないし、利益の享受の点でも法的な差異はないと言わざるを得ない。むしろ、同居親と別居親との間において、子との人的な交流について、時間や方法等の面に差異が生じるのは、子との同居の有無という社会的事実に起因するのであって、憲法14条1項が絶対的な平等を保障したものではなく、事柄の性質に応じた合理的な根拠に基づくものでない限り、法的な差別的取り扱いを禁止する趣旨であると解すべきであるとする過去の判例の趣旨に照らすと、これをもって同居親と別居親との間で法的な差別的取扱いがされていると評価することはできない。

(c) 憲法24条違反の主張について

Xらの主張は、民法766条が憲法14条違反であることを前提としているが、(b)で見た通りそうではないので、憲法24条2項違反とも言えない。

また、Xらの主張する別居親と子との面会交流権は、単に人と人との間の面会交流を言うのではなく、別居親と子という関係にある者の面会交流を言うものであるから、憲法24条2項に言う「婚姻及び家族に関するその他の事項」に該当するものと解される。

こうした事項は、国の伝統や国民感情を含めた社会状況における種々の要因を踏まえつつ、それぞれの事態における夫婦や親子関係についての全体の規律

を見据えた総合的な判断を行うことによって定められるべきものである。憲法24条2項は、このような観点から、婚姻及び家族に関する事項について、具体的な制度の構築を第一次的には国会の合理的な立法裁量にゆだねるとともに、その立法にあたっては、個人の尊厳と両性の本質的平等に立脚すべきであるとする要請、指針を示すことによってその最良の限界を画したものといえる。

親と子どもの面会交流は、仮にこれを親の人格的な権利や利益であるとみるとしても、それが他方で養育を受ける子の利益となることも必要となると考えられる一方、子どもは発達の途上にあり、単独で面会交流の当否を適切に判断することは困難である。こうしたことに照らすと、面会交流を私法上の権利として構成せず、子の扶養、監護に第一次的な義務を負う父母の協議により定めることとしたことが、直ちに個人の尊厳と両性の本質的平等の要請に照らして合理性を欠く制度であるということはできない。

(d) 国際人権条約違反との関連について

国際人権規約B規約23条4項前段の内容は、結局のところ、個人の尊厳と両性の本質的平等に立脚した法律の制定を求める憲法24条2項と同様の趣旨をいうものとみられるところ、(c)でみたとおり憲法24条違反の主張は認められない。B規約23条4項後段も同様にみることはできるが、仮にそうでないとしても、現行の民法766条は、(c)で示した通り、この利益を最も重視して面会交流について定めるべきことを規定しているから、B規約後段の要請を満たしているということができる。

子どもの権利条約3条2項について、現行の法制度は、子どもの福祉に必要な保護及び養護を確保できないものとは言えないのであって、同項の要請を満たしているということができる。同条約9条1項は、子どもが親から引き離されることのできる場合を限定した規定であって、面会交流について定めたものとみることはできない。同条約9条3項は、あくまで子どもの面会交流権を尊重する旨の規定にすぎず、面会交流権に関して締約国に具体的な立法を義務付けているものとは言えない。

また、子どもの権利委員会が採択した総括所見の扱いについて、わが国が締約国となっている条約上の条約機関からわが国に対して法改正を求める勧告がされたからと言って、当該条約の枠内でいかなる立法措置をとるかは各締約国

の裁量にゆだねられるべきものであるから、これによって直接何らかの具体的な立法義務が生じるということはできない。

たしかに、ハーグ条約5条の「接触の権利」には、面会交流権が含まれると解されるが、ハーグ条約は、「接触の権利」の実現に関して、中央当局の役割や関与について定めているものの、裁判手続きについては何ら具体的な規定をおいておらず、現行の法制度とは別の新たな具体的な立法を義務付けるものとはいえない。

(e) 評　価

同判決は、面会交流権が従来の憲法上の権利観に馴染まないことを指摘しており、ここでも面会交流権の憲法上の権利性の不明確さが問題となる。この後控訴審判決[38]が出された。控訴審判決でも結論をはじめとする大まかな理論構成は東京地裁判決と変わりがないように見える。また、東京地裁判決とは異なり、国際人権法に関する判断には積極的に立ち入らなかった。

以上の判決に見るように、憲法上の面会交流権の主体、法的性質、及び限界を明らかにすることは、喫緊の課題である。これらの事項を解明することにより、司法における憲法上の面会交流権の主張及び立法への提言が期待できる。

6　学　説

(1) 根拠条文をめぐる争い

憲法学では、大別すると①憲法13条説と②憲法24条2項説がある。しかし、根拠条文をはじめ議論は流動的である。

憲法13条説として、米沢広一が挙げられる。米沢は、専ら離婚の場面を想定する。そして、先に挙げた1967年東京高等裁判所決定が「親権者とならなかった親はその子と面接することは、親子という身分関係から当然に認められる自然的な権利」であるけれども、「面接が子の監護養育上相当でない場合には、これを制限することはもとより妨げないものというべく、右の制限をしたからといって憲法13条に違背するものということはできない」としたことに注目し

---

[38]　東京高判2023(令5)年8月31日 LEX/DB25596453。なお、別の訴訟である東京地判2023(令5)年1月25日 LLI/DB L07830014でも、面会交流権の憲法上の権利性は認められていない。

Ⅳ 憲法上の議論の問題点

た。米沢は、「同決定の趣旨は必ずしも明確ではないが、面接交渉権が憲法13条によって保障されていると一応みなし」たとみえると分析した。そして、他方で1984年最高裁判決を挙げたうえで「この点、面接交渉権を親の側から見た場合、離婚後、親権・監護権を失うことによって、憲法上の権利である親の養教育権が面接交渉権として、残存し顕在化すると考えられ」、「それ故、面接交渉権は、幸福追求権の一内実をなすと解しうる」とする[39]。

竹中勲も、親子の面会交流権は親子の親交権の一内容を成すとして、憲法13条で保障されると説く[40]。

また、棚瀬孝雄は、親の子育ての権利は国家や第三者の介入を許さないプライバシー権として憲法上保護されており、児童虐待による親権剥奪と同じような事情がない限り、面会交流を全面的に否定されることがあってはならない[41]とする。

面会交流を親子の人格的利益に属するとする二宮周平[42]も、憲法13条説に分類されよう。竹中説や二宮説に同調する井上武史も、こちらに分類して良いように思われる[43]。

---

[39] 米沢広一『子ども・家族・憲法』(有斐閣、1993年) 291-292頁。南方暁も、13条を根拠条文としているため同様の立場をとるように思われる(南方暁「親の面会交流権を改めて考える」法制理論46巻4号［2014年］45-47頁)が、その一方で現実の訴訟に即した限界を示している(同論文48-49頁)。

[40] 竹中勲『憲法上の自己決定権』(成文堂、2010年) 196頁。

[41] 棚瀬孝雄「離婚後の面接交渉と親の権利（上）」判例タイムズ712号（1990年) 11-12頁。

[42] 二宮周平「面会交流の権利性(1)(2)(3)」戸籍時報785巻（2019年) 2-11、2-9、2-9頁。

[43] 井上武史「離婚した父母と子どもとの法的関係――夫婦の別れは親子の別れなのか？」法律時報93巻1号（2021年) 102-103頁。井上は、本書と同様に欧州人権法の観点から祖父母の面会交流権をも意識しているようである（同「離婚した父母と子どもの法的関係」片桐直人・上田健編『ミクロ憲法学の可能性――「法律」の解釈に飛び込む憲法学』［日本評論社、2023年］75-77頁)。また、木村草太も憲法13条説をとなえる（木村草太「子どもの利益と憲法上の権利――人間関係形成の自由の観点から」梶村太市・長谷川京子・吉田容子編著『離婚後の子どもをどう守るか――「子どもの利益」と「親の利益」』［日本評論社、2020年］122頁)。

第 1 章　わが国における面会交流権をめぐる現状とドイツとの比較の必要性

　更に、近年では櫻井智章が公共の福祉という根拠に基づく国家の権威要求をくつがえす「切り札としての人権」以外の権利として面会交流権をあげる[44]。

　なお、ドイツの家族法に関する訴訟を精力的に検討する（本書では該当箇所において随時触れる）大森貴弘も「憲法上の親の権利は憲法26条と結びついた憲法13条によって保障される[45]」との自説を近年披露し、かつ、面会交流権を親の権利の一つとして[46]位置付ける。この点をみるに、大森説は、13＋26条説と位置付けてよいように思われる。

　横田光平は、自己決定権の一部としての親の権利を否定するべく、子どもを監護及び教育する親の権限の問題ないし親権制度の整備の問題（親権の制限に係る親の自由）と面会交流権を、憲法24条により保障される親の権利が親権＝監護教育権だけではないことを明確にするために、両者を区別するべきであると主張する。その上で「人的結合それ自体への権利」の1つとしての親子の面会交流権を構想する[47]。

　これに対し、立法義務に対応する憲法上の権利として、憲法24条を根拠とした、子どもの人格発展の確保という要請について適切に考慮することを求める親の権利（実質的には権限）を構想する篠原永明は、面会交流権を次のように考える。すなわち、親権制度に係る親の自由と同様に時には対等な関係にない子どもの意思に反する形で実現することは変わらないため、横田のいうところの（面会交流権を含む）「子ども及び親の『人的結合それ自体への権利』」もまた「親による監護及び教育を受ける子の利益の考慮として」親権制度の整備の延長とみるのである[48]。

---

[44]　櫻井・前掲注(28)123頁。

[45]　大森貴弘「作花共同親権訴訟の成果と教訓――憲法上の親の権利の確立のために」常葉大学教育学部紀要43号（2022年）27頁。

[46]　大森・前掲注(45)16頁。

[47]　横田光平『子ども法の基本構造』（信山社、2010年）578-588、633頁。

[48]　篠原永明「親権制限とその周辺――憲法24条の観点からの分析」甲南法学59巻3・4号（2019年）187頁。同説に同調しているものの、限定的に親権と「親子の交流権」を区別する考えもみられる（中岡淳「離婚後単独親権制度と親の憲法上の権利――東京高裁令和三年一〇月二八日判決を契機に」三重大学法経論叢39巻2号［2022年］38頁）。

(2) 制度重視型と権利重視型の争い

ここでの学説は、面会交流権が、もっぱら法制度に依存する制度準拠型か、そうではない権利準拠型かでも分類可能だろう。

例えば篠原は、前者であり、米沢は後者と見てよいだろう。論者は、親の権利は前者よりのものも後者よりのもあると考えるが、面会交流に関しては親権と同様に考えるべきではなく、後者、すなわち権利準拠型ではないかと考えている。

V　想定場面及び本書の視点

1　個別的検討の必要性

また、面会交流の議論は、近年、離婚の場面に集中する傾向にあるが、面接交流権の限界については、より広くそして個別具体的に考えるべきであろう。面会交流が問題になるのは離婚の場面だけではなく、まず公権力による面会交流制限を議論するべきであり、この場面についても個別具体的な限界を考えるべきである。

憲法上の面会交流権を描くことにより、従来の親権を中心とした憲法上の親の権利理解に新たな視点を加えることも期待できる。

もっとも、憲法上の親の権利の考察に面会交流権を用いることについて、面会交流権自体が特殊なものであり、考察の対象として相応しくないという批判も考えられる。しかし、本書の目的は面会交流権自体を独立した形で個別に扱うのではなく、より大きな問題（憲法上の権利観や制度（内容形成）観、憲法と民法との連関、法律上の権利・権限と憲法上の権利・権限との連関、民法上の家族と憲法上の家族との連関、等々）との密接な関連を念頭において、面会交流権を考察することにある。すなわち、これまで親権が中心にあった親の権利のうちの限界事例ともいえる面会交流権という素材を用いることによって、上記の問題を顕在化させることができるように思われる。

第1章　わが国における面会交流権をめぐる現状とドイツとの比較の必要性

2　本書の視点

　以上のような問題意識にもとづき、この権利の主体を考察し、法的性質等も明らかにすることが必要である。そのうえで、個別の限界を生物学上の親の面会交流請求、公権力による親子の面会交流制限及び私人間の紛争の3点から検討する。

　そして、本書では、そのための比較憲法的対象として、面会交流制度が充実し、面会交流に関する憲法上の議論が蓄積されたドイツの議論を検討する。

VI　ドイツの特徴

1　基本法6条2項

　ドイツでは、面会交流権を含むとされる親の権利が基本法6条2項(「子どもの養育(Pflege)及び教育(Erziehung)は、親の自然的権利であり、かつ何よりもまず親に課された義務である。この義務の実行については、国家共同体がこれを監督する。」)で規定されている(なお、近年の親子関係の多様化に伴い基本法6条2項でカバーできない親は「第二の親の権利[49]」である基本法6条1項[50](家族の保護)で保護される)。同項はイタリア[51]とは異なり、ファシズムへの反

---

(49) Sanders, Mehrelternschaft, 2019, S. 175.
(50) 「(1)婚姻及び家族は、国家秩序の特別な保護のもとにある」。
(51) イタリア共和国憲法は、家族については、以下の3条の規定を設けている。
　「29条
　　①共和国は、婚姻に基づく自然共同体としての家族の権利を承認する。
　　②婚姻は、家族の一体性を保障するために法律で定める制限の下に、配偶者相互の倫理的及び法的平等に基づき、規律される」。
　「30条
　　①子どもを養育し、訓育し及び教育することは両親の義務であり、権利である。子どもが婚姻外で生まれたものであっても、同様とする。
　　②両親が無能力の場合には、法律は、その責務を果たす措置を講ずる。
　　③婚姻外で生まれた子に対する法的及び社会的保護は法律で定める。この保護は適法な家族構成員の権利と両立するものとする。

Ⅵ　ドイツの特徴

省⁽⁵²⁾のみによって成立したものではない。同項は、宗教教育権をめぐる議論⁽⁵³⁾や啓蒙主義・ロマン主義等による家族の解体を阻止しようとするワイマール憲法119-122条⁽⁵⁴⁾（特に120条⁽⁵⁵⁾）にそのルーツを有する。

---

　　④　父の搜索に関する規定とその制限は法律で定める」。
　「31条
　　①　共和国は、経済的及び他の措置により、家族の形成及びその責務の遂行を助成する。大家族に対しては、特別に配慮を行う。
　　②　共和国は、母性・児童・青少年を保護し、この目的に必要な施設を助成する。」
　イタリアにおける家族に関する憲法条項制定の歴史的背景および憲法制定の流れについては、椎名規子「イタリア憲法の家族条項および国家と家族の関係についての家族法的考察(1)〜(3・完)」専修法学論集95巻（2005年）75-115頁、96巻（2006年）145-179頁、98巻（2006年）215-263頁参照。

(52)　もっともこれが親の権利条項制定（特に「子どもの家族からの引き離し」阻止について）への大きな原動力になったことは間違いないだろう。詳細については、横田・前注(47)107頁参照。

(53)　横田・前掲注(47)102、7頁。

(54)　特に今日「第二の親の権利」とされる基本法6条1項のルーツは、ワイマール憲法119条にある。
　「ワイマール憲法119条【婚姻・家族・母性の保護】
　　①　婚姻は、家庭生活及び民族の維持・増殖の基礎として、憲法の特別の保護を受ける。婚姻は、両性の同権を基礎とする。
　　②　家族の清潔を保持し、これを健全にし、これを社会的に助成することは、国及び市町村の任務である。子どもの多い家庭は、それにふさわしい扶助を請求する権利を有する。
　　③　母性は、国の保護と配慮とを求める権利を有する」。
　「ワイマール憲法121条【非嫡出子】
　嫡出でない子に対しては、法律制定によって、肉体的、精神的及び社会的成長について、嫡出子に対すると同様の条件がつくられなければならない」。
　「ワイマール憲法122条【児童の保護】
　　①　児童は、酷使されないように、また道徳的、精神的又は肉体的に放任されることのないように、これを保護するものとする。国及び市町村は、それに必要な処置をとらなければならない。
　　②　強制による保護措置は、法律の根拠に基づいてのみ、これを命ずることができる」。

33

第 1 章　わが国における面会交流権をめぐる現状とドイツとの比較の必要性

2　ワイマール憲法における親の権利

　比較的最近のパウリーの研究により、中央党の議員であるバイエルレが提案したものと考えられる[56]ワイマール憲法120条は、「家族は事実として全ての社会構造の基礎であ」り、「今日の婚姻及び教育改革者の混乱した、根底から覆す提案（論者注：SPD の「家族の破壊（Vernichtung）を目的とする社会改良的提案[57]」）からして、従来のキリスト教倫理及び法慣習の根本思想を憲法上保障することが重要であると思われる[58]」というものであったとされている[59]。この背景について、家族法学者の泰斗であるシュバーブの解説をもって説明す

---

(55)　「ワイマール憲法120条【子どもの教育】
　　　子を肉体的、精神的及び社会的に有能な者になるように教育することは、親の最上の義務であり、かつ自然的権利であって、この権利・義務の実行については、国家共同体がこれを監督する」。
(56)　ワイマール憲法は1919年 8 月14日に公布されたが、憲法制定の契機は次の 2 点だったとされている。すなわち一つ目は、ドイツが第一次世界大戦に敗退したことによって、アメリカ大統領ウィルソンとの講和において、無条件降伏・憲法改正・皇帝の退位を要求されたことである。二つ目は、1918年11月 4 日に皇帝ビィルヘルム二世が退位し、1871年に制定されたビスマルク憲法が事実上効力を失ったことである 。これをうけて、仮の政府として 6 人の委員によって人民委員会議（Rat der Volksbeauftragen）が形成された。人民委員会議では、憲法草案作成にあたる内務国務次官として、当時ベルリン商科大学教授であったプロイスを任命した。彼は内務省において憲法制定のための準備会議（Vorbesprechung der Verfassungsfragen）を開催し、1919年 1 月 3 日に憲法草案（第一次憲法草案）を作成した。この草案には、婚姻及び家族に関する規定は入っていなかった。草案作成後、1919年 1 月19日に憲法制定国民議会のための選挙が行われ、引き続き憲法制定作業が進められることになった。
　　　国民議会ではプロイスの草案についての審議が進められ、基本権に関しては、選挙で第一党となった社会民主党のエーベルトから、基本権拡充に対する強い要請が出された。これを受けて1919年 1 月20日に出された第二次草案には、「ドイツ国民の基本権」が新たに第 2 章として設けられた。しかしながら、同草案でもフランクフルト憲法の人権宣言取入れなどによる基本権の拡充はあったものの、婚姻及び家族の規定は見られない。引き続き政府第一次草案（第三次草案）、政府第二次草案（第四次草案）、国民議会における第一読会という過程を経て、基本権に関する審議が白熱したのは、憲法委員会第一読会であった。憲法委員会では草案を小委員会に付託した（倉田賀世『子育て支援の理念と方法──ドイツ法からの視点』[北海道大学出版会、2008年] 11-12頁）。

Ⅵ　ドイツの特徴

る。これによれば、「不可侵の基本権領域としての婚姻と家族」という観念は、「啓蒙主義、ロマン主義、そして社会主義の教義に対抗するものとして19世紀初頭以降に発展してきたものであり、このような家族保守的思考はカトリックの教義とも強く関連していたとされる[60]」。すなわち、啓蒙主義の個人主義や婚姻の本質を心理的な結びつきに求め婚姻法をあくまでも宣言的なものと位置づけるロマン主義は、家族の解体を招来する可能性があった。ドイツにおける旧体制の復古の段階でこの危機はすぐに把握され、新しい家族論につながった。この理論は、ロマン主義と同様に、家族関係を親密にする一方で、その崩壊の可能性を排除し、制度的に定着させようとした。重要なことは、家族が、個人

　　こうした流れの中で婚姻、家族そして親の権利がいつ草案の中に明記されたのははっきりしていないとされていた（倉田・前掲書13頁、横田・前掲注[47]75頁）が、ドイツの公法学者パウリーによれば、1919年5月5日の第3回基本権小委員会において、「ドイツ人の家族生活の基礎としての、また、国民の維持及び増殖の源泉としての」婚姻の保護が明文で確認されたという（Pauly, Grundrechtslaboratorium Weimar, 2004, S. 42.この指摘について、鈴木敦「ヴァイマル憲法における婚姻・家族条項——GHQ民生局原案への影響とその限界をめぐって」毛利透＝須賀博志＝中山茂樹＝片桐直人編『比較憲法学の現状と展望　初宿正典先生古稀祝賀』〔成文堂、2018年〕123頁）。そして、実際に翌6日付の小委員会に関するバイエルレの提言資料の中には、「婚姻は、ドイツ人の家族生活の基礎として、また、国民の維持及び増殖の源泉として、憲法の特別の保護を受ける。家族の健全化、純潔保持及び社会助成は、ライヒにおける人口政策上の任務である。」「後継者を肉体的、精神的及び社会的に有能な者になるように教育することは、親の最上級の義務であり、かつ自然的権利である。この権利・義務の実行については、国家がこれを監督する」という文言が確認できる。したがって、親の権利のルーツであるワイマール憲法の文言の提唱者はバイエルレであるということができよう。

(57)　Forsthoff, Das Elternrecht juristisch beleuchtet, in:Christen und Nichtchristen in der Rechtsordnung , 1950, S. 74.

(58)　Maubach, Kulturfragen in der Deutschen Verfassung.Eine Erklärung wichtiger Verfassungsartikel, 1920, S. 40.

(59)　横田・前掲注(47)75頁。

(60)　Schwab, Zur Geschichte des verfassungsrechtlichen Schutzes von Ehe und Familie, in: Habschird, Gaul, Mikat（Hrsg.）, FS für Friedrich Wilhelm Bosch zum 65. Geburtstag 2. 1976, S. 893 ff.;ders. „Familie", in, Geschilichte Grundbegriff, Historisches Lexion zur politisch-sozialen Sprache in Deutschland, Band2, Klett-Cotta, Stuttgart, 1975, S. 253 ff.この指摘について、鈴木・前掲注(56)124頁。

35

第1章　わが国における面会交流権をめぐる現状とドイツとの比較の必要性

の視点からは十分に説明できないと考えられていた社会的な組織体であることが再発見されたことである。家族解体の危機意識は、すぐに広まった予防接種の方式を形成し、それによると、結婚と家族は神聖なものであり、国家と社会の基礎であり、文化と道徳の基礎であるとされた。この関連でかような状況の中で、家族を憲法で保護された領域とする理論も結実した。そこでは、国家の利益は「私人あるいは家庭教育という神聖な場所を侵してはならない」とされる。そして、「自然的な家族権（Familienrecht）の保障と承認」は、市民の結合契約の主要な条項として考慮される。親の権利の制度的保障と個人の保護をもここで把握されていたとされる[61]。ワイマール憲法における家族及び親の権利保護の源泉はまさにここにあるといえよう。

　しかし、このワイマール憲法120条は119条[62]とともに制憲者により描かれた消極的な指導指針を示したにすぎないと後世において理解されることになる。ワイマール憲法120条の保護法益は、現存する家族法による親の責任の議会制定法上の内容形成であった。立法者に対する拘束は「その本質の最低限」に限定されていたのである。それゆえに、同条は親に主観的権利を認めず、その法的地位はもっぱら議会制定法により決定されていた[63]。つまり、立法者に対する拘束力は認められていなかいというのがスタンダードな理解であったとみるべきである[64]。

3　ドイツを比較対象とする理由

　このような特にワイマール憲法120条にルーツを持ちながらも、次章で後述するように同条よりも立法者に対する強い拘束性を獲得した基本法6条2項[65]が憲法に規定されたドイツとわが国とでは事情が異なるようにみえる。

---

[61]　a.a.O., S. 898 ff.
[62]　ワイマール憲法119条における家族の保護の評価については、倉田・前掲注(53)33-34頁参照。
[63]　Mager, Einrichtungsgarantien.Entstehung, Wurzeln, Wandlungen und grundgesetzmäßige Neubestimmung einer dogmatischen Figur des Verfassungsrechts, 2003, S. 19 f.
[64]　これに対する反対説との議論については、横田・前掲注(47)79-80頁参照。
[65]　基本法6条2項の制定過程の詳細については、横田・前掲注(47)99-116頁参照。

しかし、子どもの権利条約を批准しているという共通点や面会交流権に関する議論の蓄積、そして制度重視型と権利重視型の親の権利構想のはざまで特に面会交流については後者に傾いている点は注目に値する。これから後述するように、ドイツでは元々面会交流権は一部の学説・判例をみると親固有の権利であると理解することができた。それが生物学上の父の面会交流権立法過程を紐解くと立法者に対する配慮、すなわち制度への理解を示していた連邦憲法裁判所に対し、権利重視型の理解を示した欧州人権裁判所の判例理解に接近することにより、ますます権利重視型に傾いているようにみえる。こうしたドイツの動向は、同じく制度重視型と権利重視型の狭間で憲法上の親の権利構想が揺らぐわが国において面会交流権の憲法上の権利性を描くに相応しい素材である。

Ⅶ　本章の小括

1　民法766条について

わが国では、民法766条に面会交流規定はあるが、権利として規定されていない。そして、面会交流を実現する手段が限られている。

この現状を解決するために、民法上複数の学説が展開されているが、その権利性を認める場合、論点は「親の権利か子どもの権利か、面会交流を求められる人的範囲はどこまでか、祖父母や兄弟姉妹などの父母以外の第三者が子に対する面会交流をする権利が認められるのか、それとも子の利益となる限りで認められる弱い権利や法的利益というべきか」というテーマにまで発展し、混迷を極めている。

そして、実務においては、一部の判例が、民法における「面接ないし交渉する権利」を認めたとされている。また、別の審判を踏まえると、面会交流は親の権利のみでならず義務であるというようにもとらえられうる。

2　憲法論の必要性

このような議論の混迷を打破するためには、民法とは異なる切り口から分析するべきであるすなわち、憲法上の議論が望まれる。そして、現在裁判所は権

第1章　わが国における面会交流権をめぐる現状とドイツとの比較の必要性

利の内容が不明確であることを理由に憲法上の面会交流権を認めない。そこで、長期的には立法者に立法を促すこと、短期的には司法救済で個々人を救済する必要がある。そのために、本書では主に制度論ではなく権利論を用いる。

　また、面会交流の議論は、近年、離婚の場面に集中する傾向にあるが、面接交流権の限界については、より広くそして個別具体的に考えるべきであろう。面会交流が問題になるのは離婚の場面だけではなく、まず公権力による面会交流制限を議論するべきであり、この場面についても個別具体的な限界を考えるべきである。

　憲法上の面会交流権を描くことにより、従来の親権を中心とした憲法上の親の権利理解に新たな視点を加えることも期待できる。

　もっとも、憲法上の親の権利の考察に面会交流権を用いることについて、面会交流権自体が特殊なものであり、考察の対象として相応しくないという批判も考えられる。しかし、本書の目的は面会交流権自体を独立した形で個別に扱うのではなく、より大きな問題（憲法上の権利観や制度（内容形成）観、憲法と民法との連関、法律上の権利・権限と憲法上の権利・権限との連関、民法上の家族と憲法上の家族との連関、等々）との密接な関連を念頭において、面会交流権を考察することにある。すなわち、これまで親権が中心にあった親の権利のうちの限界事例ともいえる面会交流権という素材を用いることによって、上記の問題を顕在化させることができるように思われる。

3　個別具体的検討の必要性

　以上のような問題意識にもとづき、この権利の主体を考察し、法的性質等も明らかにすることが必要である。そのうえで、個別の限界を生物学上の親の面会交流請求、公権力による親子の面会交流制限及び私人間の紛争の3点から検討する。そして、本書では、そのための比較憲法的対象として、面会交流制度が充実し、面会交流に関する憲法上の議論が蓄積されたドイツの議論を検討する。

　本書では、以下、次の点を論じる。

　まず、第2章において、ドイツの憲法上の親の権利の規範構造をめぐる最近の議論を検討することによって、ドイツの親の権利が子どもの基本権の具体化

Ⅶ　本章の小括

に移行しつつもなお多様であることを示す。次に、第3章において、面会交流権の法的性質、主体、更に、第4章で限界を検討する。最後に、結論において、日本法への示唆を考察する。

第2章　憲法上の親の権利の輪郭
―― ドイツの学説・判例を参考に

I　日本国憲法における親の権利をめぐる議論

1　憲法上の親の権利を検討する意義

　面会交流権を親の権利としてとらえるならば、憲法上の親の権利とはおよそどのようなものなのかという輪郭をつかみ、これを構想する上での課題は確認するべきであるように思われる。本章ではこのような問題意識の下、憲法上の親の権利を構想するならばそれはどのようなものなのかをドイツの議論をもって検討したい。

2　わが国の学説状況

　わが国の憲法学説は、上の親の権利について主として学校教育との関係で語られていたために、例えば学校教育とは状況の異なる児童虐待への対処を目的とした親権制限事例等[1]を想定してもなお「憲法論からの分析は過少と言わざるを得ない[2]」と評価されている。

---

(1)　2011年には、民法の親権制度が改正され、親権が「子の利益」のためのものであることが明示された（民法820条）。また、親権制限の方法として、親権喪失・管理権喪失の審判（同834・835条）の他に親権停止の審判が加えられた（同834条の2）。その後、2016年には児童虐待の発生予防から自立支援までの一連の対策を強化するために、児童福祉法の理念を明確化し、市町村及び児童相談所の体制の強化を行うこと等を内容とする児童福祉法等の改正が行われた。2017年には、虐待を受けている児童等の保護についての司法関与の強化などを内容とする児童福祉法等の改正もなされた。更に、2019年には、養子となる者の年齢の原則的上限を15歳未満に引き上げるとともに、特別養子縁組を2段階の審判手続きによって成立させるものとする、民法等の改正も実施されている。また、2022年に民法における親の懲戒権規定が削除される等の改正も行われた。

(2)　篠原永明『秩序形成の基本権論』（成文堂、2021年）188頁。

第 2 章　憲法上の親の権利の輪郭

　また、未成年者、親との関係では子どもとされる存在について、彼らはもっぱら保護の対象ではなく、動態的に自律性を備えていくという特徴をもっており、その意思を軽視してはならない。実際に児童虐待防止制度の中には子どもの意思に反しても行うことができる職権による一時保護制度が存在し、その制度目的上子どもの生命・身体の保護を優先しすぎるきらいがあるために子どもの精神的利益への配慮を指摘する声も確認できる(3)。こうした子どもの特性にも配慮した憲法上の親の権利構想が求められている。

3　比較法的考察の必要性

　このような問題意識の下で、本章では主に基本法上明文で親の権利が定められている（基本法6条2項1文）ためその法的性質に関する議論が蓄積し、現在は連邦憲法裁判所の2013年判決以降の子どもの基本権の具体化への対応を迫られているドイツの議論状況を参考にわが国の憲法上の親の権利の法的性質や争点について考察をすすめていく。ドイツでは、わが国で研究が遅れている子どもに対する親の権利や憲法上の親の権利の限界について判例・学説の蓄積が進んでいる。また新説が、英米法の基礎法学を参考に子どもに対する親の権利やその限界について挑戦的な議論を展開している。これらの議論を検討することにより、結論において詳述するわが国の学説状況に何らかの示唆を得られる

---

(3)　一時保護制度は子どもの身体を直接的かつ長期にわたって抑える措置であるにもかかわらず、2016年に法改正がされるまで事前・事後に裁判所が関与する仕組みが児童福祉法に存在しないどころかその目的さえも明確にされていなかった。改正された児童福祉法はその目的について、「児童の安全を迅速に確保し適切な保護を図るため、又は児童の心身の状況、その置かれている環境その他の状況を把握するため」（児童福祉法33条1項）と定めており、一時保護の開始と延長の分節及び延長に関する家庭裁判所の審査が可能となった。そして、司法においても一時保護の開始については従来重視されていた子どもの生命・身体保護を重視し、一時保護の延長の可否については子どもの精神的利益の観点からも判断することが提唱されていた（諸岡慧人「判批」自治研究95巻3号［2018年］138-139頁）。2022年児童福祉法改正において、一時保護を行う際、原則として全件司法審査を経ることが規定された。2023年現在具体的要件および運用については実務者作業チームで議論が行われており、内閣府令およびこども家庭庁からのガイドラインが発出されることになっている。最新の情報は、こども家庭庁HP及び厚生労働省HPから閲覧が可能である。

のではないかと思われる。

4　他国の状況

なお、他国の状況について、若干触れておく。フランスは憲法上の子どもの権利構成の途についたばかり[4]であるとかつて評されている。

また、アメリカでは憲法のデュー・プロセス条項をもって親の養教育権を憲法上の権利の一つとして位置づけている[5]。しかし、同国に関するわが国の先行研究について、親と国家との関係を意識するあまり憲法上の親子関係が、フランスと同じくドイツ程進んでいないと分析されている[6]。もっとも、後述するように両者の基礎法学上の対話が試みられていることから、ドイツとアメリカの同質性と異質性については今後研究が進むとみられる。

イギリスについては、包括的な「親権」概念ないし制度は存在せず、親が一種の後見人として理解されてきたため、わが国とは法状況が異なるとみてよいだろう[7]。もっとも、1989年に立法により「親の責任」概念が登場し、法状況は変わったとされている[8]。そして、行政及び司法の関与に関する理解[9]

---

(4) 新井誠「フランス憲法──国家による子どもの権利保護」小山剛・玉井真理子『子どもの医療と法［第2版］』（尚学社、2012年）191頁。

(5) 詳細について、山本龍彦「アメリカ憲法──子どもの権利・親の権利・国家の役割」小山剛・玉井真理・前掲注(4)116頁以下参照。また、アメリカはわが国とは異なり、子どもの権利条約を批准していない。なお、同国が子どもの権利条約を批准しない理由として、①社会的福祉的権利の非権利性、②子どもの権利を認めることが子どもの利益につながらず、良き家庭とも相いれないという考えの根強さ、そして③国際的な縛りで国内の問題が決められてしまうことへの抵抗感などの存在が挙げられている（樋口範雄「アメリカ」石川稔・森田明編『児童の権利条約──その内容・課題と対応』［一粒社、1995年］496頁）。

(6) 横田光平『子ども法の基本構造』（信山社、2010年）15頁。近年のアメリカ法の研究成果として、山口亮子『日米親権法の比較研究』（日本加除出版、2020年）及び岩元恵「いわゆる「親の権利」に関する一考察──Jeffrey Shulman の信託論を手がかりとして」一橋法学22巻3号（2023年）5-22頁が挙げられる。

(7) 青木勢津「イギリス親子法における親権」家裁月報25巻9号（1973年）1-70頁、川田昇「イギリスにおける親権法の発展──1886年未成年後見法の成立過程」福島正夫編『家族　政策と法4　欧米資本主義国』（東京大学出版会、1981年）117-159頁。

が進んでいるがその制度やそれをめぐる議論はわが国に直接の参考にはならない(10)と分析されている。

イタリアは第1章でふれたように憲法上家族の保護や親の権利が規定され、カトリックの国でありながら民法上子どもの実親への権利を保障するという稀有な例を示している(11)。

5　本章の構成

本章の構成は、次のとおりである。まず、ドイツの親の権利の主体、法的性質及び限界についての議論を総括する。次に、特に2013年判決以降の子どもの基本権という具体化を通じて親の権利をめぐり議論に生じた変化を示す。最後に、ドイツの検討をまとめた上で、次章への課題を示す。

II　ドイツの親の権利主体・法的性質・国家による介入

1　憲法の優位思考の展開

(1)　ホルツハウアーの見解

ドイツの親の権利学説は特に後述する自然的権利にみるように、論者によりその理解に著しい差異がある。本論ではその理解の多様性を示すために、あえ

---

(8)　同概念につき、東和敏『イギリス家族法と児童保護法における子の利益原則　沿革と現代法の構造』(2008年) 161頁以下参照。なお、2002年に1989年時同法は改正された。改正内容については、許末恵「イギリスの親子法の現状」『新家族法実務体系②親族[II]――親子・後見』(2008年) 57-72頁のうち、特に64頁以下参照。

(9)　橋爪幸代「要保護児童の処遇に係る行政機関及び司法機関の役割――イギリスとの比較を通じて（二・完）」上智法学論集46巻2号 (2003年) 56-101頁。

(10)　久保野恵美子「児童虐待への対応における裁判所の役割　イギリスにおける被ケア児童との面会交流問題を素材に」岩村正彦＝大村敦志編『融ける境超える法 I　個を支えるもの』(2005年) 211-240頁。

(11)　歴史的なアウトラインについて、小谷真男「親子関係をめぐる国家制定法と〈私人たちの法〉――19世紀イタリア法秩序の重層的構造について（一）（二）」東京大学社会科学研究所社会科学研究47巻4・6号 (1995・1996年) 117-169、103-219頁参照。

Ⅱ　ドイツの親の権利主体・法的性質・国家による介入

てこれを包括的に記述する。

　先述したワイマール憲法120条の後に規定された基本法6条2項は、ワイマール憲法120条とは異なり、立法者による具体化が必要であるとしても、憲法上既に抽象的にはその内容が規定されているとする憲法優位思考の考えのもとに置かれることとなった。

　ドイツの憲法上の親の権利は当初予定されていた婚姻により産まれた子どもの法律上の父母にとどまらず、実定憲法規定を出発点として、その趣旨の解釈あるいは体系的解釈により養親や婚外子の父母等多様な親を対象にするようになった。また、法律による具体化を前提として、その内容も抽象的に定められているとされた。基盤となったのは、先述した憲法の優位思考であると考えられる。

　先行研究[12]によれば親の権利と憲法の優位思考を最初に理論上明確に結びつけたのはハインツ・ホルツハウアーである。ホルツハウアーは、憲法上の親の権利と民法上の配慮権（子どもを監護したり、教育や医療に関する決定を行なったりする民法上の親の権利をドイツでは「親権」ではなく「配慮権」と称する）の関係について、「親の権利」が憲法上の規範であるのに対して配慮権は法律上の制度であり、基本法6条2項1文の親の権利は「制度的保障（Institutionsgarantie）」としても理解されることを確認した。そのうえで、「親の配慮」に関する法律規定が「親の権利」に関する基本法6条2項1文を「形成の枠」の中で具体化するものとしてとらえた[13]。彼によって明確に示された「憲法優位」思考は、以降の学説においてより具体的に示されることになった。

---

(12)　横田・前掲注(6)191頁。かつてはペーター・ヘーベルレに限らずフリードリヒ・クライン等により、民法上の親権諸規定は憲法上保障されるとする「民法規定の優位」思考が採用されていた。しかしその一方で、「民法上の親権諸規定は親の権利の市民的法秩序領域における具体化にすぎない」とする憲法の優位思考も次第に現れてきたが、それらの見解は憲法上の親の権利との関係での法律規定（立法者）の位置づけについて理論的に必ずしも明確にはしていなかった（横田・前掲注(6)192－193頁）。ヘーベルレの憲法論の全体像とわが国における評価については、畑尻剛「P・ヘーベルレの憲法論とその批判」DAS研究会編『ドイツ公法の理論の受容と展開』（尚学社、2004年）143-175頁及び同『ペーター・ヘーベルレの憲法論』（中央大学出版部、2021年）参照。

第 2 章　憲法上の親の権利の輪郭

(2) 以降の学説

　例えば、アルヌルフ・シュミット・カムラーは、基本法 6 条 2 項 1 文が個人的な親の権利と並んで「親の権利」という客観的法制度を保障することを認めた。そのうえで、この点に関して、その内容を規定する立法者には客観法による制約のみが課されていると理解される所有権とは異なるものと理解する。そして、所有権についてそのように理解したうえで彼は「親の権利」については立法者による具体化は認めるものの、親の権利が主観的権利として基本法自体において抽象的には規定されているとしている[14]。

　このように親の権利については憲法優位思考が次第に有力となり、立法者による具体化が必要であるとしても、憲法上既に抽象的にはその内容が規定されているとするのが通説的理解となっていった[15]。

　今日判例・通説に完全に同調はしないがその影響力の大きさゆえに有力説と分類されるべきマッティアス・イエシュテットは、多少表現は異なるものの、ホルツハウアーの見解を引用したうえで憲法上の「親の権利」の内容理解が法律の内容形成において決定的な意味を有することを認めている[16]。すなわち、「親」概念は法により特徴づけられた制度であり内容形成された形式であるが、「親」「婚姻」「所有権」といった憲法概念は議会制定法上の内容形成に制度的保障という形態で限界を設定し、かつそれにより保護された法制度の本質的メルクマールを有する[17]。その核の内容については、必要な箇所で触れたうえ

---

(13)　Holzhauer, Verwandtschaftliche Elternstellung, verfassungsmäßiges Elternrecht und elterliche Sorge, FamRZ 1982, S. 113. このホルツハウアーの見解には、所有権論やヘーベルレによるいわゆる「制度的基本論」等において、基本法と法律の関係についての「動態的」理論モデルが既に提示されていたという事情や 1979 年に民法の「親権」に関する諸規定が大幅に変更されたことが影響しているのではないかと推測されている（横田・前掲注 [6] 191 頁以下参照）。

(14)　Schmitt-Kammler, Elternrecht auf schulisches Erziehungsrecht nach dem Grundgesetz, 1983, S. 19 ff.

(15)　横田・前掲注 (6) 194-195 頁。

(16)　Jestaedt, in: Dolzer/Kahl/Waldhoff（Hrsg.）, Bonner-Kommentar zum Grundgesetz, 171. Aktualisierung, Heidelberg 2015, (75. Lfg. Dezember 1995), Art. 6 Abs. 2 und 3 GG, Rn. 56, 64, 65.

(17)　a.a.O., Rn. 56.

で、7で述べる。

2　権利主体

(1) 親

基本法6条2項1文は制度的保障であるが、これによって確保される核の領域には、実際に子どもに対する養教育責任を行使する生物学上の親である男女がいるとされる[18]。しかし、生物学上の親の保護が制度的保障に含まれるかは必ずしも明確ではない[19]。その親が婚姻しているか離婚しているか、どの範囲で養教育責任を負っているかそしてその扶養や後見状況はその主体性に影響を及ぼさない。生物学上の父であるが法律上の父でない者（いわゆる「生物学上の父」）も子どもの法律上の父になれば、親の権利主体となる[20]。立法者は親子関係について原則として形成の自由を有し、生物学上の親とは異なる人間に子どもについての法的責任を負わせることもできる。こうした法律上の親も、基本法6条2項1文の権利主体となる。逆に、基本法6条2項1文の保護を容易に享受できる生物学上の親とは異なり、法律の帰属（Zuweisung）基準に従ってのみ親の権利主体となる。つまり、いわゆる社会的親子関係は議会制定法上の親の役割の帰属なくして親の役割を果たすことができないのである。養子、里親、ステップファミリーの親そして祖父母が基本法6条2項の親の権利主体になるかは争いがある。

(2) 子ども

基本法6条2項には子どもの存在は規定されていない。子どもの基本権の詳細については、Ⅲで扱う。

---

[18] Brosius-Gersdorf, in: Dreier (Hrsg.), Grundgesetz Kommentar, 3. Aufl., 2013, Band. I, Art. 6, Rn. 147.

[19] a.a.O., Rn. 147. このことに関する判例・学説として、婚外子の父を基本法6条2項における「親」と認めた事案、BVerfGE 92, 158 (176 f.);Burgi, §109 elterliches Erziehungsrecht, in: Merten/Papier (Hrsg.), Handbuch der Grundrechte in Deutschland und Europa, Band. Ⅳ, 2011, Rn. 82参照。

[20] a.a.O., Rn. 147.

第 2 章　憲法上の親の権利の輪郭

3　親　の　権　利

(1) 自然的権利としての親の権利

(a) 基本法成立当時の議論状況

　基本法 6 条 2 項は文言上明らかに親の権利を「自然的権利」と定めているが、ここで「自然的権利」とは何かが問題となる。

　この議論については、ワイマール憲法時代の「自然的権利」をめぐる議論[21]の他にも、基本法成立過程において親による学校の基本形態の決定権の根拠として親の自然権が挙げられたこと[22]や、戦後の「自然法の再生」と呼ばれる法理論状況が生じていたことに留意しなければならない[23]。このような状況の中、基本法成立当初は自然的権利＝自然権説が盛んに唱えられていた。例えばカトリック教徒であるセオドア・マウンツは、自然法論に立脚し、基本法 6 条の親の権利を「自然法上の教育権」と理解したうえで、条文上これと親による学校形態の決定権が結びつけられなかった点を批判的に指摘している[24]。

(b) 自然法論退潮に伴う自然権学説の変化

　1950 年代になると自然法論に退潮の兆しが見え、自然権学説の様相も変化する[25]。例えばフリードリヒ・クラインは、以下のように述べて親の権利が自然権であることを肯定したが、自然法論に立脚して親の権利を実親にしか認めない見解を批判した[26]。彼の自然法論に関する記述は以下のとおりである。

　まず基本法 6 条 2 項 1 文は、基本権の性質をもつ人権を規定している。基本法 6 条 2 項 1 文は客観法的なプログラム規定、制度的保障、原則規範、解釈基

---

[21]　ワイマール憲法 120 条も親の権利を「自然的権利」と規定していたため、カトリックの「親の権利」論とこれに対する批判の間で激しい議論が繰り広げられた。詳細については、横田・前掲注(6)76 頁以下参照。

[22]　詳細については、横田・前掲注(6)99-108 頁参照。

[23]　横田・前掲注(6)117 頁。

[24]　Maunz, Deutsches Staatsrecht, 1951, S. 72.

[25]　横田・前掲注(6)119 頁。

[26]　von Mangoldt/Klein, Das Bonner Grundgesetz, 2. Aufl., 1957, S. 94-97, 146, 271 ff. この指摘について、横田・前掲注(6)119 頁。

Ⅱ　ドイツの親の権利主体・法的性質・国家による介入

準にとどまらず公権の意味での基本権をも基礎づけている。これは明らかに親の子どもの養育と教育（をする権利）を、国家によって与えられたものではない「自然権」として特徴づけている。親の権利は「自然権」として子どもの事柄に関して国家を含む他の因子よりも優先されるが、限界が存在する。その限界は、「子どもの養育」と「子どもの教育」の概念から内在的事物的限界、「親」という概念からの内在的人的限界、例えば（基本法6条）2項2文の11条2項との関係から生じるような「体系的事物的」限界である。また、憲法から直接導き出される一般的な留保の限界が挙げられる。つまりまず親の権利は子どもを含む他人の権利によって制限され、基本法7条の国家・学校の教育権によっても制約される[27]。

このような自然権的解釈は、いわゆる自然権論の退潮に伴い衰退し、連邦憲法裁判所もいずれか判断し難い立場をとるようになる。連邦憲法裁判所はたびたび次のように判示している。

「この『自然的権利』は国家から親に与えられたものではなく、国家によって所与の権利として認められるものである」。「親は原則として国家の影響及び介入をうけることなく、自身の考えに基づいて、どのように子どもの養育及び教育を展開して親の責任を果たそうとするかを決定することができる[28]」。

横田は、こうした連邦憲法裁判所の傾向について「『自然的権利』であることは国家介入に対する親の優位及びそれと結びついた親の権利の防御権としての性格を根拠づけ、あるいは強調しているに過ぎない[29]」と分析している。自説もこの点について異論の余地はないと考えるが、本書の関心上この論点がもつ今日的意義について学説をもとにもう少し考察したい。

(c)　今日の学説状況と考察

まず、今日の学説状況においてマウンツは多少表現を変えているものの、基本法6条2項がその核心において自然法を基礎とすると理解できる[30]、とし

---

(27)　a.a.O., S. 273.
(28)　生徒相談員事件、BVerfGE 59, 360 (376); 民法1666条1項の合憲性が確認された事案、60, 79(88).
(29)　横田・前掲注(6)123頁.
(30)　Maunz, Maunz/Dürig (Hrsg.), Grundgesetz Kommentar, 1958, Art. 6 Rn. 22.

第 2 章　憲法上の親の権利の輪郭

ている。けれどもこの見解は、今日の少数説とみてよいだろう。

　次に、論者によっては自然法論に近いと評される⁽³¹⁾フリッツ・オッセンビュールは、親の権利が連邦憲法裁判所によって「自然的権利」と表現されたことについて、これは親の教育権が「自然的」権利として根源的な権利であることを意味し、国家によって前もって与えられた権利ではなくその介入にあたっては正当化が必要だとする⁽³²⁾。マウンツよりも自然権論から距離をおいているが、この見解は自然権よりのものと理解するべきだろう。

　それでは、自然権を否定する見解とはいかなるものなのか。まず、エルンスト・ヴォルフガング・ベッケンフェルデは、「自然的権利」について、これは自然権ではなく自然な親子関係を想定したものであり、その限りで国家により親の権利は作られあるいは固定されたものではないということの他にも、書かれざる保障が及ぶと理解している⁽³³⁾。

　更に、ダグマール・ケスター゠ヴァルチェンは、マウンツの見解を紹介した後にそれでも親の権利の自然権的性格は実体的な憲法との間で問題になるとしている⁽³⁴⁾。シュミット・カムラーもこれに連なる⁽³⁵⁾。

　最後に、ゲルハルト・ロバースは、「基本法 6 条 2 項における『自然的』の性質は、(第一に) 法が原理的に親子関係を生物学的事実と結びつけかつ基本法 6 条 2 項は子どもに生を授けたもの全てに当然に通常子どもの養教育の責任を引き受けるという仮定に言及している」という通説の立場をとる。彼によれば親子関係の全ての形式を基本法 6 条 2 項は包括することになる⁽³⁶⁾。

　なお、家族法の国際化の観点から、念のため欧州人権裁判所における「fami-

---

(31) Burgi (Anm. 19) Rn. 20. もっとも、オッセンビュール自身は基本法 6 条 2 項において自然権論争をする意義を疑問視している (Ossenbühl, Das Elterliche Erziehungsrecht im Sinne des Grundgesetzes, 1981, S. 46. この指摘について、横田・前掲注(6)123 頁)。

(32) a.a.O., S. 47.

(33) Böckenförde, Elternrechtrecht – des Kindesrecht des Staates, in: Essner Gespräche zum Thema Staat und Kirche 14, 1980, S. 94.

(34) Coester-Waltjen, von Münch/Kunig (Hrsg.), Grundgesetz-Kommentar, 5. Aufl., Art. 6, Rn. 69.

(35) Schmitt-Kammler (Anm. 14) S. 14 ff.

lie naturelle」の定義も確認しておこう。欧州人権条約 8 条は、「(1)全ての者は、その私生活、家族生活、住居及び通信の尊重を受ける権利を有する。(2)この権利の行使に対しては、法律にもとづき、かつ、国の安全、公共の安全若しくは国の経済的福利のため、無秩序若しくは犯罪の防止のため、健康若しくは道徳の保護のため、または他の者の権利及び自由の保護のため民主的社会において必要なもの以外のいかなる公の機関による干渉もあってはならない」とする。また、同条約12条は「婚姻することができる年齢の男女は、権利の行使を規制する国内法に従って婚姻しかつ家族を形成する権利を有する。」としているが、これは婚姻に基づく家族のみを保護する趣旨ではない。つまり、婚外子の父や母もその保護を享受する。このことが、「familie naturelle」、つまり「自然的家族」と称される[37]。

わが国ではドイツの親の権利は「憲法によって表現される基本原理としての地位にまで高められ[38]」た、あるいは、先述した通り「国家介入に対する親の優位、更に親の権利の防御権としての性格を特に強調するもの」と理解される[39]。ただ、ドイツの現在の学説をみる限り自然権よりのものとそうではないものがあり、たとえ後者であっても前者の要素を完全に否定することは難しいように見える。その点では、オッセンビュールの見解が妥当ではないかと思われる。もっともこのような自然的権利の主な意義は、今日は婚姻と結びつかない親子関係の保護に資することであり、学説状況については国際法の類似概念との異同までも視野に入れた議論が展開されているということがいえよう。

なお、自然的権利をめぐる議論の意義についてもう一言づけ加えておけば、フレデリケ・ヴァプラーによる親の権利を自然権ととらえる政治家への戒めが挙げられよう。すなわち、彼女は親の権利は制度的保障を前提とした自然的権利である[40]と理解し、「自然権＝自然的権利」という図式を否定する。たとえ

---

(36) Robbers, in: von Mangoldt/Klein/Starck (Hrsg.), Grundgesetz Kommentar, 6. Aufl., Art. 6 Abs. 2, Rn. 52.
(37) この類似概念の指摘について、a.a.O., Rn. 52.
(38) 西原博史「親の教育権と子どもの権利保障」早稲田社会科学総合研究14巻 1 号（2013年）66頁。
(39) 横田・前掲(6)125頁。

第 2 章　憲法上の親の権利の輪郭

自然的権利が自然権に接近しようとも、ここで検討したような議論を無視して政治の場で自然的権利概念が恣意的に扱われてはならない。この点にもまた自然的権利をめぐる議論を今後も展開する意義があるといえる。

　こうした自然的権利である親の権利は、基本法 6 条 2 項をみると権利と義務が定められている。それではこの権利と義務は、具体的にいかなる内容・性質を有するのであろうか。

(2) 防御権としての親の権利

　権利としての親の権利は、国家が家庭教育に介入することから防御する力を親に認めている（防御権）。これは、連邦憲法裁判所も認める権利である[41]。この権利としての親の権利が親の人格的利益に結びつくかについて議論がある。そもそも基本権は自己のために行使するものである。しかし、親の権利の基礎づけは、まず第一に、養育・教育を必要とする子どもの権利ないし福祉であると理解されるために、そのような権利を親が自らの利益を守るために行使することが無条件に認められているかについては疑問である。しかし、今日でも例えばウォルフラム・ヘーフリンクのように親の権利を親の自己発展の利益に結びつける見解も存在する[42]。

　こうした親の権利は、子どもとの関係では子どもに対して拘束力ある決定を一方的に行う法的力（Rechtskraft）が含まれていると理解されている[43]。

---

(40)　Wapler, Kinderrechte und Kindeswohl, 2015, S. 150.

(41)　「基本法 6 条 2 項は、指針としての意味と同時に親の教育権への国家の許されざる介入に対する防御権を認め、その限りで直接適用される権利として裁判所をも拘束する」（親の学校教育権の所在が争われた事案、BVerfGE 4, 52[57]）。

(42)　Höfling, Elternrecht, in:Isensee/Kirchhof (Hrsg.), Handbuch des Staatsrechts, Band Ⅶ, 2009, §155, Rn. 16. 親が国家や子どもの教育奴隷になることを回避するために（Sanders, Mehrelternschaft, 2018, S. 134）このような理論構成に至ったと考えられる。この考えをあくまでも子どもの養教育を通じて実現される反射的利益にすぎないという見方（篠原永明「憲法と親権制度」比較法研究31号（2019年）21-22頁）もあるが、先述した危険性を回避するため親の権利を単なる反射的利益とみなすべきではないだろう。

(43)　Jestaedt, Kindesrecht zwischen Elternverantwortung und Staatsverantwortung, Brühler Schriften zum Famiilienrecht Band 19, 2016, S. 69 f.

この「権利」としての親の権利は、古典的な「国家との関係における自由権」でもあり、その内容として先述した防御権と自由権を有している(44)。

4 親の義務

(1) 基本義務としての親の権利

親の教育権は加えて奉仕する基本権である。この基本権は原則として、子どもの福祉の範疇で行使される。それはひとえに親の基本権の基礎が第一に子どもの基本権、利益あるいは福祉にあるからである(45)と説明される。ここでいう「子どもの福祉」は、大別すると親の権利を外から限界づける「消極的・子どもの福祉」、親の権利を方向づける「積極的・子どもの福祉」にその機能の観点から分類される(46)。親の権利は子どもの養教育義務と不可分に結びつき（「親の責任」）、立法者によりその義務はより詳細に内容形成される。この義務は基本義務の1つと考えられている。そして、この義務は親に不作為の自由を認めない(47)。

しかし、その義務の性質については争いがある。例えばヘーフリンクは、この親の義務を国家に対する義務ととらえる。しかし、それだけではなくこの義務を子どもに対し行使する義務ととらえ、この義務は子どもの側から子どもの親による養教育を受ける権利として把握されると考える(48)。イエシュテットらはこの義務を憲法上親の権利に内在する直接の限界づけ（Begrenzung）ある

---

(44) Böckenförde（Anm. 33）S. 94.
(45) BVerfGE121, 69(92)等。なお、「子どもの福祉」という用語は比較的民法学上用いられることが多いが、「子どもの利益」と特に区別なく用いられているようである（篠原・前掲注[2]190頁）。それは、家族法上の親権（配慮権）思想が憲法上の親の権利学説に強い影響を及ぼしたからであろう。本書では論者と問題意識を共にするヴァプラーに倣い前者を基本的に用いるが、文献の引用においては執筆者の意図を尊重して使われている用語を表記する。また、「子どもの利益」と「子どもの福祉」の基礎法学上の関係については、Ⅲ5で述べる。
(46) この考えの大元は、ケスターの機能による子どもの福祉の分類である。詳細については、横田・前掲注(6)570-571頁参照。
(47) Jestaedt（Anm. 16）S. 72.
(48) Höfling（Anm. 42）Rn. 155. このような親の義務理解が、Ⅲ3(4)で検討する2008年の連邦憲法裁判所判決を好意的に評価する見解につながったとみられる。

いは親の自由の実質的内容（保護領域）の消極的な事実上のメルクマールと理解する。そして、子どもの福祉を支援することを意図した親の行為のみが基本法6条2項1文において保護されると考える(49)。つまり、子どもの福祉に反する行為は最初から親の権利の保護領域に属さないということになる。しかし、このような見解は、親の権利の実質的保護領域をいたずらに縮小させる恐れがあり、採用するべきではないだろう。

また、親の権利と子どもの福祉の関係について、連邦憲法裁判所の判例分析をもって親の義務を広範にとらえすぎているという見解もある。詳細については、判例を交えて後述する。

(2) 親の権利理解について他の基本権と一線を画すものと理解する見解の台頭及びその見直し

こうした親の権利は、先述した今日の解釈に至るまでに幾度かの変遷を重ねている。この点について、以下ではいくつかの論点について触れつつ確認する。

【親の権利の性質理解の歩み(50)】

段階	内容
第一段階（親の権利の権利としての側面を強調）	・親の権利の権利としての側面が強化される。 ・親の権利と子どもの権利の関係について、後者が前者を限界づけると理解される。 → ・親の権利は親自らの人格権のあらわれであると理解され、人格を自由に発展させる権利（基本法2条1項）を更に具体化したものと理解される（親の権利を他の基本権と同質のものであると理解する。

---

(49) Jestaedt（Anm. 16）Rn. 158; Brosius-Gersdorf（Anm. 18）Rn. 65.
(50) 性質理解の歩みについては、主に前原清隆「親の教育権の概念規定に関する一側面——西ドイツにおける論争を契機として」長崎紀要30巻2号（1989年）285-307頁、横田・前掲注(6)を参考にした。なお(3)で詳述する第二段階の学説とこれに異議をとなえる第三段階の学説について、横田は前者を「特殊説」、後者を「混合説」と称する。そして第一段階の学説は「同質説」と称される（横田・前掲注[6]139、565頁以下参照）。

Ⅱ　ドイツの親の権利主体・法的性質・国家による介入

第二段階（親の権利が子どもに奉仕する側面を強調し、他の基本権とは異なるとする理解へと移行する）	・親の権利の性質について、子どもに奉仕する側面が強調される。 ・子どもの側から親の権利をとらえようとしながらも、一方で第一段階の見解を引用する。 ＊国家の介入に対する家族の自律が、基本法1条、2条1項といった個々の家族構成員の利益により基礎づけられる。
第三段階（第二段階の学説が定着し、親の義務が優先して語られる一方で、親の権利が固有の権利としての側面を有するのではないかという疑問が提起される）	対外的意義：防御権 対内的意義：子どもの福祉が親の教育及び行為を支配する規準となる。親の権利が自己実現の基本権ではなく子どもの発達を支援する基本権である限り、親の権利は基本権であると同時に義務である（親の責任）。 ・子どもの発達に伴い、親の権利（教育権能）及びこの機能に対する国の干渉に対する防御権が徐々に弱くなる（減少説）と考えられる。 ・信託的性質への疑問から、信託的性質を否定あるいはその範囲を限定する。 →憲法上の親の権利若しくは民法上の親権について親の義務を語りつつ親固有の権利性、親の利益、親自身の自己実現の契機を強調する学説の台頭とそれに対する積極的な根拠づけの要請。
第四段階（子どもの基本権が具体化される）	・1968年に連邦憲法裁判所により主観化した子どもの国に保護や支援を求める基本権が具体化する。

　ドイツの親の権利学説は、上記図の通り①親の権利の権利性を強調する段階、②親の権利の義務的側面を強調する段階、そして③親の権利の利己的側面を再び主張する段階ないし固有の権利性を模索する段階を踏んでいるが、この段階までは既にわが国において詳細な先行研究が存在する[51]。そのため、第三段階まではその概要を述べるにとどめ、新段階である第四段階を次節で重点的に

　　もっともこれらの学説名は親の権利の性質理解そのものを指摘するものではない。すなわち、これらの名称は親の権利の性質をどのようにとらえるのか、その内実を明らかにしたものとは言い難い。そこで本書では、横田が考案した名称の使用は必要最小限にとどめる。

第2章　憲法上の親の権利の輪郭

検討する。

(a) 第一段階から第二段階へ

　第一段階（前掲図表参照）では、親の権利の権利的側面に注目した見解が多くみられる。例えば、ハンス・ペータース、ヘルマン・ハンス・フォン・マンゴルド等が挙げられる。彼らは親の教育権を親自身の人格の自由な発展の権利と結びつけ[52]、子どもの権利という観点は、親の権利を限界づける「他人の権利」一般の問題として意識されるにすぎず[53]、たとえ親の決定に危険が伴うことがあろうとも、より高位の価値である国家的強制からの防御ゆえにあえて甘受されることになる[54]、と理解した。その結果、子どもの権利は十分に顧慮されることはなかった[55]。

　第二段階（前掲図表参照）では、親の権利の義務的側面（基本義務）に注目した見解が多くみられる。例えば、アーヴィン・シュタインが挙げられる。ここでは、シュタインの見解を確認する。

　シュタインによれば、親の権利は自然権ではなく、家族の根源的権利として、あるいは人権として普遍的な、奪われることのない、放棄しえない親のわが子の教育という私的にして公的な（子どもの成熟に従ってなくなる）権利である。親は子どもの人間の尊厳により、自己の教育権を子どもの代弁者として、つまり、子どもの福祉のために信託的に行使するように拘束されている[56]。彼の

---

(51) 横田・前掲注(6)、西原博史『良心の自由［増補版］』（成文堂、2001年）122-178頁、前原・前掲注(50)、同「学校制度と教育基本権——ドイツ連邦共和国における教育改革を素材として 1・2完」名古屋大学法政論集 106・107巻（1985・1986年）227-273、71-116頁、横田守弘「親の教育権と国家の『監視』1・2完」西南学院大学法学論集 21巻1・4号（1988・1989年）67-95、59-86頁、「学校教育と親の基本権——西ドイツの議論を素材として 1・2完」民商法雑誌96巻1・2号（1987年）1-32、179-207頁等が代表的な研究業績である。

(52) Peters, Elternrecht, Erziehung, Bildung und Schulen in;Bettermann/Nipperdey/Schuner (Hrsg.), Die Grundrechte, Band. 4, 1 Halbband ,1960, S. 373 ff.

(53) von Mangoldt/ Klein（Anm. 26）S. 273 ff.

(54) Peters（Anm. 52）S. 373 ff.

(55) 前原・前掲注(50)292頁。

(56) Stein, Die rechtsphilosophischen und positiverechtlichen Grundlagen des Elternrechts, in; ders/Dombois, Elternrecht, 1958, S. 10 f.

学説こそが信託説の源とみられ、オッセンビュールをはじめ複数の学説における信託説の基礎となる。ここでいう「信託」とは、一般に親の教育権を子から委ねられたものであるという思想を意味する[57]。もっとも、「信託」概念の詳細についての理解は論者により異なる。

(b) 信託をめぐる議論から見た親の権利理解の多様化

第三段階（前掲図表参照）では、信託説の隆盛のほかに親の利己的側面に再び注目が集まり、ひいては親固有の領域へと関心が向けられる。

まず、この段階では、信託説が定着する一方で、その懐疑が確認できる。

信託説は、ベッケンフェルデ、オッセンビュール等複数の論者により親の権利に定着することになるが、その一方でウルスラ・フェーネマンらによる懐疑があげられた。

この信託というキーワードに着目することにより、親の権利の特殊性を論者がどのように理解を試みているかを垣間見ることができる。したがって、本書では以下にその議論を整理する。

(i) 信託説肯定派

信託説を最初に提唱したのは、第二段階で扱ったシュタインであるといわれている。

そして、オッセンビュールは、親の権利は他の基本権とは異なり外面と内面に分けられ、前者は親の教育権の防御権の内容と関係するとした。その一方で、後者は親と子どもの関係であり、シュタインの法哲学及び実体法上の根拠を用いて親には子どもの教育義務が課されているとする。親の教育権が奉仕する基本権である限りにおいて親の自己実現に関する権利は主要なものではなく、むしろ子どもの発達支援に関する基本権でありいいかえると基本権でもあり基本義務でもあるとしている[58]。

オッセンビュールは、「信託思想」を基本法上の議論として整理し、「信託の自由」と表現した。ここにいう「信託の自由」を彼は放送の自由（基本法5条）の問題と積極的に結びつけた[59]。

---

(57) 西原博史『子どもは好きに育てていい――「親の教育権」入門』（NHK出版、2008年）100頁。

(58) Ossenbühl（Anm. 31）S. 48 ff.

第 2 章　憲法上の親の権利の輪郭

　また、ベッケンフェルデは、信託という性質は子どもに対する親の義務から生じると理解し、信託という考えについて以下のように述べている。
　「信託思考は、親の権利が子どものためのものであり、かつ子どものために行使されるものだということを示すものである。親の地位という自分のための権利と親の地位から生ずる、信託的に拘束された、他人のための権利との区別は、私の考えからすれば一歩進んだものであり、そして何か具体的なものをもたらすのである[60]」。
　もっとも、ベッケンフェルデは親の権利に信託という性質が付随することを認めながらも親の権利を義務的地位に解消することは誤りであるとしている。彼によれば、「固有の権利及び固有の利益は親の教育〈への（auf）〉権利において認められ、義務拘束、信託的地位及び利他性は、教育権〈からの（aus）〉権利において認められる。憲法は、子どもの養育及び教育は権利及び義務としてかされるのは親であって他の誰でもないという親の権利を、親の利益及び要求を考慮し、それを保護する、親の主観的な固有の権利として保障する。憲法はそれに対して、教育権〈からの（aus）〉権利及び権限を」、「子ども及びその人格発展のために認められ、存在し、子どもにとって受託者的に、その権利及び福祉に関連づけて行使しなければならないものとして保障する」。そして、国家の行為が「親の教育権への個別的な介入措置であるか、それとも親の教育権の喪失／否認であるかによって区別されなければならない。後者においては、親の教育権限〈からの〉権利ではなく、同時にこの教育権限〈への〉権利も関係している。後者の権利は、親の固有の、そして利己的でもある主観的権利として保護される。したがって非難し得る有責行為がなければ否認し奪うことはできない[61]」（〈　〉内はイタリック体）。
　これまで紹介した論者に対し、シュミット－カムラーは明確に親の権利には信託が及ぶ範囲とそうではない範囲があると主張する。
　シュミット－カムラーによると、まず基本法 6 条 2 項 1 文による親の教育権

---

(59)　ここで彼のいう「信託の自由」とは、「受託者の自由」ではなく、受託者が他人の利益の範囲で活動することを意味する。
(60)　Böckenförde（Anm. 33）S. 68.
(61)　a.a.O., S. 68 f.

の内部には親の教育権あるいは親の子どもへの人格形成作用をもたらす権利と、外側への代表権、すなわち子どもの基本権の代理が区別されるべきである、前者の親の作用権の一部は、あらゆるその中身が客観化されていない子どもの基本権の内容を決定する権限である。

次に、基本法6条2項1文において述べられた家族の親の教育権は、内在的な制約のみ有しているという。その他の内容上の拘束は存在せず、また、基本法20条の変更不可能な国家構造規定あるいは基本法の「人間像」に拘束される。

そして、シュミット－カムラーは、親の権利を防御権であると同時に制度的保障であるととらえる。彼の従来の学説と同様に親の権利は権利と義務の双方を備えており、基本法6条2項1文は親の権利行使について子どものために行使するという部分にのみ「信託的」地位が認められる[62]。

このようにシュミット－カムラーは、ベッケンフェルデよりも広い範囲で親の権利の信託的性質を一部の場面で否定することになる。それに対し、信託説を完全に否定する見解も確認できる。

(ⅱ) 信託説懐疑派

例えばフェーネマンは、次のように述べている。

「広く普及した見解によれば、親の権利は子どもの受託者として行使するものであり、そのさいにしばしばこれは親の権利に特有の自己本位性がないことを強調される。けれども、信託制は財産法由来の1つの概念であり、既にこの概念は財産法のものであり、親の権利と義務的地位には適用することはできない。なぜならば、そのことは信託者という地位に適合しえないからである。（財産法の）受託者には独立した権利としての他人の権利が委ねられているからである。それに加えて、信託が他人のためにも自分のためにも根拠づけられる」。そして、親の権利は委ねられた子どもの権利ではなく、独立した本来の権利である[63]。

こうしたフェーネマンの信託説懐疑説は、「親の権利が子どものためのものである＝親の権利は親の自己実現の余地を認めていない」という図式を否定す

---

(62) Schmitt-Kammler（Anm. 14）S. 20.

(63) Fehnemann, zur näheren Bestimmung des grundgesetzlichen Elternrechts, DÖV, 1982, S. 356 ff.

るイエシュテットの理論[64]に貢献したとみられる。

(iii) 信託説をめぐる議論の多様化及び信託説の未来

今日では、信託説をめぐる議論は多様化している。また、その先に信託説の概念化をとなえる見解も確認できる。

例えばマルティン・ブルギは、フェーネマン同様親子関係に信託という概念を使用しない。彼は親の教育権は、親の自己決定の自由であるとする。しかし、これは子どもの福祉に関する自由であり、かつ子どもの利益の範疇で行使される自由権である。もっとも、「子どものため」の権利であるということは、親の教育権が「奉仕する自由、例えば基本法5条1項2文で述べられる放送の自由の自由」ではないとされる。なぜならば、基本法6条2項1文においては、子どもそして親の三者関係が原因で構成される個人の自由権が問題になるために、補足的に客観法上の要素の根拠づけが問題になるに過ぎないからである。したがって、連邦憲法裁判所による「奉仕する自由」「信託者の」あるいは「利他的な」基本権というのは、条文解釈の拡張であり採用できないとされる。つまり、たしかに親の権利は条文上明確に子どもの養教育を義務づけられているが、子どもが関わっているために独立した基本義務の問題ではないという特性を有しており、オッセンビュールがいうような国家との外部関係においての構想は問題とならず、親の権利は単に消極的な自由ではなくその義務の基準は子どもの福祉という基準であるという特性はあるが、その他の特徴づけは不要なのである[65]。

このような理解は、親の権利の特殊性を基本法上の条文からシンプルにとらえたものといえよう。

その一方で、わが国では信託という概念自体についての理論が検討されている[66]。またドイツでは、民法学者のマルティン・レーニッヒが、関係者が他者の利益を他者のために行使しなければならない信託関係を連邦憲法裁判所が

---

(64) Jestaedt（Anm. 16）R. 28, 30. イエシュテットは信託説を肯定するが、その一方で本文で述べたような立場をとる。

(65) Burgi（Anm. 19）Rn. 28.

(66) 波多江悟史「信託（Treuhand）の思想──ヴォルフガング・ホフマン＝リームの憲法理論」早稲田法学会誌65巻1号（2014年）353-410頁。

「他者のための権利」と表現していると主張する[67]。このように、信託をめぐる議論は多様化している。その一方で、信託概念は「親の権利の比喩的描写であり、その内容は不明確[68]」であることを指摘する声もある。それはすなわち親の権利論の多様化を意味するものといえる。

(3) 第二段階の学説とこれに異議を唱える権利理解（第三段階）の争い

また、親の義務と関連して親の権利の法的性質に関する重要な争点がある。それが、第二段階の学説とこれに異議を唱える学説の争いである。今日の通説は、後者であるとみられる。

第二段階の学説は、親の権利を他の基本権とは異なる独自の権利であると理解し、親の権利を国家に対する関係では自由権ととらえ、親の義務がその「本質を決定する構成部分」を成し、子どもとの関係においては子どもの福祉が指針となると理解する。何が「子どもの福祉」であるかについて「親の解釈優位」を設定することにより、親の自律が確保される。

これに異議を唱える学説とは、先述した学説（及びそのコロラリーとしての「親の解釈優位」の考え方も）を否定する考え方である。子どもの福祉を離れて独立した親自身の自己実現を保障しようとする。このうち一部の学説は、第二段階の学説を親の権利の権利性を否定するもの（権利性否定説）と扱う[69]。この点について、後に詳述する新説との関係からもう少し立ち入ってみたい。

親の権利について第二段階の学説が台頭し定着した1970年代末以降に、「家族」の観点が浮上した。この状況を背景に、「家族」の観点、場合によっては基本法6条1項の「家族の保護」と結びつけて、それまでは、親の権利は他の基本権と同一のものであるとする第一段階の学説の立場から批判されていた第二段階の学説が、一般的に否定されるようになった。

(a) シュミット・グレーザー

まず、ヴァルター・シュミット・グレーザーは、次のように「家族」を理解

---

(67) Löhnig, Früher hatten Eltern viele Kinder-heute haben Kinder viele Eltern, 2015, S. 17.
(68) Schulze, Elternrecht und Beschneidung, 2017, S. 88.
(69) 横田・前掲注(6)575－576頁。

第2章 憲法上の親の権利の輪郭

したうえで、第二段階での学説を否定する。

　グレーザーによれば、基本法の家族像について、①親子関係は私的法関係であること、②親子関係は最初はとりわけ閉鎖的でほとんど内向的な関係であり、子どもが成長するにつれて有機的に徐々に社会へと開かれ、この意味で、成長とは次第に社会へと出ていくこと、そして③子どもが成長するにつれて次第に社会に対して開かれる「閉鎖的な家族」の保障は、基本法によって望まれた人間の人格を保護するために不可欠である。そのうえで、国家によって占拠されず、法的に統制されない家族においてのみ、親の個性に方向づけられ、それ故他の子どもとは異なる独自の人格が発達し得るのであるという。彼によれば、子どもの「人格は、親、場合によっては兄弟姉妹をみながら小さな共同体の温かさの中で時宜を得て隣人愛を受け、そして与え、思いやりを学び、他人に対する義務を果たす。この意味で家族は〈人格の学校〉であり、意見や考えの多様性に依拠した自由な社会の重要な要件としての文化的多元性の基礎である[70]」（〈〉内はイタリック体）。

　シュミット・グレーザーは家族の価値、その国家介入に対する優位を強調し、この基本的立場に基づいて以下のような見解を展開した。

　前提として基本法6条1項と2項の関係について、彼は、両者が「相互に補い確認されるものである[71]」とし、そして、「一方で原則として『国家から自由な』生活領域としての家族の保護、他方で親の教育優位の保障が同様に、子どもの養育及び教育の必要並びに個性や独創性はまさに私事において発達させられうるという事実を正当に評価している[72]」のであるとする。そして、次のように述べる。

　「基本法6条の意味は、まさに『私事の領域』が残され、その中で家族及びその構成員ができる限り規制されずに自然のままずっとのばされるべきであるということにある。つまり、ここでは原則として規範化されない人間の展開範

---

(70) Schmitt Glaeser, Die Eltern als Fremde—Verfassungsrechtliche Erwägungen zum Entwurf eines Gesetzes zur Neuregelung der elterlichen Sorge, DÖV 1978, S. 633.

(71) Schmitt Glaeser, Das elterliche Erziehungsrecht in staatlicher Reglementierung, 1980, S. 41. 訳については、一部横田・前掲注(6)338頁の訳を引用した。

(72) a.a.O., S. 42, 63.

囲という意味での自由『領域』の保障としての基本権の古典的理解が未だ有効である。基本法6条の意味及び目的は、家族自身に意味づけを委ね、どのように、そしてどのような目標に向けて子どもを教育するかを親の判断に委ねることにある[73]」。

しかし、シュミット・グレーザーは「この『親の権利』を〈もっぱら〉子どものために存在する権利と評価するのは適切でないだろう。」として、第二段階の学説を否定する。つまり、この学説のコロラリーである親の解釈優位を否定することになる。ここで彼はこの学説を「家族」の観点と結びづけて否定している。すなわち、次のように述べている。

「利己的な親の権利と子どもの利益との結合において、基本法6条2項1文の意味での基本権が〈家族のための〉権利であることが明らかになる。この権利は、自由主義的国家共同体及びその政府を責任をもって維持し得る次世代を確保するために基本法が望む、成長途上の人間が『家族のふところで』人格的に発達することを可能にするために必要な自由を国家に対して保障すべきである。共同体のため、子どものため、そして親のために。したがって、この基本権はその本質において親の権利だけでも子どもの権利だけでもなく、その両方である。それは家族権であり、その主張は家族の自然的な長としての親に自己の責任において委ねられている[74]」(〈〉内はイタリック体)。

この見解は「親と子どもの間の関係に関する問題と国家に対する家族の自律の問題を混同しているように思われるが、一応『家族』の観点と結びつけて『親の権利』についての」第二段階の学説を批判する立場を主張するものと理解される[75]。

(b) フェーネマン

次に、同じ立場に立つのが先述した信託説を否定するフェーネマンである。彼は第二段階の学説に対し、以下の様に反論する。

「利他的及び(否)利他的といったカテゴリー」「の適用は親に無情な自己否

---

[73] a.a.O., S. 42, 63.
[74] Schmitt Glaeser (Anm. 70) S. 633. 訳については、横田・前掲注(6)339頁の訳を引用した。
[75] 横田・前掲注(6)340頁。

定を要求することになる。それに対して、全体としての家族の福祉を考慮に入れることが適切であり、それはもちろん子ども、あるいは子どもたちのための親の『利他的な』努力の総和と同じではない。既に教育的考慮から、親は子供に家族の全構成員の利益への配慮を要求しなければならない、そうであるならば、子どもの福祉はまさに親自身の利益を尊重することを要求する。たしかにそのような公式化は利益という用語の矛盾もまさしく論証している。しかし、本質においては、自らの利益も考慮することがいかなる場合でも法的に許否されるべき親の行為ではないことは明らかである。加えて、多くの子どもを持つ親はそれぞれの子どもの利益、福祉を念頭に置かねばならず、それは子どもたち相互の関係においても互いに影響を及ぼしあうものである、ここでは親の行為の利他性を求めることでは何も得られないだろう[76]」。

この見解は、「全体としての家族の福祉」という観点から第三段階の学説を導いており、その限りでシュミット・グレーザーの見解とはやや趣が異なる[77]と理解される。

(c) シュミット・カムラー

更に、信託説でも触れたシュミット・カムラーの見解を参照しよう。彼の「親の権利」理解は以下のとおりである。

「基本法6条2項1文は、国家の妨害をうけることなく子どもに影響を及ぼす権利、本来の教育権（狭義の教育権）を親に認める。」「本来の教育権と並んで親の権利には第二の要素がある。親は、子どもの権利（とりわけ基本権）を外に向けて主張する権限をも有している。その場合には、親は子ども〈に(auf)〉影響を及ぼすのではなく、子ども〈の代わりに(für)〉一種の『受託者的』地位において行動する[78]」（〈 〉内はイタリック体）。

彼の場合、信託の箇所で述べたように「子どもの権利を外へ向けて主張する権限」については「信託的」との表現が用いられている。しかし、彼によれば先ほどの要素についてのみ『信託的』との表現が用いられるべき」であって、

---

[76] Fahnemann（Anm. 63）S. 357.
[77] 横田・前掲注(6)341頁。
[78] Schmitt-Kammler（Anm. 14）S. 20. 訳については、横田・前掲注(6)341-342頁の訳を引用した。

親の権利全体については次のような見解が示されている。

「親の権利の根拠はもっぱら子どもの利益及び人格の展開である」というように、「絶対化された利他的思考は維持され得ない」。「利他性の基準は、子どもの利益が事実上客観的に決定され得る場合にのみ内容を満たされ得る。その場合には義務拘束により親の利他的行為が必要となる」。「それ以外、それもまさに子どもに世界観上教育上の影響を及ぼす領域では、利他性志向は錯覚であることが明らかになる。このような親の教育活動は、客観化可能な子どもの利益ではなく、子どもの利益についての〈親の〉考えに導かれる、教育についての考え方に同質性がないことに対応して、全て等しく『利他的』であることを求める多様な教育目標及び教育方法が存在する。このことには決して異議を唱えることができない。ただそのことは、教育権が全く親のために認められる親の『固有の権利』でもあることを示している。親は子どもの教育において、それと一緒に自らの存在をも決定的に形成している(79)」(〈〉内はイタリック体)。

この箇所でシュミット・カムラーは第三段階の学説を示しているが、その根拠は、子どもの福祉についての親の判断において多様な可能性が認められることである。しかし、「国家等の介入に対する関係に関する問題と子どもとの関係に関する問題が混同されているように思われるが、このことは逆に」従来の学説についてはこれを親の権利の権利性を否定する権利性否定説と同視していると評される(80)。その上で、第三段階の学説と実際の第二段階の学説が実際にどれほど異なるのかが問題視される(81)。

(d) エーリヒゼン

最後に、ハンス・ウーヴェ・エーリヒゼンは次のような親の権利理解を示している。

「利他的な方向づけは明らかに養育及び教育の本質的特徴である。しかしそれが唯一の特徴ではない。養育及び教育は、同時にその権限を有する者に、出された任務を果たすこと、注いだ愛情が良い結果をもたらすことによって満足

---

(79) a.a.O., S. 28 f. 訳については、横田・前掲注(6)342頁の訳を引用した。
(80) 横田・前掲注(6)342頁。
(81) 横田・前掲注(6)343頁。

第 2 章　憲法上の親の権利の輪郭

を与えるものである。子どもの養育及び教育は、親にも自己を実現し生活を充実させる可能性を提供する点では利己的でもある。つまり、養育及び教育によって親子相互に重要な関係が描かれるのである[82]」。そして、「親の解釈優位」の考えは批判されるべきであり、「親の権利は本来子どもの福祉の解釈への権限とはみなされえない。子どもの福祉が判断余地を伴う不確定法概念と理解されるとしても、親の権利の憲法的保障は、その構造において、むしろ裁量、すなわち複数の可能性の間の選択を認める法規範に類似する[83]」。ここでも第二段階の学説が否定され、この第三段階の学説も家族の観点と結びつけられている[84]。すなわち、基本法6条2項と1項の関係について以下の通りの主張が展開される。

「基本法6条2項1文の親の教育権は」、「基本法6条1項における家族の憲法的保障と密接に関連している」。「『……家族とは、親に、とりわけ子どもの養教育への権利及び義務が生ずるような包括的共同体である』。このようなシステム連関——全体システムとしての家族、サブシステムとしての親子関係——は、家族にも考慮して親の権利の意味及び機能を定義することへと導く。つまり、親の教育権は多角的な関連、意味構造の中で作用する。したがって、一方的に利他的にも一方的に利己的にも定義しえないし、また、正当化もされえない[85]」。

しかし、この見解も「『親の権利』と『全体システムとしての家族』との関係が必ずしも明確にされておらず、この点に関して他の諸見解との異同を精確に明らかにすることが困難である[86]」と評される。

(d) 第三段階の学説の課題及び補論

このように、家族の観点と結びつけて親の権利について第三段階の学説を採る見解が多々見られるが、それら諸見解において第二段階の学説と実質的な距離はどこまであるのかが問題となる[87]。

---

(82) Erichsen, Elternrecht—Kindeswohl—Staatsgewalt, 1985, S. 32 f.
(83) a.a.O., S. 43.
(84) この指摘について、横田・前掲注(6)344頁。
(85) Erichsen (Anm. 82) S. 33. 訳については、一部横田・前掲注(6)345頁の訳を引用した。
(86) 横田・前掲注(6)345頁。

Ⅱ　ドイツの親の権利主体・法的性質・国家による介入

　なお、これらの諸見解と趣が異なる見解としてわが国ではハインツ・ペーター・モリッツの見解が検討されている[88]。モリッツは、次のように述べている。

　基本法6条1項と2項の関係について、「家族が、基本法6条1項において明示的に保護されているように、親子の法関係にとっての制度的枠組みとなっている」。「憲法上の親の権利の定義は二次元的考慮の結果に過ぎないわけではない。むしろ基本法6条1項が一方で2項及び3項でより詳しく述べられることのいくつかを既に述べ、他方で2項及び3項にとっての制度的基礎を置く限りにおいて、家族が一緒に考えられなければならない[89]」。このように彼女は親の権利理解における家族の観点、基本法6条1項の意義を強調したうえで、「『本質を決定する構成部分』との［親の］義務の側面の定義は、親子関係からの親自身の利益の憲法的保護をも認める余地を残している——例えば教育による自己実現。しかしながら、義務の側面による6条2項の本質決定は、この親の利益もまた『義務』で吟味され得なければならないということを導く[90]」という。この見解は教育による親の自己実現を念頭において親自身の利益の憲法的保護が認められるとしながらも第二段階の学説に相当する「特殊説」を維持する見解と評される[91]。しかし、この見解は、これまで検討してきた、家族の観点と結びつけて第二段階の学説があたかも親の権利が権利であることを否定する学説と同一のものであるように扱い、そのように理解される第二段階の学説を親の自己実現等の親自身の利益を根拠に否定する他の学説と一線を画している。すなわち、モリッツは家族の観点と結びつけて親の権利をとらえ、しかも親自身の利益が保護されることを認めたうえで、それでも第二段階の学説を維持しているという特徴を有しているのである[92]。

---

(87)　横田・前掲注(6)345-346頁。
(88)　横田・前掲注(6)346-347頁。
(89)　Moritz, Die（zivil-）rechtliche Stellung der Minderjährigen und Heranwachsenden innerhalb und außerhalb der Familie, 1989, S. 73.
(90)　a.a.O., S. 135 f. 訳については、横田・前掲注(6)346頁の訳を引用した。
(91)　横田・前掲注(6)346頁。
(92)　横田・前掲注(6)347頁。

第2章　憲法上の親の権利の輪郭

こうした学説状況について、第二段階の学説とこれに異議を唱える第三段階の学説の区別はつけがたい状況にはなっているものの、両者の対立は存在すると理解できる。もっとも、どの説が妥当かというよりも場面ごとにどの考え方が適切かを検討するべきだろう[93]。

(e) 親の義務を形成した判例の流れ及びその見直し

そして、近年第二段階の学説を形成したとされる連邦憲法裁判所の判例の流れを見直す動きがある。再構成の狙いは、親の義務の範囲を見直すことにある。そのため、この判例の流れを見直したい。

最初の判例は、1954年のものである。当時親の権利は「基本権であるとの理解が一般的になっていく過程[94]」の初期にあった。

(i) 親の学校教育権の所在が争われた事案[95] (BVerfGE 4, 52)

「a) 争点となっている後見人命令は、憲法異議申立人が自分の政治的見解を自分自身のために自由に表現することに影響を与えるものではなく、自分の子どもを自分の自由な選択で国が承認した私立学校に通わせるという母性的な権利に、自分の政治的見解が影響を与えるものに過ぎないのである。基本法6条2項で教育の親権の枠内で保障されているこの権利は、基本法2条1項で創設されている人格の自由な発展に対する権利の特別な形態とみなすことができるのか、あるいは、教育権は、子どもの福祉のために行動するという親の固有の義務のために、基本法2条1項に含まれていない独自の種類の人間の人格の活動の形態を表しているのかは、立ち入らないままにしておくことができる。なぜなら、基本法6条2項を、基本法2条1項に創設された人格権の一般的な権利の具体化であると考えたとしても、親の教育権において基本法6条2項の特

---

[93] 論者のこの考えは、場面によって第一段階の学説（同質説）、第二段階の学説（特殊説）そして第三段階の学説（混合説）のうち、特に前二者を使い分けようとする横田説（横田・前掲注[6]575頁以下参照）と共通する。

[94] 横田・前掲注(6)136頁以下参照。

[95] 離婚した前夫に娘の学校決定権を認めるフレンスブルク区裁判所の決定に対し前妻が抗告し、地方裁判所及びシュレスヴィヒ・ホルシュタイン上級ラント裁判所で抗告が退けられた。そのため、前妻により憲法異議が申し立てられたと。詳細については、横田・前掲注(6)137頁以下及び恒川隆生「憲法裁判における基本権保障理論の考察──基本法2条1項の解釈について（二）」名古屋大学法政論集97号（1983年）226頁以下参照。

別な規定に加えて基本法2条1項を適用する余地はないからである⁽⁹⁶⁾」。

この判例が出て「以降の議論においては、親の権利を他の基本権と同様の権利として理解するか……、それとも、親の義務の故にそれらとは異なる独自の権利と理解するか……という点を中心に議論が展開していくのであるが」、同判決においては、「そもそもこの問題が親の権利の法的理解において有する意味自体が重視されていなかった⁽⁹⁷⁾」。この状況下で家族法の伝統である「子どもの福祉」概念が憲法解釈に初出したのが、同判決である。

(ii) 第一次養縁組決定（BVerfGE 24, 119⁽⁹⁸⁾）

続いて、いわゆる第一次養子縁組決定は、次のように判示している。

基本法6条2項は子どもの福祉に向けられた親の責任を保護し、かつ子どもは基本権主体として尊重されなければならない⁽⁹⁹⁾。

この判決がでた当時は親の権利の法的性質について、第一段階の学説と第二段階の学説が混在していた⁽¹⁰⁰⁾。その状況で、連邦憲法裁判所において特殊説が明らかに採用され⁽¹⁰¹⁾、子どもの基本権主体性及び親の義務拘束が明らかにされた。これにより学説状況が第二段階の学説へと傾いていくことになる。

(iii) 国籍法事件（BVerfGE 37, 217⁽¹⁰²⁾）

1974年に、連邦憲法裁判所は次のように判示した。

---

(96) BVerfGE 4, 52 (56 f.).
(97) 横田・前掲注(6)138-139頁。
(98) 事案は、次のとおりである。未成年者の養子縁組については、従来民法1747条により親の同意が必要とされる一方で、同意権者が継続的に意思表示できない場合、行方不明の場合には同意は不要とされていた。1961年8月11日の「家族法規定の統一及び変更のための法律」により、「親が継続的に甚だしく子どもに対する義務に違反し、あるいは親権を喪失している場合、そして、親が悪意により同意を拒絶し、養子縁組がなされないことが子どもによって過度に不利益となるであろう場合には、後見裁判所は子どもの申立てにより親の同意を代替することができる」と規定する民法1747条3項が追加されたが、この規定を違憲と判断したシュトゥットガルト上級ラント裁判所、パッサウ地方裁判所、グロナウ区裁判所がそれぞれ手続を中断して連邦憲法裁判所に違憲審査を求めたというのが本件事案である。詳細については、横田・前掲注(6)220頁以下参照。
(99) BVerfGE 24, 119 (143 f.).
(100) 横田・前掲注(6)220頁
(101) 横田・前掲注(6)221頁

第 2 章　憲法上の親の権利の輪郭

「しかし憲法上の審査はもっぱら母の利益及び権利への規律の影響に限定されてはならない。まず第一にドイツ国籍法 4 条 1 項は子どもの権利関係も対象とするために、少なくとも同程度に子ども自身への影響が重要となる。とりわけ基本法 6 条 2 項において保護される親の責任は子どもの福祉に方向づけられかつ子どもがその個性を基本権主体として顧慮されなければならず（BVerfGE 24, 119［143 f.］参照）、場合によっては母と子どもの利益が衝突した場合に子ど

（102）　事案は、次のとおりである。

　本件は、具体的規範統制手続（基本法100条 1 項）により、原審の連邦行政裁判所及びフランクフルト行政裁判所から連邦憲法裁判所に移送され、併合審理されたものである。

　(1) 連邦行政裁判所の原告は、1959年にスペイン人と結婚し、スペイン国籍をも有するドイツ国籍の女性とその子ども（3 人）である。子どもはマドリードで産まれ、両親と一緒に住んでおり、父親と同じスペイン国籍を有している、1964年に両親は子どものドイツ国籍の証明書の交付を行政当局に申請したが、子どもがドイツ国籍保有者でないことを理由に却下された。両親の訴えは、ミュンスター上級行政裁判所でも認められず、連邦行政裁判所での判断が仰がれることとなった。連邦行政裁判所は、ドイツ人の女性の嫡出子ではなく、ドイツ人の男性の嫡出子が出生によりドイツ国籍を取得する限りにおいて、ドイツ国籍法 4 条 1 項が基本法 3 条 2 項に一致するか否かについて、連邦憲法裁判所の判断を求めた。移送理由は、次のとおりである、①ドイツ国籍取得の定めが、専ら血統主義により、しかも父親だけと結びつけるならば、それは母親を違憲な方法で不平等に扱っている。②出生による国籍の取得が血統に結びつく限りにおいて、両親と子どもとの多面的な結合は、人間の尊厳を遵守する場合、両親を子どもの国籍の定めと法的に無関係なものとみることを許さない。③男女の不平等な取り扱いを正当化する生物学上の差異は、明らかに問題とならない。このような取り扱いは、機能的、文業績な差異によっても支持されない。④二重国籍を回避せんとする国籍法の目的は、国籍法が平等権の実現を妨げる限りにおいて、後退せざるをえない。

　(2) フランクフルト行政裁判所での原告である母親は、ドイツ国籍の保持者であるが、父親はユーゴスラビア国籍保持者かまたは無国籍者である。原告である子どもたちは、両親とともにベネズエラに住んであり、この国での出生によりベネズエラ国籍を取得した。　1970年に原告は自分たちはドイツ国籍を保有していることの確認を市当局に申請したが、ドイツ国籍法 4 条 1 項 1 文を引き合いに出されて却下された。フランクフルト行政裁判所は、本件を連邦憲法裁判所に移送したが、その理由はもっぱら上述の連邦行政裁判所の移送理由に依拠している。

　詳細については、古野豊秋「16国籍の異なる両親と子供の国籍——国籍法事件（BVerfGE 37, 217）［1974］」ドイツ憲法判例研究会編『ドイツの憲法判例 I〔第 2 版〕』（信山社、2003年）110-114頁参照。

Ⅱ　ドイツの親の権利主体・法的性質・国家による介入

もの利益が優位しなければならない[103]」。

(ⅳ) 非嫡出子の父と子どもとの関係をめぐる規定の合憲性が争われた事件（BVerfGE 56, 363[104]）

続いて、1981年に連邦憲法裁判所は以下の様に述べている。

基本法の親の権利は、親に国家の介入に対する防御権を与え、国家による措置は「監督任務」の枠内でのみ認められている……。しかし、立法者は、基本法6条第2項1文に基づき非婚の母と非婚の父の基本権の衡量を行う必要がある限り、その活動は、国家に対する親の教育権の優位性に影響を与えることなく、親の関係を規制することに向けられている。……基本法第6条第2項の分野における立法者の決定においては、子どもの福祉が常に照準点となり、子どもと母親、子どもと父親の間で利害が対立する場合には、子どもが優先されなければならないことが不可欠である（BVerfGE 37, 217［252］参照）[105]。

(ⅴ) 生徒相談員事件（BVerfGE 59, 360[106]）

翌年には、連邦憲法裁判所は次のようにも判示している。

「親の権利は国家に対する関係では自由権であり、国家は原則として基本法6条2項1文により国家に認められる監督任務に基づき要求される場合にのみ親の教育権に介入し得る。子どもとの関係においては、子どもの福祉が親の養育及び教育の最上の指針でなければならない。基本法6条2項1文は――規定の文言から明らかであるが――基本権と基本義務とを共に規定している。し

---

(103) BVerfGE 37, 217(252).
(104) 事案は、3件の憲法異議申立ての併合審理であり、婚外子の父親たちが面会交流や配慮権に関して民法1705条及び1711条の基本法6条2項及び5項違反等を主張したものである。当時の法体系では婚外子は未成年である限り母親の親権のもとに置かれていた（民法1705条）。また、子どもを監護する者が子どもの面会交流を決定するとされ、共同配慮が否定されていた（同1711条）。
(105) BVerfGE 56, 363（382 f.）.
(106) 事案は、教育権者に対する生徒相談員の特別の黙秘義務について定めるブレーメン学校管理法13条2項3文、同上3項、学校委員会に参加する教育権者に行政規則を遵守するよう義務づける同法21条1項2文、3文等が基本法6条2項等に違反するとして憲法異議が申し立てられたというものである（詳細については、横田・前掲注［6］239頁参照）。

がって親の権利は利他的権利、奉仕する基本権、純粋な意味で委託された信託的自由と呼ばれてきた[107]」。

同判決は初めて親の自由と子どもに対する義務の関係が明らかにされたとされる。つまり、親の権利は国家に対する自由権であるが、子どもに対してはそうではないというのである。また、親はむしろ子どもの保護のために自らの権利を行使するのだという理解が示された。

(vi) 単独親権違憲判決（BVerfGE 61, 358[108]）

また、同年に連邦憲法裁判所は、以下のように判示している。

「親と子どもの福祉の利害の間の争いが生じる場合には、……原則として子どもの利益が優位する[109]」。

同判決では、初めて親子の内部関係において、原則として子どもの福祉が優位することが示された。

(vii) 諸判例の評価及びその見直し

これらの判例によれば、つまり、親の権利は国家に題する自由権であるが、子どもに対してはそうではないというのである。親が教育の自由をその自己決定の表現よりも優先することはできず、むしろ子どもの保護のためにその自由を行使する。この考えの背後には、親は原則子どもを最も重要視する人間だと

---

[107]　生徒相談員事件、BVerfGE 59, 360（376 f.）。

[108]　事案は、次のとおりである。ドイツ民法は何度か大改正を経てきたが1980年代まで、両親離婚後の子どもや婚外子については、本文でも触れたように、父母いずれかの単独配慮とされ、共同配慮は選択できなかった。これに対して、複数の離婚予定当事者が共同配慮を求めて争った。具体的には、①従来の住居に子どもが居住し、父母が交代で子どもと同居する離婚予定夫婦、②夫が別の女性と同居しつつ、妻子との交流を続け、子どもに関する決定を共同で行っている離婚予定夫婦、③離婚後に日常の監護は母が、学校に関する決定は父が行う合意をした離婚予定夫婦、④別離後も子育てのためにの共通口座を維持しつつ、積極的に面会交流を続ける離婚予定夫婦である。それぞれの事案を扱った裁判所が、民法の合憲性の判断を求める移送手続きをとり、憲法裁判所の判断を求めた。同決定の詳細については、木村草太「離婚後共同親権と憲法」梶村太市・長谷川京子・吉田容子編著『離婚後の共同親権とは何か』（日本評論社、2019年）32-33頁、決定全訳については、大森貴弘「翻訳：ドイツ連邦憲法裁判所の離婚後単独親権違憲判決」常葉大学教育学部紀要38号（2017年）409-425頁参照。

[109]　BVerfGE 61, 358（372）.

いうものがある。親がその子どもとの内部関係で基本法6条2項1文によってその子どもの福祉を義務づけられていることについて、今日学説や判例は争わない。けれども、文言上必ずしも説得力はない。これについて子どもの福祉概念はこの関連では不特定であり続けている。こうした親の義務は、基本法施行前に親の養教育が結びついているとした家族法上の伝統において定立された。結局のところ、基本法6条2項1文における定式化は親が通常子どもにとっての最善を望むことを前提とした教育の規範イメージによって広められた。憲法において適用された子どもの福祉概念は、それゆえ基本法6条2項1文における親の教育義務との関連で子どもの福祉を方向づけられた教育という規範イメージの符丁とされる。この意味で、人は親の義務を親の権利に内在する限界づけと称するのである[110]。

このような判例の流れに対し、ヴァプラーは次のように再構成を行う。ヴァプラーによれば、「親の利益は子どもの利益の背後に後退しなければならない」というテーゼは判例・通説がいうよりも狭い範囲に限定される。

なぜならば、判例（ⅲ）において連邦憲法裁判所は母と子どもの衝突で子どもの優位を定めたが、これは内部関係ではなく、国籍法という法律上の規律の効果である。つまり立法者は親の権利の優位によりすべての親の教育を規律できるわけではない。類似して判例（ⅳ）における子どもの利益の優位は、立法者の家族に関する判断に限定されている。つまり、立法者が親子関係について子どもの利益を特に重視することは、親と子の利害が衝突する場合に親の利害を原則後退させることと同義ではない。けれども、後の判決ⅵ）は違うように見える。ここでは親と子どもの福祉の利害の間の争いが生じる場合には、子どもの福祉が優位するとされる。しかし、憲法上の親の権利が常に子どもの福祉に優位するという仮定は、一般に考えられているよりもより少ない場面でのみ通用するのではないか[111]というのが彼女の主張である。

5　実質的保障領域

親は自立して、教育目的や内容を決定することができる[112]。なお、ブロシ

---

(110)　Wapler（Anm. 40）S. 114 f.
(111)　Wapler（Anm. 40）S. 112 ff.

ウス‐ガールスドルフらの見解によれば、子どもの福祉の危険に該当するような親の行為に基本法6条2項の保障は及ばないことになる[113]。この点については、後に詳述する。

6 親の権利の時間的な保護領域の射程

親の権利は子どもが胎児のころにまで拡大しているとされている。子どもが成人すると通常親の扶養義務は終了し、その後成人した子どもと親は家族の保護（基本法6条1項）を受けることになる[114]。

7 制度的保障の核及び保障次元

1でも述べたように、親の権利は内容形成を必要とする。そして、2．において先述したように、一部の学説は、立法者はそのさいに「自然的権利」の観点から生物学上の親を他の親より優先的に考慮しなければならないと解している[115]。

その他の制度的保障の核として、①親の責任なくして行使できない親子関係の本質的な要素[116]、②親の家庭教育を損なわないこと[117]、③第三者に対する実の親の優位及び親の権利の本質的な構造メルクマールとしての子どもの養教育における自律[118]、④原則として婚姻に基づいて構築される個人及び家族の養教育モデル[119]、そして子どもの基本権の具体化により⑤基本法6条2項と結びつけられた2条1項による子どもの親による養教育の保障を国家に求める権利を出発点に、親に対して子どもの福祉のみに義務づけられた親の責任の自由な行使可能性を確保し、国家は子どもの養教育を確保しなければならな

---

(112) Brosius-Gersdorf（Anm. 18）Rn. 163.
(113) a.a.O., Rn. 164.
(114) a.a.O., Rn. 165.
(115) a.a.O., Rn. 166.
(116) Burgi（Anm. 19）Rn. 126.
(117) Coester-Waltjen, in: v.Münch, /Kunig（Hrsg.）, Grundgesetz Kommentar, Band. 1, 6. Aufl., Art. 6 Rn. 59.
(118) Brosius-Gersdorf（Anm. 18）Rn. 169.
(119) Robbers（Anm. 36）Rn. 141.

い(120)という学説も主張される。後述する子どもの基本権の具体化を踏まえると少なくとも⑤は制度的保障の核とみてよいのではないだろうか。

　また、親の権利の主観的権利の保護内容を補充し強化するのが客観法上の内容であり、基本法6条2項1文は価値判断原則規範を含んでいる。この規定は、現実に実現するかどうかわからない理想的な状況を記述することに終始するのではなく、親による子どもの養育を支持する憲法上の決定を下しており、この決定は親子関係に関する私法および公法の規定の全領域に影響を与え、すべての国家機関がこの決定を考慮することを要求している。価値判断の原則規範として、基本法6条2項1文は──注意義務及び支援義務として──立法者のみならず法適用する権力に対しても向けられている。行政及び司法は親による子どもの養教育に対する憲法判断を全ての法を解釈及び適用する場合に拘束力ある指針として顧慮しなければならない。議会制定法の基準は、個々のケースの特別な状況に基づいて強く解釈されるため、議会制定法について基本法6条2項1文の客観的な法的価値の判断を実現する任務を担うのは、特に監督者である国家及び家庭裁判所の裁判官である(121)。

8　監督任務

(1) 親の権利への介入

　通常連邦憲法裁判所や学説では、親の権利への介入は──基本法7条1項の様に衝突するものを除き──監督任務によってのみ許される(122)。国家は監督任務に基づき、児童虐待より広く包括的な概念である、子どもの健全な発達を阻害する「子どもの福祉の危険化」（これはすなわち、消極的・子どもの福祉を意味する）を回避するために、「必要な措置」（民法1666条1項）を講ずる。同規定によれば、子どもの福祉の危険化が生じた時、危険回避措置の決定を行う権限が家庭裁判所に付与されている。また、民法1666a条は親子分離・配慮権剥

---

(120) Schuler-Harms, Das elterliche Erziehungsrecht aus Art. 6 Abs. 1 Satz 2 GG, RdjB 2016, 165.

(121) Jestaedt（Anm.16）Rn. 10

(122) Jarass, in:Jarass/Pieroth,Grundgeserz fir die Bundesrepublik Deutschland Kommentar, 16, Aufl., 2020, Art 6 Rn. 55-59.

奪について比例原則の厳格な遵守を定め、社会法典8編8a条・42条では少年局による子どもの一時保護が規定されている。基本法6条3項（「子どもは、教育権者に故障がある（versagen）場合、又は子どもがその他の理由から放置される恐れのある（zu verwahrlosen drohen）場合には、法律の根拠に基づいてのみ、親権者の意思に反してこれを家族から引き離すことが許される」）の特別な法律の留保は、親の立場への特定の介入に対し強い介入要件を規範化している。

(2) 監督任務に関する学説

しかし、憲法上の監督任務の地位についてこれまで統一的な見解は見られない。この点についてわが国の先行研究は最近の学説も踏まえて必ずしも明らかにしているとはいえないため、詳細に立ち入りたい。

国家という共同体が親の権限を監督するという見解に対し判例や文献は、①法律の留保説[123]、②制限説[124]、③「制約」と区別されるべき「限界」[125]、④子どもの福祉のための国家への特定の授権[126]、⑤保護義務（127）、⑥「国家の保護任務」[128]、⑦「国家の義務[129]」あるいはまた⑧「給付権[130]」説に分類される[131]。それぞれ順に見ていこう。

---

(123) Erichsen（Anm. 83）S. 47 f.
(124) 親の学校教育権の所在が争われた事案、BVerfGE 4, 52(57);von Mangoldt/Klein（Anm. 26）1957, S. 124（「憲法上間接的な留保制限」）.
(125) Barura, Maunz/Dürig (Hrsg.), Grundgesetz-Kommentar 69. Erg. 2013, Art. 6 GGRn. 96.
(126) Jeand'Heur, Verfassungsrechtliche Schutzgebote zum Wohl des Kindes und staatliche Interventionspflichten aus der Garantienorm des Art. 6 Abs. 2 Satz 2 GG, 1993, S. 119.
(127) von Coelln, in;Sachs (Hrsg.), Grundgesetz-Kommentar, 6. Aufl., 2011, Art. 6 GG Rn. 69.
(128) BVerfG, 09.03.1999, FamRZ 1999, 641.
(129) 民法1666条1項の合憲性が確認された事案、BVerfGE 60, 79(88).
(130) Roth, Die Grundrechte Minderjähriger im Spannungsfeld selbständiger Grundrechtausübung, elterlichen Erziehungsrechts und staatlicher Grundrechtsbindung, 2003, S. 93; 類似する見解として、Sachs, in; ders. (Hrsg.), Grundgesetz-Kommentar, 6. Aufl., 2011, m Vor Art. 1 GG Rn. 49.

Ⅱ　ドイツの親の権利主体・法的性質・国家による介入

　まず、①法律の留保説について、エーリヒゼンは次のように述べている。
「［条文の文言から］『監督者』の任務はまず第一に事件を観察し、調整しかつ存在しうる危険を特定の措置によって予防することであり続けることが読み取れる。危険がより重視されるべき法益に対し生じた場合、そこで監督者がこれを防衛しかつ保護法益の損害及び侵害を防止しなければならない。それゆえ『監督する』という用語は同時に迫りくる危険からの防衛あるいは既に生じた損害の回復のために積極的な介入をする授権をも含んでいる。この場合そのような『介入』には、援助的『介入』と強制的手段の意味における『介入』の両方がありうる。その点で監督者という言葉は、法律用語でより一般的に使われる『監視（Aufsicht）』という言葉と同じような意味を持っている。そのような危険や損害は、子どもに対する子どもの親そして親の教育イメージによって生じることは否定されるべきではないために、基本法６条２項２文は（また）国家に対する授権根拠として、基本法６条２項１文により保護される親の権利への立法による介入も把握され得る。この文言上の解釈の帰結は、基本法６条３項を引き合いに出す制度上の解釈によって導き出される。基本法６条３項は、最も強い考えられうる親の教育への介入、つまり親の意思に反して家族から子どもを分離することに対して特定の要件を設定している。基本法６条３項は、つまりより重大な介入は、この要請を満たさなければならないことはないことから出発している。しかし、このことから、基本法第６条３項は、子どもと親の分離に関連する以外の介入を行う国家の権能を前提としており、この権能を制約するものと理解される。他の規律を欠いているために、この権能は基本法６条２項２文の国家の監督任務においてのみ（共に）含まれるのである。

　基本法６条２項２文はその点で、基本法６条２項１文により保護される親の権利によって制約される立法者に対する留保を基礎づけるのである[132]」。

　次に、②制限説について1954年に連邦憲法裁判所は次のように判示している。
「けれども基本法６条２項は親権（elterlichen Gewalt）の活動を、国家による『監督』に服させる。基本法自体に設定された親の教育優位という基本権に対

---

(131)　Wapler（Anm. 40）S. 123.
(132)　Erichsen（Anm. 83）S. 47 f.

する制限は、子どもを保護する様々な法律に含まれる規範、とりわけ……民法1666条を正当化する[133]」。

更に、③「制約」と区別されるべき「限界」説についてバドゥーラは次のように述べている。

「親の活動の自由は、国家との関係で基本法6条2項及び3項によって限界づけられる。つまり、これらの規範は子どもの養教育における親の固有性と自己責任という親の優位を保障するが、同時に国家を監督者として用意している[134]」。

④子どもの福祉のための国家への特定の授権説について、ジャン・バドゥールは次のように述べている。

現実における変遷に基づいて婚姻や家族及び「それに従って変わっていく子どもや青少年の社会条件は、基本法6条2項2文において規定された国家の監督任務の新たな解釈が必要」である。「この規定は、もはや国家の統制及び親の権利（基本法6条2項1文）への介入に対する単なる正当化根拠としてではなく、むしろ加えて保障規範という意味で解釈されなければならない。つまり同規範は国家に子どもの福祉の危険化からの防衛及び社会の（共に）責任を持たれるべき広い展開の保障としてそのような給付をもたらすこと」を要請している[135]。こうした考えから、彼は国家の監督任務の範囲を広くとらえるのである。

⑤保護義務説について、フォン・コーレンは次のように述べている。

「国家との関係において基本法上（防御権として）保護を享受する親の子どもの法的地位に影響を及ぼす効果を持った行為は、基本法6条2項の事例において国家の監督任務（基本法6条2項2文、3項）の範疇で実体的に規範化された国家の保護義務を登場させる[136]」。

⑥「国家の保護任務」説について、連邦憲法裁判所は次のように述べている。

---

(133) 親の学校教育権の所在が争われた事案、BVerfGE 4, 52(57).
(134) Badura, in;Maunz/Dürig (Hrsg.), Grundgesetz-Kommentar, 69. Ergänzungslieferung 2013, Rn 96.
(135) Jeand'Heur (Anm. 126) S. 119.
(136) von Coellen (Anm. 127) Rn. 69.

Ⅱ　ドイツの親の権利主体・法的性質・国家による介入

「子どもの福祉は、基本法6条2項2文による国家の保護任務の照準点である[137]」。
　⑦「国家の義務」説について、連邦憲法裁判所は次のように述べている。
「親がその責任に対応しない場合、国家は基本法6条2項2文の監督任務により介入する。つまり国家は権限のみならず、子どもの養育及び教育の義務を確保されている。この国家の義務は、第一に子どもが国家の保護を要求する基本権主体であることから生じる[138]」。
　最後に⑧「給付権」説について、比較的最近の学説に分類されるロースは次のように述べている。
「〈給付権〉として基本権はまさに未成年者の年齢並びにその性質から生ずる支援の必要性及び依存性にもとづいて、とりわけ危険にさらされた子どもの国家に対する子どもを保護しかつ生じうる危険に対し自身に補佐を求める権利を保障している[139]」。
　また、ロースの見解と類似していると評される[140]ザックスは、次のように記述する。
「基本法6条2項2文における［国家の］特別な保護給付が……言及されているとみなされている[141]」。
　これらの学説について、①法律の留保説は監督任務が一般的な法律の留保とは異なり親の権利という法律上の包括的な内容形成を正当化せず、むしろ監督任務にとって必要な手段、つまり保護の客体である子どもが損なわれないよう配慮する手段であるという理解[142]から批判される。
　⑧「給付権」説については、給付権としてこの構成は並外れて給付の広い概念を主張する点にその特徴がある。しかし、このような広い給付概念は、名宛人の対象者（国家）以外にはほとんど共通点のない現象を組み合わせてしまう

---

(137)　BVerfG , 09.03.1999, FamRZ 1999, 641;BVerfG, 03.05.1999, FamRZ 1999, 1053.
(138)　民法1666条1項の合憲性が確認された事案、BVerfGE 60, 79(88).
(139)　Roth（Anm. 130）S. 93.
(140)　Wapler（Anm. 40）S. 123.
(141)　Sachs（Anm.130）Rn. 49.
(142)　Wapler（Anm. 40）S. 123.

第 2 章　憲法上の親の権利の輪郭

という欠点がある。国の行為は総じて様々な目的に向けられそして様々な方法で実現されうる。そして、例えば警察の行為は当事者が憲法上請求権を有するものではない。したがって、特に社会国家そして他の支援的な行為を包括する厳密な給付概念から出発するが、国の法益請求は考慮の外に置くべきである。この厳密な給付概念は、子どもに保護を与える国の監督任務を含まないと理解するべきである[143]。

このような考えを踏まえると先述した8つの考えのうち、少なくとも①法律の留保及び⑧「給付権」説は否定されるべきだろう。後述する最近の連邦憲法裁判所による見解を踏まえると保護義務説ないし保護任務説が妥当なように思われる。

また、国家の監督任務の内容が問題となる。一般には、その内容は、先述した①現在の子どもの福祉の危機から防御をする規律と個別の措置であり、そして②子どもに対し配慮権と面会交流権を分担する規律と個別の判断である[144]。

しかし、後者については争いがある。例えば離婚規律権限が一般的な監督任務で正当化されるかについては見解の対立がある。なぜならば、この規律は子どもの福祉の具体的な危険を招かないからである。一部では法律上の規律が裁判上の個別の判断のように子どもの福祉の危機という閾値のもと監督任務によってカバーされずむしろ私法上の事項における国家の仲裁者機能の発露にあるのではないかという疑惑[145]がある。しかし、国家の裁判所は、争いある当事者の基本権に憲法の一般原則により許される場合にのみ介入する。同様に立法者にとって、潜在的な基本権衝突を法律上規律する場合に生ずる。そのことは、既にすべての国家の権力の基本権拘束を必要とする（基本法1条3項）。そこで、連邦憲法裁判所もいわゆる仲裁機能についてこれは一般的な監督任務に結びつくものであると示していると読み取ることができると解するべきだろう[146]。そして、そのさいに判断基準となるのは、「より良い選択肢[147]」（［相対的・］積極的・子どもの福祉を意味すると考えられる）である。

---

(143)　a.a.O., S. 125.
(144)　a.a.O., S. 168.
(145)　Jestardt（Anm. 40）Rn. 15 ff;Brosius-Gersdorf（Anm. 18）Rn. 173.
(146)　BVerfGE 31, 194（205）；Wapler（Anm. 40）S. 150 ff.

9 小 括

ここまでの議論を小括すると、以下のようになる。

第一に、ドイツにおいて親の権利については憲法優位思考が次第に有力となり、立法者による具体化が必要であるとしても、憲法上既に抽象的にはその内容が規定されているとするのが通説的理解となっていった。

第二に、親の権利主体は法律上の親に限られず、子どもは基本法6条2項の権利主体ではないと解されている。

第三に、親の権利は自然的権利であるが、これについては自然権よりのものとそうではないものがある。また、防御権思考等に加えてこの議論の現代的意義として、婚姻外の親子関係の保護、国際法における類似概念との異同、そして政治の場における「自然権＝自然的権利」思考の否定が挙げられる。

第四に、親の義務は基本義務の1つとしてとして理解される。こうした親の権利理解について、信託説並びに第二段階で主張される学説及びこれに異議を唱える学説（第三段階の学説）の争いが認められる。そして、親の義務の範囲が広すぎるのではないかという批判もある点に留意が必要である。

第五に、親は自立して、教育目的や内容を決定することができる。親の養教育権の限界は、親の義務でも述べた子どもの福祉であるとされる。親の権利は子どもが胎児のころにまで拡大しているとされている。子どもが成人すると通常親の扶養義務は終了し、その後成人した子どもと親は家族の保護（基本法6条1項）を受けることになる。そして、親の権利は内容形成を必要とし、制度的保障の核の内容については争いがある。

第六に、親の権利の制限については —— 基本法7条1項との関係を除き —— 争いがあるが、監督任務により介入を受けると理解するべきではないかと思われる。基本法6条2項2文における国家の監督任務の性質については、争いがある。

こうした憲法上の親の権利学説は、2013年以降の子どもの基本権の具体化に

---

(147) Wapler, Das Kindeswohl: individuelle Rechtsverwirklichung im sozialen Kontext: Rechtliche und rechtsethische Betrachtungen zu einem schwierigen Verhältnis, in: Sutterlity/Flick（Hrsg.）, Der Streit ums Kindeswohl, 2016, S. 23.

第 2 章　憲法上の親の権利の輪郭

より若干変化しているように思われる。以下ではその変容をみる。

Ⅲ　ドイツの親の権利学説の新傾向

　親の権利は先述した通り①親の権利の権利性を強調する段階、②親の権利の義務的側面を強調する段階、そして③親の権利の利己的側面を再び主張する段階ないし固有の権利性を模索する段階を踏んでいるが、近年では④子どもの基本権の具体化という新たな段階に至っていると考えられる。これにより、従来の親の権利学説にも変化が出ていると思われるため、以下でこの点を重点的に検討する。

1　ドイツ法体系における子どもの存在

　ここでは、親から子どもの基本権に視点を移してその変化をみていく。
　先述した通り、基本法 6 条には明文で子どもの権利は規定されていない。しかし、基本法は解釈により子どもの権利を保障してきたとされる。本項ではこの主張に従い、このあとの議論に必要なドイツ法体系における子どもの存在について簡潔にまとめる。
　ドイツでは元々、子どもの自由と親の権利の関係について、基本法の下においては早くから基本権上の成年（基本権適齢、Grundrechtsmündigkeit）概念をめぐる議論を中心に理論展開がみられた。しかし、同概念及びその周辺概念の曖昧さが問題となっている[148]。
　この点について、概念整理をした例を一つ確認しよう。以降で主に検討するヴァプラー[149]は、次のように子どもをめぐる概念を整理する[150]。

---

(148)　横田・前掲注(6)447-448頁

(149)　本節で主に依拠しているヴァプラーの論説については、拙稿「憲法上の親の権利の必要性と問題性――ドイツにおける近年の学説状況を参考に」憲法理論研究会編『憲法学のさらなる開拓』（敬文堂、2020年）137-151頁のほかにも我が国において注目する文献がみられる。代表的な分析として、赤川理「子どもの権利・子どもの福祉・国家の監視人職務」信州大学経法論集11巻（2021年）167-192頁が挙げられる。

(150)　Wapler（Anm. 40）S. 98.

①基本権主体：あらゆる子どもがあらゆる場合に出生前に包括的に認められる。
②成熟能力（Fähigkeit）：基本権を基本権の保護の範囲内で行為を行う子どもが実際に（faktisch）行使すること。基本権成熟（Grundrechtsreife）ともいう。
③権能（Berechtigung）：基本権をあらゆる他の人間のように憲法上正当化される制約のもとにおいて制約されずに自分で行使できること．
④訴訟法上の基本権能力：実質的に正当化される基準で制約され得る行使権限としての基本権主張。

そして、彼女は、ドイツ法体系が子どもの事理弁識能力あるいは理性が欠けている状態をしばしば「未成熟」あるいは「成年に達していない」とし、必要であれば子どもを危険から保護し、親の権利が優位するとしていたと指摘する[151]。しかし、彼女はこうした整理について子どもの自律性を損なうものだと考えているようであり、その問題意識が後述する混合説の特徴が認められる自説につながったとみられる。

2　国家に対する子どもの権利

(1) 連邦憲法裁判所の立場

ドイツでは、そもそも子どもの基本権の基礎づけには争いがあった[152]。そして、1968年に第一次養子縁組決定により、以下のように国家に対する権利と位置づけられた。

「子どもは基本法1条1項と2条の意味における人間の尊厳と自己の人格を発展する権利を備えた存在である。人間の尊厳をその価値体系の中心とする憲法の下では、人間相互の関係秩序において、同時に義務に拘束され他人の人間の尊厳が尊重されなければ、他人の人格への権利は原則として誰にも与えられない。したがって、親の責任及びそれと結びついた権利の承認は、基本法の人間像に対応するような社会的共同社会内での自己の責任を自覚した人間になる

---

(151)　a.a.O., S. 98.
(152)　詳細については、横田・前掲注(6)360頁以下参照。

ために子どもが保護及び援助を必要とすることにより正当化される。親の責任の承認とそれと結びついた権利は、それゆえ子どもが、社会という共同体において、基本法の人間像に合致するように自身が自己に責任を持つ人格に成長するための保護と支援を必要とすることにその正当化が見いだされる……国家はこれに関して監督し、未だに自分で自らを保護することができない子どもを自分の成長が親の権利の濫用あるいは放置により損害を受けることからやむを得ない時には保護をしなければならない。この意味で、子どもの福祉は基本法6条2項2文による国家の任務に対する照準点である[153]」。

(2) 学　説

その後この判決は定着したのだが、親による養育と教育についての子どもの基本権議論はその後も活発であった。例えば、ハンス・フリードリヒ・ツァハーは、次のように述べている。

「基本権の名宛人は、『子ども』から『親』、つまり『子ども』の『教育権者』及び『子ども』自身である（基本法6条2項1文）。なぜならば基本法6条1項3文において保障される自律性は、『子ども』に関する事項でもあるからである。親には権限と義務（基本法6条1項1文）が、いいかえれば教育権が直接与えられている（基本法6条3項）。子どもの権利はそれに対して原則親の権利によってカバーされる」。

また、彼は脚注において、「基本法6条2項の子どもの権限に対し、けれども基本法6条3項からの子どもの権利の観点から開放されている」とし、子どもの権利と基本法6条3項の繋がりを示す[154]。

このように、子どもの権利理解は第一次養子縁組決定を経てもなお争いがあった。その一方で、連邦憲法裁判所は「夫婦財産契約」事件において子どもは親に対し養教育を請求する権利を有しているのかという問題について、一般的には子どもの養教育についての親の権利が国家に対する基本権（防御権）であると同様に、親による養教育についての子どもの権利も基本権（給付請求権）

---

(153) 第一次養子縁組決定、BVerfGE 24, 119(144).

(154) Zacher, in Isensee/Kirchhof (Hrsg.), Handbuch des Staatsrechts Band. VI, 1989, §134, Rn. 53. その他の学説については、横田・前掲注(6)361頁以下参照。

として国家に対立するものと理解され、このような子どもの権利は基本法2条1項によって保障されるという理解が示された[(155)]。このように多少の揺らぎはあるが基本的に学説のように基本法6条を根拠とした子どもの権利論に連邦憲法裁判所は一貫して同調することはなかった。

3 親に対する子どもの権利？

(1) 親子間への基本権効力に関する議論

また、親子間に基本権の効果が及ぶかは早くから議論されていた[(156)]。これについては、①直接効力説②間接効力説③無効力説が存在する。①については、ハンス・カール・ニッパーダイ[(157)]、そして何よりもヒルデガルト・クリュー

---

(155) BVerfGE 103, 89 (107 ff.). 分析について、古野豊秋『憲法における家族』(尚学社、2010年) 66-67頁参照。

(156) (4)で後述する2008年の連邦憲法裁判所判決までの学説状況の記述については、横田・前掲注(6)433-447頁に依拠している。

(157) ニッパーダイの見解は次のとおりである。
「多くの基本権規定――とりわけ2条1項にも当てはまる――は、基本権としての性質と並んで、法秩序全体、したがって私法にも直接適用される原則規範という重要な機能を有する。広義の『基本権』のこのような『絶対的』効力は、客観的法規範としての基本権規定から、その具体的内容、本質及び我々の社会における機能に応じて引き出される追加的な――つまり公法上の権限と並ぶ――法効果である。それは法共同体員の(単なる)客観的法的拘束あるいは個人の主観的私権としても効果を現しうる」論拠とされるのは基本権の意味変容、社会国家原理などである。もっとも「あらゆる基本権が私法関係に適用されなければならないわけではな」く、「この問題は、それぞれ個別の基本権規範について、その具体的内容、本質及び今日の我々の社会における機能を考慮して慎重に吟味されなければならない。」とはいえ、「直接あるいは憲法規範の内容から明らかになる制限的指示がないならば、原則規範は市民の私法関係にも妥当する」のであり、「その場合には当該規範の〈保護目的〉及び〈規律内容〉が正当に評価されなければならない」。したがって、「個人と〈社会的権力〉との関係が問題となる場合」や「一方が他方に対して〈経済的〉あるいは〈その他の権力的地位〉を有する場合には個々の私人相互の法関係についても基本権を適用し得ることが肯定されなければならない」(〈〉内はイタリック体) (Nipperdey, Freier Entfaltung der Persönlichkeit, in: Bettermann und Nipperdey (Hrsg.), Die Grundrecht IV 2. Halb., 1962, S. 748-750. 訳については、横田・前掲注(6)433頁の訳を引用した。) そして、この直接効力説は親子関係にも適用されるとした (a.a.O., S. 107)。

第2章　憲法上の親の権利の輪郭

ガーの見解が有名である。クリューガーは、子ども自身による子どもの基本権の行使と親の教育権の関係について、直接効力説か間接効力説かは出発地点が根本的に異なるにもかかわらず、議論はここで周辺化されるべきであると主張する(158)。②が今日の有力的な見解であり、ギュンター・デューリッヒに代表される。デューリッヒは私的自治を根拠として直接効力説を批判した(159)うえで、次のように主張した。

「個々の基本権は、基本法1条1項及び2条1項で宣言的に認められ、憲法に先行する〈価値体系〉の現象形態であり、それは、特有の危険のために国家の方向から、多様な価値の実定法上の基本権によって保護される」との基本権理解を前提として、「〈第三者〉の方向においては基本権の『絶対的効力』は基本権によって個人の自律及び自己責任のために相対化される」。「したがって、私人相互の法関係は、まさしく憲法によって特別法（まさに『私法』に服する――つまり他人の権利への私人の攻撃を防御する法においても（そもそも刑法が介入しない限り）。第三者の方向からの攻撃を防御するための規範的〈手段〉とは、その助けを借りて特別の私法上の保護規範がない場合に客観的私法がその〈保護委託〉（基本法1条1項2文）を果たすのであるが、その〈価値充填が可能であり、かつ必要とされる一般条項〉である。その適用という方法は、一方で、第三者法関係における私人の処分の自由を基本権として承認することにより法論理的及び法体系的に不可欠となる〈私法の独自性〉を守り、他方で、当然に必要とされる〈法道徳における法全体の統一〉を守る」、すなわち、「憲法の基本権部分の価値体系が私法において実現されなければならない」が、「私法における基本権の侵入地域は……私法上の価値充填が可能であり、かつ必要とされる規範」であり、こうして基本権へと形成された価値内容で私法上の概念及び一般条項を充填することが主張されることとなる(160)。

(158)　Krüger, Grundrechtsausübung durch Jugentliche (Grundrechtsmündigkeit) und elterliche Gewalt, FamRZ 1956, S. 239.
(159)　Dürig, von Mangoldt/Klein:Das Bonner Grundgesetz, 2. Aufl., 1957, S. 127 f., 377.
(160)　Dürig, Grundrechte und Zivilrechtsprechung, in:Maunz（Hrsg.）, vom Bonner Grundgesetz zur gesamtdeutschen Verfassung,Festschrift zum 75. Geburtstag von Hans Nawiasky, S. 176 f. 訳については、横田・前掲注(6)434-435頁の訳を引用した。

Ⅲ　ドイツの親の権利学説の新傾向

(2) 間接効力説と親子

　このような間接効力説はいわゆるリュート判決[161]においてもとられ、間接効力説が一般的には有力になっていく。もっとも、本書が主眼とする親子関係について、デューリッヒもリュート判決も「私人の意思の支配」という意味での私的自治を根拠とするものであるとすると、例えば不法行為あるいは身分関係に起因するような契約外における私人の権利領域への侵害においては問題にならないという指摘があった[162]。そこで、グスタフ・クーンは、次のような見解を示している。

　親子間の「内部関係における基本権の適用」については、「未成年者の基本権はたしかに国家に対して無制限に妥当するが、しかしそれでも未成年者は基本権によって保障される行為自由をほとんど享受していないということが考慮されなければならない。未成年者の行為自由は基本権に拘束される国家よりもむしろ基本権に直接は拘束されない親によって制限される、それによって、基本権的価値が保護を必要とする方向は公権力から私人に移る」。そして、「親権と公権力との間には相違だけではなく共通点もある」。「双方同様の権力、すなわち一方的に服従者の協力がなくとも一般的に根拠づけられ、個別事例において形成される法的権力を、広範囲に及ぶ事実上の貫徹力を与えられて行使する」。「その場合、未成年者は国家の措置よりもはるかに強く親権の措置に服従させられ、その限りで保護の必要性はより大きい。ところが、まさしく『高権的権力』の優位こそが他律的行為態様と自律的行為態様の相対的で自由権の適用のための主たる理由である。このような事実を私法における間接的第三者効力の理論も自由権の価値決定をできる限りひきうけることによって考慮し得るし、しなければならない」。具体的には、「子どもの基本権と親の基本法上の地位」という「対立する利益を家族法諸規定によって調整するのは第一次的に立法者の任務であるが、そのさい、立法者が憲法の価値決定に拘束されることには変わりない」。そして、「これらの私法規定」は「憲法適合的に適用され」る。すなわち、「親権は特別規定だけではなく一般条項によっても限定される」が、

---

(161)　リュート判決、BVerfGE 7, 198.

(162)　Reinicke, Der Zugang des Minderjährigen zum Zivilprozess, 1989, S. 158; 横田・前掲注(6)436頁。

第 2 章　憲法上の親の権利の輪郭

「民法1666条は親権の限界を超える場合に未成年者に法的反射（Rechtsreflex）によって保護を与える。この一般条項は基本権の価値決定にとっての『侵入地域』でなければならない。民法1666条1項1文の意味での子どもの精神的あるいは身体的福祉」の危険は、ここでも決定的な基本法の規準により、とりわけ親が親権を超過して基本権的に保障される未成年者の決定の自由に介入する場合に存在せざるをえない⁽¹⁶³⁾」。

このようなクーンの見解は、たしかに間接効力説として親子関係において基本権の価値が保護を必要とする根拠は示されていても、直接効力説が否定される理由は示されていなかった。仮に親子関係について私的自治＝「私人の意思の支配」を主張することが理論的に困難であるならば、それにもかかわらず間接効力説を維持するためには別の説明（例えば「家族の保護」等）が必要となる⁽¹⁶⁴⁾。

その後、1980年代になると「国家の基本権保護義務」論の立場から、デューリッヒが述べるような裁判所が第三者の行為態様を違法と取り扱う時には保護義務をも履行しなければならないとではないか[165]という問題意識を国家の保護義務論からとらえる立場が登場する。例えばイエシュテットは、「基本権はもっぱら国家に向けられているので、基本法6条2項1文はあらゆる人に対して作用する絶対的な法的地位を認めるものではない。しかし、その実質的保障内容は、基本権に義務づけられる国家が、あらゆる人、すなわち（学校以外の）私的共同教育者とも比べて親の優位を法律により効果的に形成し、保護するように解釈される。いいかえるならば、基本法6条2項1文は、たしかにそれ自体は私法秩序の意味における絶対的権利ではないがそれは法律に媒介された絶対的法的地位を親に与えるよう立法者を義務づけている[166]」と述べている。

---

(163)　Kuhn, Grundrechte und Minderjährigkeit, 1965, S. 60 f., 64-44. 訳については、横田・前掲注(6)437頁の訳を引用した。

(164)　横田・前掲注(6)437頁。

(165)　Dürig, in:Mauz/Dürig/Herzog/Scholz/Lerche/Papier/Randelholzer/Schmidt-Assmann, Grundgesetz Kommentar:Art. 1. 1958, Rn. 102.

(166)　Jestaedt（Anm. 16）Rn. 276 ff. 同様の指摘及びカナーリスとの関係について、横田・前掲注(6)439頁。

Ⅲ　ドイツの親の権利学説の新傾向

　こうした国家の基本権保護義務論と親子関係との関係理解はその後有力となっていったとみられる。

(3) 無 効 力 説

　もっとも、無効力説の存在も無視できない。ペータース[167]、エッケハルト・シュタイン[168]らは親子関係において基本権の効力を認めない見解を採用している。今日（2010年代以降）でも、例えばシュルツは、①たとえ親子の基本権衝突から出発したとしても、その解決に際し常に国家に相当な裁量の余地を認めることに疑問を持つべきである、②親子の基本権衝突のさいに衡量を行うことは許されざる国家のイデオロギー化を親の教育判断にもたらすという危険がある、③結局のところ親子の衝突は衝突する利益が互いに区別されるべきである、そして④基本法6条2項は子どもの福祉という重要な観点を有しているが、親の基本権が子どもの人格発展に奉仕するために行使するという理屈と親の権利が子どもの一般的人格権に対抗するという理論は矛盾するという理由[169]を挙げているが、これも間接的第三者効を批判する点で無効力説に分類される余地がある。このような無効力説全般については、①基本権が人間生活の全領域について妥当する価値秩序をも同時に規定することを見落としており、基本権は親が子どもを教育することができるか否か、いつまで教育することが

---

(167) ペータースは、「基本権には第三者効力はないので、親が自らに対する子どもの対抗的な権利に拘束されず、それゆえ、基本権規定において現れる価値観念も親子関係にはかかわらない」との見解を示している（Peters,［Anm. 52］S. 372）が、これは無効力説に分類される（横田・前掲注(6)439-440頁）。

(168) 「憲法制定者が基本権によって子どもと親の間で生じうる紛争をも解決しようとしたとは言えない。憲法は原則として国家の構成と関連する問題のみを規律する。ここの憲法規範が狭義の国家の領域を超えて一定の社会的権力関係にも適用されうるという問題は全く正当である。しかし、親に対する子どもの『基本権』を認めること、及びその逆は国家の構成の問題からははるかに離れているので、簡単には憲法制定者がこれに関して決定したということはできない。いずれにせよ基本法にはそのような憲法上規律される領域の拡大についての手がかりはない」（Stein, Das Recht des Kindes auf Selbstentfaltung in der Schule, 1968, S. 28 f. 訳については、横田・前掲注[6]440頁の訳を引用した。）同様の指摘について、横田・前掲注(6)440頁）。

(169) Schulze（Anm. 69）S. 88.

できるか、そしてその場合にいかなる限界を守らなければならないかといった問題に対してまったく中立であるというわけではない[170]等といった批判が展開される[171]。

(4) 連邦憲法裁判所判例の展開

以上のような学説の議論状況に対し、その後展開した子どもの権利強化論[172]に影響をうけたのか、2008年の連邦憲法裁判所判決において、親に対する子どもの基本権構想（BVerfGE 121, 69）が突きづけられた[173]。面会交流を望まない親にサンクションをもってこれを強制する法律の合憲性について判断した同判決は、次のように判示した。

「子どもは固有の尊厳と権利を有する。基本権主体として、子どもは国の保護を求めそして自身の基本法上保障された基本権の保障を求めることができる。……親の責任及びそれとむすびついた権利の承認は、基本法の人間像に対応するような社会的共同体社会内での自己の責任を自覚した人間になるために子どもが保護及び援助を必要とすることにより正当化される、この権利（Recht）はそれゆえ親の子どもに保護と支援を子どもの福祉のために与えるという義務と直接結びつけられる。そのさいに、この義務は、子どもが引き合いに出されるに過ぎないというわけではなく、子どもに対しても存在するのである。なぜならば、子どもは権利行為の対象ではなく、権利主体でありかつ基本権主体であるからである。子どもに対し、親は子どもの福祉に合致した行為をする義務を負っている[174]」。

この判決は、あたかも親に対する子どもの養教育の権利を認めたような文言が認められるため、基本権の第三者に対する直接の効力を認めたという分析も

---

(170) Gernhuber, Lerbuch des Familienrechts, 3.Aufl., 1980, S. 59.
(171) その他の批判については、横田・前掲注(6)440-441頁参照。
(172) 提唱者は、基本法改正に際して、国家目標を多数定めて国家目標のインフレ化に陥るよりはむしろ子どもの権利を明文化するべきであると主張する（Hohmann-Dennhardt;, Kinderrechte ins Grundgesetz – warum?, FPR 2012, S. 185-187）。
(173) 同判決を下した裁判官の中には、子どもの権利強化論者である Hohmann-Dennhardt がいた。
(174) BVerfGE 121, 69（93 f.）.

確認できる⁽¹⁷⁵⁾。しかし、直接国家権力を拘束するものとして理解される基本法1条3項との矛盾や、基本法6条2項1文の文言上、親に対する子どもの養教育の権利は基本上のものとは学説上認められなかった⁽¹⁷⁶⁾。

4 子どもの基本権名宛人修正及びそれにより生じた問題

(1) 司法の場における動き

そして、この傾向は2013年の連邦憲法裁判所判決（生活パートナーシップ継子縁組判決⁽¹⁷⁷⁾）により国家に対する権利へと是正されたと考えられる。同判決は次のように述べている。

基本法6条2項1文と結びついた2条1項から、子どもは親の養育・教育を国家が保障することを求める権利を有する。そして、その権利から、国家には親の養育・教育を保障する子どもに対する義務の領域において、基本法上の保護義務が課せられる。しかしその保護義務に基づき、実効的な保護を実現するためにいかなる措置が要請されているかの判断は、まず立法者が行うべきことになる⁽¹⁷⁸⁾。

そして、この判決により第一次養子縁組において明らかにされた子どもの基本権が具体化されたといえよう。この子どもの権利として、先述した子どもの親による養教育の保障を国家に求める権利（基本法6条2項と結びつけられた2条1項⁽¹⁷⁹⁾）の他に、国家による保護を求める子どもの請求権（基本法6条2項2文と結びつけられた基本法2条1項及び2条2項1文⁽¹⁸⁰⁾）が考えられる。

---

(175) 髙橋大輔「子どもの交流権の強制執行」筑波法政47号（2009年）86頁。
(176) Wapler（Anm. 40）S. 170 ff.
(177) 生活パートナーシップ継子縁組判決、BVerfGE 133, 59(73). 同判決の詳細については、春名麻季「生活パートナーシップ関係の下での継子の可否（BVerfGE 133, 59）〔2013〕」ドイツ憲法判例研究会編『ドイツの憲法判例Ⅳ』（信山社、2019年）参照。
(178) BVerfGE 133, 59(73). 同判決の意図を解説し、今日における通説を形成したと思われる文献として、Britz, Das Grundrechte des Kindes auf staatliche Gewährleistung elterlicher Pflege und Erziehung. JZ 2014, S. 69-74が挙げられる。
(179) BVerfGE 133, 59(73).
(180) BVerfG(K), 03.02.2017, NJW 2017, 1295（1296 f.）.

第 2 章　憲法上の親の権利の輪郭

(2) 子どもの基本権カタログ創出の試み

更には、憲法への子どもの権利条約編入案に対抗する形で、基本法の解釈から導き出される子どもの権利の体系化の試みがなされている。

すなわち、政治の場では、「子どもの権利」をそれ自体として憲法テクストでもって保障すべきだとするいわゆる「子どもの権利の憲法条項化」を目指す動きがある[181, 182]。この基本法案は複数にわたるが、本質的には、子どもの人格発展、暴力からの保護を求める子どもの権利、参加権及び子どもの福祉原則（Kindeswohlrpinzip）を求めるという点で共通していると分析されている[183]。

この試みは、今まで成功したためしがない。そして、2021年基本法改正案（「子どもの権利を明確に確立するための基本法改正に関する法律案[184]」）も頓挫している。この改正法案については、①子どもの権利条約 4 条による締約国の子どもの権利実現義務をドイツは果たしていないという立場から、基本法改正に賛成する立場[185]、②これまでの親の権利・子どもの権利や②連邦憲法裁判所に関する研究[186]を基に反対する立場[187]、そして③基本法から子どもの基本

---

(181) この動きは、さかのぼれば1994年の憲法改正のプロセスでも主張されている。詳細については、結城忠『ドイツの学校法制と学校法学』（信山社、2019年）265頁以下参照。その後の憲法改正をめぐる2012年までの議論状況については、荒川真理「ドイツにおける『子どもの権利憲法条項化案』棄却の論理」筑波大学教育制度研究紀要 7 巻（2012年）95-108頁参照。

(182) ドイツは子どもの権利条約を批准するにあたり、解釈宣言という形で、条約と国内法の矛盾を回避しようとした。これは、子どもの権利条約解釈上の疑念や不明確性を除去しようとするものであり、条約の迅速な批准を実現するという目的のために作成された。詳細については、岩志和一郎「ドイツ」石川稔・森田明編『児童の権利条約』（一粒社、1995年）477-490頁参照。そして、2010年に解釈宣言にあった子どもの権利条約留保事項の撤回がなされた（BGBl. 2011 II S. 600）。

(183) Wapler, Verfassungsrecht, in:Richter/Krappmann/Wapler (Hrsg.), Kinderrechte, 2020, S. 90.

(184) この法案（BT-Drucks. 54/21）は、基本法 6 条 2 項に、①子どもの基本権の承認（ 2 項 3 文）、②子どもの福祉という原則（ 2 項 4 文）、③子どもの聴聞権（ 2 項 5 文）及び④親の権利と義務には影響が及ばない（ 2 項 6 文）という 4 つの要素を盛り込むというものであった。詳細については、https://www.bundesrat.de/SharedDocs/drucksachen/2021/0001-0100/54-21.pdf?__blob=publicationFile&v=1, last visited, 28 July 2022.

権カタログが導き出されるという観点から反対する立場がある。まず、①の立場は、子どもの権利条約における権利とその中心的な原則は、ドイツではほとんど実現されていないという認識から出発する。たしかに連邦憲法裁判所は基本法解釈により、子どもの権利保護を試みてきた。しかし、何十年にもわたって培ってきたドグマーティクは複雑で誰にでも理解できるものではなく、そのため、憲法に子どもの基本権を追加することが救済策と見なされるべきである、というのである。次に、②について、子どもの権利条約における子どもの権利及びその基本原則である子どもの福祉原則は、既に連邦憲法裁判所判例及び学説で受け入れられていると主張する見解が存在する。最後に、③については、後述する研究成果から、基本法改正をする必要はない、と主張される。このような複数の立場があるが、親の権利の空洞化を懸念する基本法改正反対派の危機感を考慮するならば、さしあたり基本法から本当に子どもの基本権保障は導き出すことはできないのか、という観点から考察を進めるべきであろう。

なお、子どもの権利条約の国内における取扱いについては、後述する。

(3) 子どもの基本権カタログ

先述した観点から考察を進めるために、基本法改正に強い反対の意思を示すヴァプラーの所論を参考に、以下では基本法における子どもの権利保障の在り方についてみる(188)。

(i) 生命、身体の不可侵性及び健康に関する権利

子どもの権利条約によれば、子どもは、生命への権利（子どもの権利条約6条）に加えて、包括的な健康への権利（24、25条）及び暴力からの保護を求め

---

(185) https://kinderrechte-ins-grundgesetz.de/wp-content/uploads/2018/02/DKHW_Gutachten_KRiGG_Hofmann_Donath.pdf , last visited, 28 July 2022.

(186) 詳細については、イエシュテット「連邦憲法裁判所という現象」鈴木秀美ほか監訳／イエシュテットほか『越境する司法』（風行社、2014年）65-128頁参照。

(187) Jestaedt, "Kinderrechte im Grundgesetz" statt "Kinderrechte ins Grundgesetz". Zwischenstand in einer unabgeschlossenen Debatte, Jamt Heft 7/8 2021, S. 358-362.

(188) 彼女の〈子どもの権利は基本法において十分に保障されているか〉という研究成果は、基本法における子どもの基本権解釈について、彼女とは厳密には異なる立場をとる、イエシュテットも認めているところである（a.a.O., S. 260）

第 2 章　憲法上の親の権利の輪郭

る権利（19条）を有している。そして、国家は、これらの権利に対する配慮義務がある（8、23、19条 1 項）。

基本法において合致する保障は生命及び身体への不可侵（基本法 2 条 2 項 1 文）に認められる。そして、生命、身体の不可侵性、私生活における暴力からの保護（2 条 2 項 1 文、6 条 2 項 2 文による国家の監督任務）、健康への権利（6 条 2 項 1 文の親による養教育の一部、3 条［法律の前の平等、男女同権、差別的取扱いの禁止］）に細分化される[189]。

(ii) 人格発展及びアイデンティティ育成

第二に、子どもの「発達」に関連して条約法上は広く理解され（子どもの権利条約 6 条 2 項）、そして人格発展及びアイデンティティ育成の精神的・肉体的過程に関係する。これらのうち、多くの権利は、基本法上の子どもの自由な人格の発展（基本法 2 条 1 項）や一般的人格権（1 条 1 項と結びついた 2 条 1 項）から導き出される。そして、アイデンティティ（基本法 1 条 1 項と結びついた 2 条 1 項）、教育（Bildung）（教育の機会均等、3 条 1 項 3 項と結びついた 2 条 1 項）、意見表明の自由（5 条）、集会結社の自由（8 条 1 項、9 条 1 項）、そして信教の自由（4 条）に細分化される[190]。

(iii) 参加を求める権利

第三に、子どもの権利条約12条 1 項の意見表明権は、子どもに関する判断への子どもの参加を求める一般的な権利を含む。

これに対して、基本法は、裁判所で聴聞を受ける権利を含んでいる（基本法103条 1 項）。子どももこの基本権主体である。聴聞を受ける権利は次の 3 つの要素に分類される。まず、当該人は、十分な情報に基づいて意見を述べることができるよう、手続の状況について知らされなければならない。次に、彼らは自分の意見を伝える権利を有する。最後に、裁判所はこの見解をその判断のさいに考慮しなければならない。同項の内容及び射程は子どもの権利条約の保障と合致する。同項は、行政手続には妥当しない。しかし、公的な手続で話を聞くという、同様に広範囲な権利が、基本法20条 3 項[191]に由来しているのであ

---

(189)　Wapler（Anm. 40）S. 75 ff.

(190)　a.a.O., S. 77 ff.

る。年齢や成熟度に適した子どもの意思とその意見の考慮は、連邦憲法裁判所によれば、子どもの人格権いいかえれば一般的人格権（2条1項または1条1項と結びついた2条1項）に基づいて、あらゆる場合に個別の判断で必要である。この点は、主に連邦憲法裁判所部会決定で明らかにされている[192]。しかし、家族法以外の分野では、この判例法はほとんど受け入れられていない。なお、子どもの政治参加も意見表明・プレスの自由、集会・結社の自由と同様中心的な権利であり、子どももこの保護領域に含まれる（5、8、9、21条〔政党の憲法的地位〕）と理解されている[193]。

(iv) 平　等　原　則

子どもの権利条約2条1項は、複数のメルクマールから独立して子どもを尊重することを保障している。

基本法は、差別からの保護について3条で定めており、歴史的に特に問題となった男女差別（同条2項）のほか、非嫡出子の保護のような子どもに特有の差別禁止規定をもおいている（6条5項[194]）。もっとも、障害者の権利条約との関連で、基本法の平等原則に合理的配慮をどのように取り入れるべきかについては、今後考えていかなければならない課題である。

(v) 子どもの福祉原則

子どもの福祉原則（子どもの権利条約3条1項）によれば、子どもの福祉は子どもの衡量判断において常に優先されて考慮されなければならない。つまり、締約国において子どもに関する判断のさいに他の利益に対して子どもの利害を適切に代表することを、集団的な（政治的、立法的）判断のさいにも個別の措置にも保障している。

更に子どもの権利条約3条1項は、裁判上有効な直接適用される規範である。

---

(191) 「20条【連邦国家、権力分立、社会的連邦国家、抵抗権】
　　③立法は憲法に適合する秩序に、執行権及び裁判は法律および法に拘束されている」。
(192) BVerfG (K) 9, 274 (281); 10, 519 (524); 15, 509 (514 f.).
(193) Wapler (Anm. 183) S. 86 ff. なお、ドイツにおける生徒の政治的基本権の詳細については、結城・前掲注(181)554頁以下参照。
(194) 「⑤嫡出でない子どもに対しては、法律制定によって、肉体的及び精神的成長について、ならびに社会におけるその地位について、嫡出子に対すると同様の条件が作られなければならない」

確かに同原則から直接的な法的効果は生じない。なぜならば、これは単に衡量判断のさいに一つの基準を提供しているにすぎないからである。けれども子どもの福祉原則は、子どもの条約に適合した衡量を求める主観的な請求権を付与している。

基本法の条文において、子どもの福祉原則について合致する文言は存在しない。けれども子どもの利害を国家の判断で考慮せよという一般的な義務は、あらゆる個人が等しい価値を持つという一般的な原則から導き出される。この思想は、ドイツの憲法秩序の基本原理に属するものであり、例えば人間の尊厳（基本法1条1項）の保障においてそして一般的な平等原則（3条1項）で、そのような表現がみられる。しかし、基本法には、この一般原則を子どもやその他の特に弱い立場にある集団に対して、具体的に表現したものは含まれていない。それでもなお、子どもの福祉原則はドイツにおいて既に現在直接有効であるため[195]、基本法に編入する必要はない[196]。

(vi) ドイツにおける子どもの基本権保障に関する問題点

以上のようなドイツにおける子どもの基本権保障に問題がないとはいえない。この点について、ヴァプラーにより、子どもの裁判に参加する機会の保障が指摘されている。ドイツにおいて現在では、家族法、福祉法、学校法などの子ども関連の法律分野において、子どもが自らの事項に関する判断に関与できるようになっている。しかし、他の領域、特に子どもの裁判参加の実践には改善の必要性があるとされる。子どもの権利条約における子どもの意見表明権が憲法でどのように解釈され、議会制定法律で実施されているかという問題は、ドイツにおける子どもの権利条約の実施に不可欠な試金石となっている[197]。なお、比較的子どもの意見表明権が保障されているとされる家族法の領域でも、子どもは面会交流を申し立てることはできるが面会交流排除の申立てはできないというような制度のありようは問題になり得る。また、憲法異議における子どもの手続能力は、法律上規律されていない[198]。

---

(195) 連邦行政裁判所は2010年代に、子どもの福祉原理はドイツにおいて議会制定法の次元で直接効力を有するとの判断を示している（BVerwG, 10.02.2011, Az. 1 B 22/10）。
(196) Wapler（Anm. 183）S. 89 ff.
(197) Wapler（Anm. 183）S. 94.

(4) 子どもの基本権具体化により生じた問題

ここまで、主に連邦憲法裁判所の判例及びヴァプラーの所論を通じて見てきたように、子どもの基本権が具体化する一方で、従来は、子どもの福祉に資する場合、国家は親の権利に監督任務に基づき介入をすると考えられてきた。

ヴァプラーの分析によれば、子どもの基本権の具体化を支持する理解（判例・通説と考えられる）及びこれを支持しない有力説（イエシュテット）は、子どもの保護を求める権利と自由権を区別し、子どもが自分で決定した行為を前提とする権利は親の解釈優位にあり、基本権衝突はこの領域では発生しないと考えた。しかし、子どもの保護を求める権利は民法上の子どもの福祉の危機（民法1666、1666a条）と同一の内容たる客観的な内容を有し、この範囲で子どもの基本権を尊重するべきであると考えられていた[199]。

この現状について、子どもの基本権の具体化という判例の傾向を子どもの一般的人格権の具体化として歓迎するが、その子ども観からして判例・有力説とは必ずしも合致するとはいえない新説（ヴァプラー）により、①保護と自由の分離可能性及び②客観的内容の定義が問題視される[200]。ここで、「客観的内容」たる「子どもの福祉の危機」ないし「子どもの福祉」とは何か、そして子どもの（基本）権とどのような関係なのかが問われる。

5 子どもの福祉の法的内容理解とこれによる国家介入閾値の明確化
―― ヴァプラーを中心に

(1) 子どもの福祉の法的内容をめぐるイエシュテット説

先述した問題について、有力説は、次のように理解する。すなわち、憲法上の概念であり、親の権利ドグマーティクの中心を占める子どもの福祉は子どもという特定の状況下での人間の尊厳の特別な適応（Adaption）であり、自己決定の保障により実現される成人の福祉とは区別される[201]。判例の立場は明ら

---

(198) Wapler（Anm. 183）S. 109 f.
(199) Wapler（Anm. 40）S. 177 ff.
(200) a.a.O., S. 178 f. もっとも、ヴァプラーの研究自体は判例を非常に重視するものである。この指摘について、赤川・前掲注(149)183頁。
(201) Jestaedt（Anm. 16）Rn. 35.

かではない。

(2) 子どもの福祉の法的内容をめぐるヴァプラー説

　これに対し、新説は、判例・通説及び有力説は子どもの保護の側面のみを重視し、自律の側面を顧みなかったと主張する。そして、人間の尊厳（基本法1条1項）と一般的人格権（基本法1条1項と結びついた2条1項）において示された基本法の個人主義が子どもにも妥当しかつ子どもにはまさに子ども期特有の特性を尊重せよという請求権を基本法は認めているという前提から、福祉概念の検討を行う(202)。新説は、有力説のように一般的な福祉概念と子どもの福祉概念の区別を是認せず、一般的な福祉概念の中に子どもの福祉を包括する。彼女によれば、福祉とは、「個人の利益の十分な実現」と定義される。自律した個人には原則として自己の判断が優位することが認められるが、自己決定の優位は一定の条件の下制約が認められ、制約された個人は自己決定の優位が原則として認められない。そのため、他者による福祉の内容の決定が優先される。制約された自律能力を有する個人は、自己の利害を最大限尊重せよと求める倫理上の請求権を有している。これらの個人の言葉によるあるいは言葉によらないシグナルが個別の利害状況に反映されない場合、彼らは善き生をおくるにあたり必要な最低条件である、肉体の維持と精神的、肉体的、そして社会的な発達の援助という基礎処置（Basisversorgung）を倫理上求めることができる(203)。

　ヴァプラーによれば、子どもの福祉は、「子どもという個人の利益（利害）の十分な実現」と定義づけられる。この子どもの福祉概念は基本法の規準に合致し、基本法の人間の尊厳と人格権の尊重（基本法1条1項と2条1項）から導き出される。包括的な、子どもにとっての最善を追求せよという意味での子どもの福祉（[絶対的・]積極的・子どもの福祉に該当すると考えられる）は、国家によるあらゆる教育を方向づけるが、国家は親に対し、同様の方法で包括的な子どもの善き生を義務づけることはできない（基本法6条2項）。したがって、包括的な善き生としての子どもの福祉概念理解に加えて、子どもの福祉の侵害

---

(202) この構想は、「リベラル、ヒューマニズム、あるいは規範的――個人主義」と称される（Wapler [Anm. 40] S. 306）。

(203) a.a.O., S. 388 ff.

Ⅲ　ドイツの親の権利学説の新傾向

あるいは手続法上の審査を法により段階化する必要がある[204]。

　そして、ヴァプラーによれば、憲法上の親子関係について、親は子どもの福祉を実現するための権限を有し、子どもに対し子どもの福祉を援助する存在ではあるが、子どもに対する基本義務は存在しない。親の自律は、子どもの福祉にとって不可侵な条件が保障されている限りにおいて確保される[205]。この条件が保障されていないあるいは近い将来おびやかされる場合（＝子どもの福祉の危険化）に、国家が監督任務に基づいて介入する。

子どもの福祉にとって不可侵な条件[206]
①衣食住という実質的な世話。
②子どもの健康の維持。
③身体的、精神的あるいは情緒的な完全性に対する干渉からの保護。
②長期間あるいは子どもを支える社会的関係。
⑤子どもが後に自分のライフスタイルを自分で選択し、生計をたてる・政治的共同体に参加するというような能力を得ることができるような適切な教育及び機会。
③子ども自身の利益を適切に顧慮し、成長に適した行為の余地を保障し、そして自分の利害に関する判断に子どもを適切な形式で参加させ、意見表明をさせるという子ども個人の人格に対する基本的な尊重。

　このヴァプラーの主張は、国家が必要最低限度の保護を与えるために親子関係に立ち入る基準（消極的・子どもの福祉）の客観的内容の描写の試みであり、子どもは基本権をもってこのような最低水準の保護を求めることができると考えられる。もっとも、彼女の理論を学校教育との関係でどのように理解するべきかについては別途議論を要する。なぜならば、彼女の理論を全て受け入れるならばホームスクーリングを認める余地がないようにも取れるからである。この点について、彼女は就学拒否は一定の要件の下で認められると主張する[207]。

---

(204)　a.a.O., S. 493 ff.
(205)　a.a.O., S. 514 ff.
(206)　a.a.O., S. 515 ff. もっとも、ヴァプラーによれば子どもの福祉の危険化によって自動的に国家が親の配慮権に介入等できるわけではない（S. 517）。
(207)　Wapler, Religiöse Kindererziehung: Grenzen des Rechts, RdJB 4/2015, S. 442 ff.

その背景には多様な家族を認めながらもその中で子どもが自らの選択肢を狭めないことに学校教育の意義を見出すリベラル社会における寛容性の在り方があると考えられる。そもそもその思想を受け容れられない立場は、彼女の理論を受け入れがたいだろう。

また、理論上の問題、とりわけ親子関係と憲法の関係について彼女の立場は国家の保護義務と子どもの基本権の結びつきを強固にするものであるが、これについて無効力説の立場や、イエシュテットのように連邦憲法裁判所の見解に懐疑的な立場からは批判がされるであろう。

とはいえ、これまでのドイツの子どもの福祉の在り方や親の権利学説に対し、彼女の試みが一石を投じたことは紛れもない事実である。

6　第三段階で主張された学説の健在及び子どもの意思の扱い

(1) ヴァプラーの見解のもう一つの特徴

ヴァプラーの見解について、本書ではもう一つの特徴を指摘しておきたい。それは、彼女の学説が第二段階で主張された学説を批判する学説の健在をなお示し、かつたとえ子どもの福祉に適わなくても子どもの意思を尊重すべき場面での子どもの意思の扱いを描写していることである。また、部分適齢の放棄も主張している点にその特徴がある。

従来、親の権利学説（特に第二段階の学説）において①親子関係は子どもの福祉を基底とした信託説等特別な関係にあると理解され、②親の自由は子どもの成長とともに減退し（減少説）、そして③親の自律を確保するべく親の解釈優位が主張されてきた。けれども、この理解については修正が施されることになる。

例えば先述した減少説は民法上の親の義務という観点からとらえると、現行ドイツ民法1626条2項に明記されているが、そこでは次のように規定されている。すなわち、親は子どもの監護・教育に際して、①子どもの自律・自己責任的な行動への伸長し増大しつつある能力と欲求を考慮しなければならず、また、②子どもに直接関わる事項に関してはできる限り子どもと話し合い、合意を得るように努めなければならないということを意味する。この場合重要なことは、親の「伸長しつつある子どもの自律性の尊重義務」及び「子どもとの相談・合意義務」には、子どもの権利条約上の子どもの意見表明権（子どもの権利条約

Ⅲ　ドイツの親の権利学説の新傾向

12条1項）が実体法上の手続法上もこれに対応しているということである。「自己の意見を形成する能力のある子ども」は、「その子どもに影響を及ぼす全ての事項について、自由に自己の意見を表明する権利」を有し、その意見は「子どもの年齢及び成熟度に従って相応に考慮される(208)」。今日、ドイツの学説・判例によれば親の権利と子どもの人格的自律権との間には一般的には上述したような法原則が妥当していると解されているが、基本的人権の種類や性質ないし対象となる事柄や権益のいかんによっては、更に「いわゆる意思能力（Einsichtsfähigkeit）のある未成年者の法理」の適用を視野に入れてアプローチすることが入用かつ有益であるとされている。これは端的にいえばいわゆる「高度に人格的な事柄」ないしは自己の人格権に深く触れ、強くかかわる事項については、当該事項に関し、子どもが相応な判断力・弁識力を備えているとみられる場合には、他者による規制を排して、子ども自らが自律的にこれを決定することができ、したがって、ここにおいては、子どもの自己決定権が親の教育権を原則的に凌駕するというものである(209)。

また、例えばイエシュテットは次のように理解していた。すなわち、部分成年規定等で「親子関係が個別事例において年齢及び発達に応じた年齢及び発達に応じた規定によって制御されることが、子どもの発達及び成熟過程の特性に合っている。しかしながら、これは憲法によって統一的に考えられる、家族における教育（法）関係を原子化すること（Atomisierung）『養育及び教育』という包括的な複合体を、多少なりとも互いに調整され、あるいはまったくつながりのない個々の権限及び義務へと分解することには至り得ない。子どもの発達及び発展についての親の包括的責任は維持されていなければならない(210)」。

---

(208) Münder, Beratung, Erziehung und Recht, 1991, S. 34 f. 同理論の検討について、結城・前掲注(180)778頁。

(209) 詳細については、結城・前掲注(180)778-780頁参照。この理論によれば、対象となる事柄が子どもの人格権に触れ、その核に近いものであればあるほど（いわゆる人格に近い権利）、これに関する決定に際して子ども自身の意思や意見表明権は法的重みを加え（親の単独決定権の制限・親による決定に際しての子どもの参加権の保障）そしてまさしく子どもの「人格権の核」に触れる事柄については、子どもがそれに要する判断力を有していれば、これに関しては子どもの意思こそが決定的であるということが帰結されることになる。

第2章　憲法上の親の権利の輪郭

しかし、他方で「［［ドイツの民法の］成年規定は、子どもの理解力及び判断能力が、同時に子どもの教育の必要性の減少を伴って増大するということにあらわれる未成年者の発展及び発達の進行的性格を考慮しなければならない。したがって、成年について統一的で硬直した年齢限界を定め、あるいは成年を完全成年としてのみ理解し、これを成年年齢で初めて生じさせるというような規律構想は、親の権利によってはもはや擁護されないだろう。……それは親の権利による正当化が欠けているため、自らの人格を自由に発展させる子どもの基本権（基本法1条1項と結びついた2条1項）の侵害であろう。未成年者が理解力及び判断力において次第に成長することに対しては、むしろ未成年者が年齢段階に応じて特定の領域ごとに成年になる（部分若しくは領域的成年）、つまり未成年者の意思が親の意思に反して押し通されることが対応する[211]」。

こうした形で、親の権利学説のいわゆる減少説でも親の包括的責任は維持され、かつ子どもの発達に応じた部分的な段階的成年が求められるというように修正が施されてきたのである[212]。

このように「親の権利が優位する局面においても様々な理論構成の下に子どもの自由が尊重されるようになる一方で、子どもの自由を制約する親の最終的決定権限は否定され得ず」、またそれゆえに親の権利が他の基本権とは異なるとする第二段階の学説が否定されるわけではなく「むしろ親の最終的決定権限の故に」第二段階の学説が導かれることになる[213]、と理解されるようになった。

(2) 子どもの意思の扱い

しかし、ヴァプラーはこのような第二段階の学説について、自説から修正を求めている。この見解については、子どもの意思の扱いについて重要な示唆を含むため、冗長ではあるが以下で引用する。

基本法は、明らかに法と国家のリベラルな理論に基づいており、全体の憲法

---

(210)　Jestaedt（Anm. 16）Rn. 149.
(211)　a.a.O., Rn. 150.
(212)　詳細については、横田・前掲注(6)530頁。
(213)　横田・前掲注(6)547頁。

III　ドイツの親の権利学説の新傾向

秩序の出発点は、人間の尊厳（基本法1条）と自由な発展の権利（基本法2条1項）である。このアプローチから、個人の自由の制限は常に正当化を必要とする。自由主義秩序の中心にあるのは、このように、正義の原理に基づいて他の自己決定者との取り決めに臨もうとする自己決定者である。この「リベラルな個人」像のもとでは、それぞれ自己意識をもつ複数の個別的主観の間の関連を問題にする間主観性と相互ケアの領域全体を結果的に多くのリベラルな概念の中でフェードアウトさせるか、あるいは政治的前・非政治的領域に追放することになる。法規範の次元では、自立した意思決定をする能力がほとんど否定されてしまうため、子どもたちは最初から不安定な状況に置かれ、かつ彼らの生活状況は、実際には、親との密接な社会的関係によって、相当な範囲が決定される。このように、彼らの生活状況は、非対称的なケア関係によって特徴づけられる[214]。

　非対称的なケア関係には様々な種類がある。自己決定に基づいてライフスタイルを決定する能力のある人間のみが顧慮される古典的なリベラル思考にとどまるならば、親子関係は「信託モデル」そして「支配モデル」としてとらえられる。前者の信託モデルは、マウラーに代表されるような子どもの権利の代行者として親をとらえるモデルである。これは子どもの意思が反映されない可能性が高い。後者の信託モデルは、今日みられるような子どもの利益のために親が奉仕するモデルであるが、これは親の自律が損なわれるおそれがある[215]。

　それゆえに、他の親子関係のモデルが模索されるが、ドイツの代表的な思想家であるアクセル・ホネット[216]の承認論には同意できない。彼の理論では親

---

(214)　Wapler（Anm. 147）S. 28 f.
(215)　a.a.O., S. 29 ff.
(216)　「承認論」で知られているアクセル・ホネットの理論の概要について、本書では糠塚康江の説明を参照する。糠塚によれば、「私的領域で関係形成を行うためには、〈私〉が他者に働きかけ、〈私〉を受け入れてもらわなければならず、〈私〉と〈私〉の相互承認がなければ関係性を構築できない」。ここでいう「承認」とは、「『つながりの相手として認められること』、すなわち『自分の価値をきちんと肯定的に評価され、存在を受け入れられる』『受け身の経験』」をいう［引用者注：ここでは藤野寛『「承認」の哲学――他者に認められるとはどういうことか』（青土社、2016年）41-50頁が引用されている］をいう。承認された経験が、自尊感情を獲得する基礎になる。以下、藤野の読解を

第 2 章　憲法上の親の権利の輪郭

子関係について子どもを愛情と配慮の中に組み込みそのニーズが満たされているかをみるが、これは家庭内での親子の対立可能性を看過している。子どもの自律性は、社会環境との相互作用の中で発達していく。同時に、子どもは独立した個人であり、他人とは利害関係が異なるため、他人と対立することもある。親と子どもの権利の対立や、無定形な家族の集合体への合併は、この緊張の場を十分に説明することも、解決することもできない。むしろ必要とされるのは、人間の決定と行動の主観を超えた起源を認識しつつ、他者からの解放と他者に対する自由のための空間を個人に残すような関係的な自律の概念[217]である[218]。

　子どもの人格や自律性は、他者との対立・社会的な関係の中で形成される。人が自分自身をどのように見ているのか、良い人生をどのように想像しているのか、ニーズを明確にし、願いを表現し、目標に向かって努力する方法は、孤独な思考の中だけではなく、社会的な相互作用の中でも構想されている。このためには、国家や第三者による妨害的な介入からの保護が必要である。親子関係は、そのようなプライベートでインタラクティブな空間として理解され、外部からの制約やコントロールから独立した創造的な場として親子が利用できるものでなければならない。しかしその一方で、子どもは適応的選好形成[219]のような影響をも親から受けることを考慮する必要がある。不利な社会的条件や不公正な社会的条件の下で行われた決定は、反映された選択の結果である可能

　　　介してであるが、ホネットによれば、承認には、①愛、②人権尊重、③業績評価、の三つの型がある。①愛は、限られた相手・対象に向けられるもので、構築する関係の親密度の濃淡により、『承認』の閾値は異なるが、徹底した差異性の承認になる。」そして、「ホネットは母子関係の内に相互関係の内に愛という相互承認の形のいわば原型のごときものを見出す。愛の経験を拒まれる幼児もいるが、男女を問わず、すべての子どもが母子関係における愛を経由して大人になる。母と繋がり、母から支えられる経験から、子どもは、孤独に耐えうる個人になる」（糠塚康江「私的領域の変容と縮小社会における憲法学の課題」）──自律する〈私〉／つながる〈私〉／ささえる〈私〉」公法研究82巻［2020年］60-61頁。

(217)　関係的な自律論は、人間の社会関係性や相互依存性に着目して人間の自律を捉え直そうとする理論である（渡辺浩太「現代的自律概念にとっての実践的推論の重要性」早稲田大学大学院文学研究科紀要第69輯［2024年］56頁）。

(218)　Wapler（Anm. 147）S. 34 f.

性があり、したがって、関係者の個人的な責任が反映されている可能性がある。選択肢の減少につながる自由の外部条件の欠損は、個人を制限するが、決して個人の自己決定の能力を奪うものではない。これらの要素に鑑みると、子どもの意志の発達について、①生まれ育った環境によって開かれた選択肢以外の選択肢を子どもが認識していない可能性があり、②更に、「両親を失望させたくない」という衝動に左右される可能性がある。この場合、彼らは特定のライフプランのために決断を下すのではなく、自らの主要な社会的関係に影響を与える中で最低限のマイナスの影響しかもたらさない選択をせざるを得ない。③最後に、子どもの選択には、「このライフプランであればこの社会での生活を最もスムーズに乗り切ることができる」という見識に基づいている可能性がある。合理的な大人であれば、これらの判断はすべて自己決定であると受け入れられ、一人ひとりが、限られた経験と知識の地平線の中で、自分の選択をしていくだろう。多くの人は、自分にとって大切な人間関係を維持するために、人生の重要な決断を他人の期待に基づいて行っている。外部からの意思決定の可能性の欠如は、当事者個人の自律性の欠如として論じられるのではなく、政治的な問題として論じられることになるだろう。決定者が問題となっている決定に関連する重要な情報を欠いていたのでは、十分自己決定とはいえない。成人で責任のある人が、副作用が命に関わることを知らずに医療行為に同意した場合、その同意には関連する情報が不足している。自立性がない、判断を迫られている場合や、判断プロセスが操作されている場合の信憑性がない場合も同様である。子どもの場合、人生経験が少なく、物質的・感情的な要素に左右されるという点で、物事は更に複雑になっている。このように、彼らの知識やスキルは社会環境に大きく影響され、同時に、彼らは自分の意思決定をこの環境の希望や期待に、あるいは思春期には、この環境ではなく、仲間のグループに方向づけるリスクが高くなる。このような事情がある場合に限って、そもそも、決定、特に通常は既に高度な洞察力を持っている若年者の決定を、親、他の法定後見人、または国家機関による外部審査の一般的な留保の下に置くことが正当化さ

---

(219) ここでは、センの適応的選好形成が参照されている。センの適応的選好形成の詳細については、神島裕子『ポスト・ロールズの正義論──ポッゲ・セン・ヌスバウム』（ミネルヴァ書房、2015年）143-144頁参照。

第 2 章　憲法上の親の権利の輪郭

れる。これらの違いを配慮権争いの問題に関連づけると、片方の親またはもう片方の親と一緒に暮らすことを好むという子どもの意見は、同等の方法で異なる衝動に支えられているかもしれない。親のどちらかが口に入れたものを子どもが認識的に再現するだけであれば、その表現は外部から誘導されたものであり、真実の意思表示ではない。子どもが目に見えて、一緒に暮らしている親を怒らせたり、失望させたりすることを気にしている場合は、意見の独立性が問われることがある。一方で、学校や友達の近くに住みたい、自分の部屋や庭、ペットに愛着があるなど、ある場所に住みたいと思う動機がある場合は、決断するさいに考慮しなければならない選択といえるだろう[220]。

　以上がヴァプラーの見解である。おそらくこうした考えを背景に、彼女は、子どもの手続において①子どもの意思が認められ次第考慮に入れ、②子どもが自分で決定しその決定にあたり十分な情報を得る限り第三者が子どもの意思を上書きできず決定的なものとして扱う、③それ以外の場合は、子どもの意思を考慮した協議を必要とする[221]ことを提唱する。ただ、それ以外にも子どもの依存性等複数の特性を彼女が考慮していることは、先ほどの彼女による説明か

---

[220]　a.a.O., S. 36 ff.

[221]　Wapler（Anm. 40）S. 530 ff.

[222]　ドイツでは、14歳未満の子どもは親の宗教教育権のもとにある（子どもの宗教教育に関する法律［以下「RKEG」とする］1条）。この子どもの宗教教育に関して、特別規定である「子どもの宗教教育に関する法律」が適用される。この創設につき、宗教領域に関わる自己決定は人格の核心に関わる事項であり、これに基づく教育問題には立法論（de lege ferenda）が寄与すると考えられているのである。子どもの意思との関連では、宗教教育の変更時には、後見裁判所にて10歳以上の未成年者の意見聴取が必要とされる（RKEG2条3項5文、3条2項5文）。そして、12歳以上になると未成年者の意思に反する宗教観の変更は禁止される（RKEG5条2文）。まだこれらの段階では、未成年の子は、「部分的成年」（Teilmundigkeit）として捉えられているが、14歳以上の未成年者になると、「宗教的成年」（Religionsmundigkeit）として、自らの宗教観につき自己決定することができる（RKEG5条1文）。そのため、14歳以上の子は、宗教教科の授業、礼拝や宗教的儀式への参加についても自ら決定することができ、例えば、別の宗派に改宗する場合や無宗教に転身する場合には、宗派の脱退の権利も有する（佐々木健「ドイツ親子法における子の意思の尊重——憲法と民法の協働の視点から」立命館法學［2008年］288頁）。

ら明らかである。

　また、ヴァプラーは子どもの権利条約の憲法編入に反対する立場から、基本法条の解釈から様々な子どもの基本権が導き出されることを示している。その中で宗教適齢[222]の存在に疑念を唱えたり年齢にとらわれない子どもの意思の尊重を徹底している点に特徴があり、この点は先の「いわゆる意思能力（Einsichtsfähigkeit）のある未成年者の法理」の適用を視野に入れたアプローチの先をいくものと評価できよう。

(3) ヴァプラーによる「子どもの福祉基底型の受託モデル」の否定

　そのうえでヴァプラーは、リベラル社会において家族の多様性を受け入れることの重要性及びヌスバウムのケイパビリティ・アプローチのように未来志向型の子どもの福祉構想[223]を行う必要性を説く[224]。

---

(223)　マーサ・ヌスバウムは、アリストテレス研究でよく知られた哲学者であり、センと並んでケイパビリティ・アプローチを発展してきたことでも知られている。彼女のアプローチは、政治哲学において展開されており、人間の全般的な能力の発達は「閾値（それ以下では人間らしさを失ってしまう境界）」レベルで保障されるべきであり、また政治の目的は市民が善き人間生活をおくるために必要不可欠とする条件を分配することであるとした、アリストテレスの見解に依拠するものとなっている。また、彼女のケイパビリティ・アプローチは、「人間の尊厳としてふさわしいと人生の直観的な観念として知られるもの」（神島・前掲注[219]179頁）とされている。このようなヌスバウムのアプリーチは、人々の福祉（福利）を把握するための評価基準として資源（及び効用）よりもケイパビリティの方が優れているとする点でセンのアプローチと同じであるが、特定のケイパビリティの閾値の保障を正義の判定基準とし、またその内容が直観的な観念によって知られるとする点でセンとは異なる。彼女は「『人間の尊厳の尊重が要請する最低限のものとして、全ての国家の政府が尊重し施行すべき基本的な憲法原理を哲学的に支援する』という目標のもとに、人間の中心的ケイパビリティの普遍性を『標榜』している」（神島・前掲注[219]179-180頁）。その中心的ケイパビリティとは、①生命、②身体の健康、③身体の不可侵性、④感覚・想像力・思考力、⑤感情、⑥実践理性、⑦連帯、⑧ほかの種との共生、⑨遊び、⑩自分の環境のコントロール（政治的なコントロール及び物質的コントロール）である（同書192-193頁）。こうしたケイパビリティ・アプローチは、先述したヴァプラーの子どもの福祉にとって不可侵な条件にも影響を及ぼしているとみられる。

(224)　Wapler（Anm. 40）S. 41 f.

第 2 章　憲法上の親の権利の輪郭

　そして、リベラル社会における親子関係は受託的構想（判例・通説）に該当せず、親の権利と子どもの福祉の関係について、先述した親の解釈優位理解（ここで彼女はイエシュテットを挙げる）は不適切であると主張する。なぜならば、前者は親の自由な私生活の形成を利己的な自己実現と解するおそれがあり、後者は親子の利益の独立性を否定し、両者の区別を困難にするからである。

　しかし、両者は互いを補う存在であり、「子どもの福祉基底型の受託モデル」とヴァプラーに称される。このモデルでは親が複数の選択肢のうち子どもの福祉に適した選択をしていると考えることにより、親子の利益衝突を回避し、国家の監督任務による統制を子どもが受忍できずそのために子どもの福祉が危険化する場合に限定する。しかし、彼女は例えば子どもがペットを望んだ場合、「子どものためにペットを飼った方がいいのか」というように親に子どもの福祉について解釈の自由を認めるのではなく、「私達はペットが飼いたいのか」というように（自分を含む）家族にとって最善の選択をするという親の判断の自由を認めるべきであると考える。すなわち、親の判断は先述した子どもの福祉の不可侵条件に抵触しない限り確保され、国家はその限りにおいて親子の利益衝突に関与しない[225]。

　こうしたヴァプラーの思想は、第二段階の学説の修正を迫るものであり、先述したシュミット・グレーザーにみられるような家族の自律の観点と結びついた第三段階の学説と同様の特徴を示しているように思われる。更にいえば、彼女の思想は近年のトレンドである子どもの自律の尊重について、配慮した判断を求めかつ親の自律を確保しようとしている。

補論――ドイツにおける子どもの意思の聴取制度

　本書でとりあげた子どもの意思について、ドイツでは先に検討したヴァプラーの見解が発表された時、具体的にいかなる制度がもうけられていたのか。この点は、後の面会交流制度にもかかわってくるため、ここで補論として若干の説明をもうけておきたい。

---

(225)　Wapler（Anm. 40）S. 26 f., 43 f.

補 論

1　新配慮法の成立と手続法の改正

　ドイツでは1979年配慮法により、支配権的な「親の権力（elterliche Gewalt）」を廃止し、親の義務性を強調して子どもの福祉に重点を置こうとする「親の配慮（elterliche Sorge）」へと改正された。新配慮法は、子どもが基本権主体であるという見方を強め、子どもの福祉を指導理念としつつ自立した個人へと成長する形での親の配慮の行使を定めた。手続法においてもこの趣旨を汲むために、事案解明の目的のみならず、子どもの基本権保障の目的から、旧非訟事件手続法50b条において子どもの聴聞規定が定められていたが、2009年の家事事件手続法改正に伴い、家事事件手続法159条に子どもの意見聴取義務が定められた。また、子どもの権利条約批准により子どもの手続法上法的地位を更に向上させるべく、1997年親子関係法改正法は子どものための手続保護規定を新設した。それが子どもの身上に関する手続のため選任される、いわば子どものための弁護人である「手続保護人」の制度である。この手続保護人規定は、先述した家事事件手続法改正に伴い、手続補佐人へと名称を変えたうえで、旧規定では不明だった手続保護人の法的地位と具体的職務につき細かな修正が加えられることになった[226]。

　子どもが手続能力を有するとされ14歳以上であるとき、裁判所は子どもの監護養育又は財産管理に関する事件においては、適切な方法で、必ず子どもの意見を聴取することとされている（旧家事事件手続法159条1項1文）。また、子どもが14歳未満であっても、親権・監護権又は面会交流権の帰属・行使等について決定する際に、子どもの親との結び付き及び意思が重要である場合には、子どもの意見を聴取すべきであるとされる（同2項）。これらの手続に関する事

---
(226)　佐々木健「ドイツにおける手続保護人（Verfahrenspfleger）制度と子の意思の尊重」家族〈社会と法〉（2009年）25巻165頁、同「ドイツ手続補佐人制度の運用と日本法への示唆」二宮周平ほか編『子どもと離婚——合意解決と履行の支援』（信山社、2016年）255-256頁。手続保護人制度については、岩志和一郎「ドイツにおける『子どもの代弁人』」法律時報81巻2号（2009年）46頁以下、佐々木健「ドイツ親子法における子の意思の尊重——家事事件における子の意見聴取と手続保護人（Verfahrenspfleger）について（1）・（2・完）」立命館法学302・306（2005・2006年）286頁以下、128頁以下参照。

項は、第一審の家庭裁判所のみならず、控訴審においても妥当する。ただし、子どもの意見聴取は、重大な事由があるときには、行われないことと定められている（同3項1文）。

　裁判所は、子どもの利益に鑑みて必要があると判断すれば、子どもの手続補佐人を選任する義務を負う（旧家事事件手続法158条1項）。一般に、子どもの利益が法定代理人の利益と深刻に対立する場合には、必ず子どもの手続補佐人を選任する必要がある（同2項1号）。どのような場合に、手続補佐人を選任する必要があるかについては、解釈の幅があり、実務上、必ずしも手続補佐人が有効に活用されないおそれがある。そこで、旧家事事件手続法158条4項は、この点を考慮して、裁判官は、子どもの利益を確定し、それを裁判手続において実現しなければならないと明記している。その帰結として、子どもの意見聴取は、手続補佐人の面前で行わなければならない（同159条4項3文）。また、裁判官は、子どもに対して、裁判手続の対象、進行の手順、及び予想される決定について情報提供しなければならないとされている。手続補佐人は、子どもの利益のために、上訴する権限をもつほか、裁判所の命令で追加的な役割を負うこともある（同158条4項）[227]。

2　ドイツの家裁制度

　なお、わが国とドイツの家裁制度の違いを簡単に付言する。わが国における家裁調査官は、ドイツには存在しない。法改正前のドイツ家裁実務では、家裁命令に基づきでいうところの児童相談所に相当する少年局や専門鑑定人による子どもの福祉の観点や専門鑑定によって推定される子どもの利益が手続へ持ち込まれることはあっても、子どもが調査対象である側面が強調されていた。しかし子ども自身が積極的に自己の利益を主張できないならば、手続の客体としての存在に留まり得るのである。この状況を改善し、意見表明という基本的な権利行使が発達上十分にできない者についても実質的な手続保障を充実すべく、人間の尊厳や人格権といった基本権、子どもの権利条約に掲げる意見表明権保

---

　(227)　その後、これらの規定について2021年に抜本的な改正が行われている。改正内容及びその評価については他稿に譲る。

障の観点から、先述した子どもの意思代弁人としての手続保護人制度が設置されるに至ったのである[(228)]。

こうした制度が存在するのではあるが、ドイツの手続法には子どもの権利条約に照らして問題があるとするのがヴァプラーの見解である。なぜならば、ドイツの法制度には、例えば面会交流を申し立てることはできるが面会交流排除の申立てはできないというような制度のありようや憲法異議における子どもの手続能力が法律上規律されていない等の問題点が存在するからである[(229)]。

こうしたドイツの傾向をみるに、先述したように子どもの基本権の具体化という新局面においてなお親の権利学説は第二段階の学説に支配されず第三段階の学説が健在であるといえよう。また、子どもの福祉とは独立した子どもの意思の扱いはドイツでも大きな課題になっていると読み取ることができる。

Ⅳ　本章の小括及び考察

本章では、憲法上の親の権利の輪郭を考察するために、ドイツの議論を参考にした。その結果は、以下のとおりである。

まず、ドイツの親の権利はかつてのワイマール憲法規定とは異なり、制度的保障でありながらも親の権利の防御権及び親の優位を強調するような自然的権利と理解されている。また――その義務の性質や監督任務の範囲については争いがあるが――、国家は親が子どもの養教育責任を果たさない場合に監督任務に基づきその権利に介入すると理解されている。

次に、ドイツの親の権利学説は、①親の権利の権利性を強調する段階、②親の権利の義務的側面を強調する段階、そして③親の権利の利己的側面を再び主張する段階ないし固有の権利性を模索する段階を踏んでおり、今日では連邦憲法裁判所により④子どもの基本権の具体化に至っていると考えられる。その結果、子どもの福祉の客観的な法的内容や親の権利学説を修正する試みが行われている。しかし、結局のところこれまでの学説を完全に否定するのではなく、

---

(228) 佐々木健「ドイツにおける手続保護人（Verfahrenspfleger）制度と子の意思の尊重」家族〈社会と法〉(25)(2009年) 165頁。

(229) Wapler (Anm. 183) S. 110.

第 2 章　憲法上の親の権利の輪郭

場面ごとに使いわけたり、②の段階で主張された学説について子どもの福祉判断でヴァプラーの子どもの意思を子どもに関する手続で受け入れる基準（①子どもの意思が認められ次第考慮に入れ、②子どもが自分で決定しその決定にあたり十分な情報を得る限り第三者が子どもの意思を上書きできず決定的なものとして扱う、③それ以外の場合は、子どもの意思を考慮した協議を必要とする）を採用することにより、従来の学説との対話可能性を模索したりした方が良いのではないだろうか。

　本書では以上のような親の権利の輪郭をつかんだうえで、面会交流権の具体的な検討に入る。

　なお、ここで強調しておきたいのは、ドイツの基本法 6 条は権利としての側面と内容形成を必要とする側面を有しているのではないか、ということである。しかし、どちらを重視するべきなのかは本章で検討したドイツ学説をみる限りでは定かではない。

　このように考えると、憲法上の親の権利は制度重視型か権利重視型か一義的に決めてはならない。まず、憲法上の親の権利の中にある個別の権利・利益について、中間の視座から分析を開始するべきである。そして、親の権利の 1 つである面会交流権はそもそもいずれなのかから分析を始めるべきだろう。

第3章　憲法上の面会交流権の法的性質と主体

　第2章での検討により、本書では権利重視型と制度重視型の「憲法上の親の権利」について、中間の立場から個別に検討していくべきとの視座を得た。
　本章では引き続きドイツを参考に、面会交流権が「憲法上の親の権利」において権利よりの議論であることを確認し、その法的性質及び主体を考察する。そのうえで、次章と共に、結論において日本の問題状況についての示唆を導き出す。

I　権利の法的性質

1　ドイツの面会交流制度[1]

　ドイツでは子どもとつながりのある人物との接触は、子どもの将来の成長にとって重要な影響を及ぼすと考えられ、複数の法領域をまたいだ制度が構築されている。

(1) 歴史的沿革
　ドイツ民法は、1900年の施行以来、離婚後の非監護親には子どもと直接面会交流する権利を認めていたが、非嫡出子の父には面会交流を認めてこなかった。
　1969年になって初めて「非嫡出子の法的地位に関する法律」が非嫡出父子間の交流について規定を置き（民法旧1711条）、非嫡出子の身上監護権者（通常母）が、父子の交流の可否及びその範囲を決定できるとした。同法では非嫡出子の子どもと面会交流する権利は認められなかったが、後見裁判所が面会交流

---

(1)　本項を執筆するにあたり、主に髙橋由紀子「ドイツにおける面会交流制度」棚村政行編著『面会交流と養育費の実務と展望〔第2版〕』（日本加除出版、2017年）263-277頁を参考にした。

第 3 章　憲法上の面会交流権の法的性質と主体

について「子どもの福祉に仕する」と判断した場合には、監護権者の意思に反しても面会交流に関して独自の決定をすることができた。

　この法状況は、第 2 章でも触れた1998年の「親子関係法改正法」による民法改正まで続いた。同法により、婚外子と婚内子の概念区別は廃止され、両者の間の法的差異は広く除去された。同法は、父母婚姻中の共同配慮（共同監護）と共に、離婚後及び非婚父母にも共同配慮の途を開き、全ての子どもに父母 2 人によって養育される権利を保障したのである。

　そして、面会交流についても新たな視点から改正が行われた。すなわち、父母との面会交流は原則として子どもの福祉に適うものであり、父母との面会交流は子どもの権利とされた（民法1626条 3 項 1 文、1684条 1 項）。それに対応して父母は婚姻関係や監護権の有無にかかわりなく子どもと交流する義務を負い権利を有する（同1684条 2 項）。ここで、非婚の父にも初めて面会交流権が認められた。しかし、面会交流権者の拡大は現実には子どもとの面会交流をめぐる紛争の増加と激化を招き、場合によってはかえって子どもの福祉を害することになる。そこで、民法は紛争の予防と解決のために家庭裁判所に交流の範囲、交流権の行使方法、そして交流の制限と排除（禁止）に関する決定権限（同1684条 4 項）を付与する[2,3]。

---

(2)　民法1684条は、以下のように規定する。
「民法1684条
　⑴子どもはあらゆる親と交流する権利を有する。あらゆる親は子どもとの交流を義務づけられかつその権利を有している。
　⑵親は、子どもと他方の親との関係を害し、または教育を妨げる行為は全て行ってはなら ない。前文は子どもが他の者の下にいるときに準用される。
　⑶家庭裁判所は交流権の範囲と交流権の行使について決定することができる。またこれを第三者に対してより詳細に規制することができる。家庭裁判所は命令により、関係者に対して前項で定められた義務の履行を促すことができる（以下略）。
　⑷家庭裁判所は、子どもの福祉のために必要な限りにおいて、交流権または交流権に関する以前の決定の執行を制限し、または排除することができる。交流権またはその執行を相当長期間もしくは永続的に制限または排除する決定は、そうしなければ子どもの福祉が脅かされるときに限り、下されることができる。家庭裁判所はとりわけ、協力の用意のある第三者が立ち会う場合に限って交流を命ずることができる（以下略）」。

(3)　髙橋・前掲注⑴263-264頁

(2) 面会交流権者の範囲

既に述べたように、1998年の「親子関係法改正法」は父母双方との面会交流は原則として子どもの福祉に必要であることを宣言し（民法1626条3項1文）、それまで「親の権利」として位置づけられていた面会交流権を子どもの権利として構成し（同1684条1項）、それによって国内法を子どもの権利条約9条3項の「父母の一方又は双方から分離されている子どもが定期的に父母のいずれとも人的な関係及び直接の接触を維持する権利」と合致させた。

このように1998年法は、父母との交流は子どもの権利であるとする一方で、父母は相互に婚姻関係や配慮権の有無にかかわりなく子どもと交流する義務を負い権利を有すると定め、それまで配慮権をもたない親だけに認めてきた面会交流権を全ての親に認めた。同時に民法1685条1項と2項[4]において祖父母並びに兄弟姉妹、親のいずれかの現在または過去の配偶者並びに生活パートナーにも一定の条件（相当期間子どもと家族としての共同生活をすごし、子どもの福祉にかなう限り）で面会交流権が認められる（詳細については、後述する）。面会交流には直接に会うことのほか、手紙やプレゼントの交換やメールでのやり取りも含まれると解されている[5]。

(3) 家庭裁判所の交流決定の権限

父母が最後まで自主的に面会交流ルールを定めることができない場合には、父母は家庭裁判所に面会交流についての具体的なルールを定めるように申立てをすることができる。

家庭裁判所は、父母の申立てに基づく交流自体を対象とする手続以外にも、別居や離婚時の配慮権に関する手続の中でも配慮権の制限や剝奪手続に伴う親

---

(4) 「民法1685条【子どもと他の関係者との交流】
　(1)祖父母及びきょうだいは、その交流が子どもの福祉に資する場合に子どもと面会交流をする権利を有する。
　(2)前項のことは、子どもの関係者が子どもに対し実際に責任を担いあるいは担っていた（社会的——家族的関係）場合にも妥当する。実際の責任を引き受けるとは、通常個人が子どもと長年家庭という共同体で共に暮らすことが想定される」。

(5) 髙橋・前掲注(1)264-265頁。

第3章　憲法上の面会交流権の法的性質と主体

子分離においても職権で面会交流の範囲について裁判し、交流権の行使方法を詳細に取り決めることができる（民法1684条3項）。また、子どもの福祉に必要であれば、交流の場所・時間・回数・方法などを一時的に制限するか禁止することも、交流についての以前の決定の執行を一時的に制限するか禁止することができる（同4項1文）。更に、面会交流により子どもの福祉が脅かされるおそれがある場合には、面会交流権や面会交流の執行を長期間又は永続的に制限するか全面的に禁止することもできる（同4項2文）。

以上のほかに、家庭裁判所は面会交流に関して以下のことを命じることができる。すなわち、面会交流が円滑に実行されるように一定期間第三者が面会交流に立ち会い支援する面会交流支援（民法1684条4項3文）、繰り返される重大な義務違反への対応としての交流保護（同3項3文）、父母の一方に前項を義務づける命令、第三者に対する命令である。なお、上記の裁判所の決定は、子どもの福祉に後々まで影響を及ぼす十分な根拠がある場合は、いつでも申立てに基づいて変更することができる（同1696条1項1文）[6]。

(4) 交流支援・保護

面会交流支援者の範囲の拡大は、同時に子どもとの面会交流をめぐる紛争の増加と激化を招き、場合によってはかえって子どもの福祉を害することが予想された。そこで、1998年法は、父母が自主的に面会交流の取り決めをして面会交流を実行できるようになるための道慣らしと紛争激化の予防のために、家庭裁判所に親子の面会交流のさいに「協力の用意のある第三者の立会いを命じることができる」権限を与えた（民法1684条4項3文）。これが面会交流支援である。

また、2009年の「家事事件並びに非訟事件手続に関する法律（FamFG）」の制定に伴う民法改正で、裁判所による面会交流決定や当事者による面会交流の取り決めの履行確保のために面会交流保護制度が導入された[7]。

---

[6]　髙橋・前掲注(1)265-266頁。
[7]　髙橋・前掲注(1)266-267頁。

(5) 児童並びに少年援助法による交流支援

日本の児童福祉法に相当するドイツの「児童並びに少年援助法（社会法典8篇）」も、国家が家族に提供するサービスの一環として面会交流支援規定をおく。また、家事事件並びに非訟事件手続に関する手続法（家事事件手続法）も優先的かつ迅速な手続きの保障（同155条）、裁判外の合意を目指す家庭裁判所の努力（同156条）、交流実行のための裁判所の仲介（同165条）、そして直接強制力の行使可能性（同90条）を定めている[8]。

このようなドイツの面会交流制度の中心には、基本法1条1項及び2条1項の基本権主体である子どもが存在する。そして、介入を正当化しそして先述した家庭裁判所の判断基準となるのは、「子どもの福祉」概念である[9]。

(6) ハーグ条約実施状況

ここで、日本も批准しているハーグ条約についても、説明する。なお、ドイツはEU構成国であり、その点でハーグ条約に優先して適用されるEU法が存在する。

EU構成国間の構成国間の子の返還事件には、ブリュッセルⅡbis規則[10]がハーグ条約に優先して適用される。同規則は、ハーグ条約を補充又は強化する特則をおいている。面会交流に関しては、同規則は監護及び面会交流事件の国際裁判管轄並びに外国裁判の承認執行についても規定しており、EU域内事案では、同規則がハーグ条約に優先して適用される。このようなEU法とドイツ家族法の関係については、後述する。

ドイツにおけるハーグ条約の実施は、2005年1月26日「国際家族法における特定の法準則の実施に関する条約」（IntFamRVG）によっている。

2007年以降、ドイツでは、司法局の一部局である連邦司法局が、①子どもの迅速な返還を確保するなど条約の目的を達成するため、他の締約国の中央当局と相互に協力し、②国内における権限のある当局の間の協力を促進する役割を

---

[8] 髙橋・前掲注(1)267頁以下参照。
[9] Heilmann, Die Gesetzeslage zum Sorge- und Umgangsrecht, NJW 2012, 16.
[10] わが国から見た同規則の概要については、岡野祐子『EU国際裁判管轄規則――外なる視点からの検討』（関西学院大学出版会、2021年）109-134頁参照。

第 3 章　憲法上の面会交流権の法的性質と主体

担う中央当局に指定されている。

　ハーグ条約21条によれば、子どもと異なる国に所在する親は、締約国の中央当局に対して、子どもとの接触の権利の行使を確保するよう求めることができる。この規定の理解は、締約国によって分かれており、ドイツでは、ハーグ条約に基づく裁判所に対する面会交流申立手続は定めず、あくまで中央当局に対する面会交流援助申請だけを認めている。ただし、この規定は、ドイツではほとんど適用されておらず、実効性は低いという。

　ドイツの中央当局は、ソーシャルワーカーを配置しており、面会交流援助申請がなされると、その職員が少年局及び子どもの監護親と連絡を取り、任意の面会交流が実現するよう努力している。少年局は、施設や幼稚園等で付き添い付きの面会交流を行うこともある。高葛藤事案で任意の面会交流が実現しなければ、中央当局は、家庭裁判所に面会交流の申立てをする（民法1684条3項1・2文）。面会交流保佐人が指名されることもある（同3文）。ただし、家庭裁判所の手続においても、親及びその代理人並びに子どもの手続保佐人は、できる限り合意で面会交流が実現するよう努力している。面会交流は、子どもの返還のように1回限りで決着がつくわけではなく、長期間にわたって円満に行う必要があるため、慎重さが求められる。

　2017年のハーグ国際私法会議による特別委員会においても推奨されたように、子どもの返還申立事件が継続した後、手続のいかなる段階においても、裁判官は、申立人（LBP）と子どもの面会交流が可能か否かを審査する運用がなされている（IntFamRVG38条2項）。裁判官は、保全処分として、必要に応じて付添い付き又は面会交流保佐人付きの面会交流を命ずることもできる（同15条）。ただし、子どもの返還申立事件の期日前にLBPと子どもの面会交流を実施するか否かについては、事案によっても裁判官によっても運用が異なっている[11]。

　なお、欧州法との関連については、後述する。

---

[11]　大谷美紀子・西谷祐子編著『ハーグ条約の理論と実務——国境を越えた子の奪い合い紛争の解決のために』（法律文化社、2021年）212-223頁。

2 面会交流権の法的性質

(1) 1971年の連邦憲法裁判所の判決

ドイツにおいて初めて面会交流権と基本法6条2項との関係を明らかにした1971年の連邦憲法裁判所の判決は、日本でしばしば問題になるような離婚後の別居親（非配慮権者）と子どもとの面会交流（当時「面会交流権」は、"Verkehrrecht"と呼ばれていた）を同居親が拒否した事例である[12]。この事例では、面会交流実現のために同居親に対し、国家が子どもと別居親と交流させることを義務づけることができるのかが争点とされた。これに対し、連邦憲法裁判所は親の権利は2人の親に帰属し、これは離婚後も変わらず尊重しなければならないこと、争う親の権利利益の均衡について国家はこれを決定する権限を与えられていること、そして国家は基本法6条2項における「監督任務」をもって子どもの福祉が危険にさらされあるいは危険が存在するときは親の権利に対する規制を行うとした。この中で連邦憲法裁判所は、非配慮権者の面会交流権もまた基本法6条2項の保護のもとにあり、2人の親はそれぞれの権利を尊重しなければならないことを明言した。この判決により、非配慮権者たる親の面会交流権が親の権利により根拠づけられることが明らかになった[13]。

(2) 学説の評価

この面会交流権について、例えばエルンスト＝ヴォルフガング・ベッケンフェルデは基本法6条1項の「家族の保護」に焦点をあてずに「親の権利」理解をしようと試みる[14]が、その中で「親の教育への権利」の1つ[15]として面

---

(12) これより以前には、1960年代に連邦通常裁判所民事部が基本法6条2項により親の面会交流権が保障されることを明らかにしている（BGHZ42, 364）。

(13) 後見裁判所が配慮権を持たない親と子どもの面会交流を実施するために配慮権者に義務を負わせることが基本法6条に反しないとされた事案、BVerfGE 31, 194. 同判決に関するわが国の最近の検討例として、大森貴弘「面会交流権が憲法で保護されると判示したドイツ連邦憲法裁判所の判例」常葉大学教育学部紀要42号（2022年）237-253頁が挙げられる。なお、同判決については第4章Ⅲ2でも検討する。

(14) Böckenförde, Elternrechtrecht–des Kindes-Recht des Staates, in:Essner Gespräche zum Thema Staat und Kirche 14, 1980, S. 68.

第3章　憲法上の面会交流権の法的性質と主体

会交流権を理解する。これに対し、フリッツ・オッセンビュールは「親の権利」理解において「家族の保護」に焦点を当て，内容は必ずしも明確ではないが「子どもと一緒にいる権利」を描いている[16]。両者は6条1項2項解釈についてのアプローチは異なるものの、基本法上親の面会交流権は保障されると考えている。

　ここで注目したいのは、前者のベッケンフェルデの議論である。前章でも述べたが、彼の見解について今一度確認したい。ベッケンフェルデは、親の権利を義務的地位に解消することは誤りであるとし、親の権利を専ら利他的に理解することを否定する。親の権利については固有の権利（及び固有の利益）と義務的地位が存在し、前者を彼は「親の教育への権利」、後者を「親の教育からの権利」と称する。そして、後者についてはいわゆる信託的地位が妥当するが前者については親の固有の利益もかかわるとした。このように考えると、後者への国家の介入を子どもの福祉と関連づけて正当化することは許されるが、前者について子どもの福祉を一律に用いることは時として不適切な結果を招きかねない。このような自説を土台にベッケンフェルデは1971年の判決について非配慮権者たる親の交流権が子どもの福祉及び利益から導かれているとして、上述し2つの要素が考慮されていないとした[17]。こうしたベッケンフェルデの議論に鑑みると、憲法上の親の面会交流権は親自身の権利ともいえそうである。そのため、以下では面会交流権は子どもの権利ではなく、親自身の権利でもあるという理解の下で議論を進めたい。また、基本法6条2項は1項の特別規定と考えるべきだろう。また、2003年には面会交流に関する法制度の外にあった生物学上の父の憲法異議申立てにより、面会交流権が明確に権利として認識されるに至った（詳細については、Ⅱ2で述べる）。

---

(15)　a.a.O., S. 68 f.
(16)　Ossenbühl, Das Elterliche Erziehungsrecht im Sinne des Grundgesetzes, 1981, S. 53f.
(17)　Böckenförde（Anm. 14）S. 68.

(3) 親の人格的利益の保護と親の意思に反する面会交流の強制 —— 親の事実上の固有の利益の優先？

　先述した学説を参考に、親の権利がその基礎づけゆえに他の基本権とは異なり「信託的」、「子どものために」あるいは「奉仕する」ために行使されるのみならず自分のためにも行使されると考えたとしよう。そのさいに、子どもの福祉が親の権利の縮減を要請する場面では、少なくとも親の人格的利益の保護が要請される[18]と考えるならば、国家が面会交流を望まない親に、子どもとの面会交流を強制することができるのかが問題となる。2008年に連邦憲法裁判所は、親が面会交流を拒絶しているのであれば、強制執行によって行われる面会交流は原則として一般的に子どもの福祉に合致せず、親の一般的人格権に対する介入は正当化されないとした[19]。これは、親の事実上の固有の利益の優先とも言えそうである。

　以上の２点から、面会交流権は親自身の権利と言えるのではないだろうか。

3　子どもの面会交流権

　なお、同判決で連邦憲法裁判所は、子どもの親による養育・教育を受ける権利（基本法６条２項１文）[20]を提唱した。この権利は、親の権利に本質的に結びつく親の義務と合致する．そして、面会交流を拒否する親に対し執行罰を課す規定（非訟事件手続法33条３項と結びついた同条１項１文）について、その立法目的の正当性は認められた[21]。しかし、この子どもの面会交流権理論は、第２章で述べたように親に対する子どもの権利として構成されるため受け入れ

---

(18)　特にこの点を指摘する見解について、Schuler-Harms, Das elterliche Erziehungsrecht aus Art. 6 Abs. 1 Satz 2 GG, RdjB 2016,S. 161.

(19)　BVerfGE 121, 69（98 ff.）. 同判決の詳細については、高橋大輔「〈研究ノート〉子どもの交流権の強制執行」筑波法政47巻（2009年）81-86頁参照。同判決については第４章Ⅲ２でも検討する。

(20)　BVerfGE 121, 69（92 ff.）. この権利の批判については、ミヒャエル・ケスター（佐藤啓子訳）「第３章 子の諸権利」新井誠編『ドイツとヨーロッパの私法と手続法』（日本評論社、2013年）36頁以下参照。

(21)　BVerfGE 121, 69（92 ff.）. しかし、この手段は「強制手段の適切さ」を欠くために正当化はされなかった。

られない。親とは別に認められるべき子どもの面会交流権は、国家に対する権利である。

4　子どもの福祉

　また、第2章に鑑みれば、憲法上の親の権利は子どもの福祉に方向づけられるが、親の面会交流権を外から限界づける消極的・子どもの福祉に相当する部分については子どもの基本権と合致する。より良い選択肢を追求する（相対的・）積極的・子どもの福祉はこの子どもの基本権に合致しないが、子ども自身の意思が重要なファクターとなる。

　より良い選択肢を考える積極的・子どもの福祉の扱い方は今日どうなっているのだろうか。ここでは、前章で触れたフレデリケ・ヴァプラーの論考をもとに考察する。

　積極的・子どもの福祉が問題になる場面では、親と子どもの絆の質が重要であると考えられ、その点で専門家の重要性が認知されている。

　問題は、考慮しなければならない意思とはどのようなものかということである。第2章でも触れた通りヴァプラーは、①子どもの意思が認められ次第考慮に入れること、②子どもが自分で決定しその決定にあたり十分な情報を得る限り第三者は子どもの意思を上書きできず決定的なものとして扱うこと、そして、③それ以外の場合は、子どもの意思を考慮した協議が必要という3つの事項を挙げる[22]。第2章で述べた彼女の見解を要約すると次のようになる。ここでの子どもの意思について、彼らの知識やスキルは社会環境に大きく影響され、同時に、彼らは自分の意思決定をこの環境への希望や期待に、あるいは思春期には、この環境ではなく、仲間のグループに方向づけるリスクが高くなる。このような事情がある場合に限って、そもそも、若年者の決定を、親、他の法定後見人、または国家機関による外部審査の一般的な留保の下に置くことが正当化される。これらの違いを配慮権争いの問題に関連づけると、片方の親またはもう片方の親と一緒に暮らしたいという子どもの意見は、先述したような異なる衝動に支えられているかもしれない。親のどちらかが口にしたことを子ども

---

　(22)　Wapler, Kinderrechte und Kindeswohl, 2015, S. 530 ff.

が認識的に再現するだけであれば、その表現は外部から誘導されたものであり、真の子どもの意思ではない。子どもが目に見えて、一緒に暮らしている親を怒らせたり、失望させたりすることを気にしている場合は、意見の独立性が問われることがある。一方で、子どもにある場所に住みたいと思う動機がある場合は、決断するさいに考慮しなければならない選択と言えるだろう[23]。彼女のこのような見解については、面会交流についても同様のことがいえるだろう。つまり、子どもの意思には環境などの影響を受けやすいためこのような事情がある場合に限って、他者による留保の下にその意思を置くことが正当化される。また、子どもが例えば同居親の意向を気にしながら自分の意思を口にしている場合も同様であるが、面会交流に関する希望に何らかの動機づけがある場合は、それは考慮しなければならない意思といえよう。

5 小 括

ドイツでは、子どものために手厚い面会交流制度が用意され、憲法上の面会交流権は第一に子どものための権利とされながらもそれでも親自身の権利と構成する余地がある。このような面会交流制権は、基本的には子どもの福祉によって方向づけられる。しかし、事実上親の固有の利益が優先されるように、第2章で述べた第二段階の学説が通用しない場面がある。

Ⅱ 権利の主体

1 問題の所在

面会交流権の憲法上の権利性を考察するにあたり、この「権利」の主体は、どこまで広がるのかという疑問が生ずる。権利主体は、まず第一に「親」であると考えられるが、「親」とは非監護親はもとより法律上の親である者及び親たりうる者（祖父母、養親等）に分類できよう。これらの「親」のうち、面会

---

[23] Wapler, Das Kindeswohl: individuelle Rechtsverwirklichung im sozialen Kontext: Rechtliche und rechtsethische Betrachtungen zu einem schwierigen Verhältnis, in:Sutterlity/Flick（Hrsg.）, Der Streit ums Kindeswohl, 2016, S. 36 ff.

交流権者としてどのようなものが想定されるのかが問題となる。この点について、わが国の議論は過少なように思われる。

そこでここでは以上の問題意識を前提に、わが国で問題となりうる①生物学上の父、②祖父母、そして③養子縁組に出された子どもの実親について考察する。

そのために、ドイツにおける生物学上の父の面会交流「権」を比較対象とする。生物学上の父は社会的家族の福祉を考慮するドイツの面会交流制度において、長らくその面会交流「権」が認められていなかったが、欧州人権裁判所によりその制度が批判された結果、彼の「権利」は民法で認められるに至った。しかし、この権利を、法律上の父と同じように基本法上基礎づけることは、過去の連邦憲法裁判所の決定を見るに容易ではない。生物学上の父の面会交流権の立法過程と生物学上の父の面会交流「権」の根拠条文に関する議論を参考にすることにより、本書の目的達成のための手がかりを得ることができるだろう。

2　ドイツにおける生物学上の父の面会交流権及びそれに伴う問題

(1) 法における生物学的父子関係の取り扱いの変遷

(a) 「支払いの父」からの変化

少なくとも1970年代以降にはドイツでは家族というものの社会的現実が決定的に変化し、もはや法律上婚姻した男女のカップルが子どもを産み、育てるような共同体だけが憲法的意味での「家族」（基本法6条1項）ではないとされるようになった。そして欧州人権裁判所による欧州人権条約8条の解釈が基本法6条解釈にも影響を与えているという（詳細については後述する）[24]。また、母子関係と父子関係の区別という一見個人主義化の傾向を示しながらも、いわゆる「社会的家族」の絆の保護に一定の価値を認めている。従来ドイツはわが国と同様に、「婚姻＝法律婚」との理解から法律婚から生じる親子関係を基軸に、法規定を整えていた。この時、法律婚から外れた父子関係、つまり婚外子と父との関係の法的な血族関係それ自体が否定され（旧民法1589条2項）、父子関係

---

[24]　春名麻季「子の出生と父の権利についての憲法問題」常磐会学園大学研究紀要8号（2008年）125頁。

の法律関係は子どもに対する扶養義務に限定されていた（旧民法1708条以下：いわゆる「支払いの父」）。また、法的身分関係を発生させる認知訴訟も存在していない。そしてナチス時代に、裁判所は血縁ないし血統関係の重要性にかんがみて、婚外子とその父の間の血縁関係存否の訴えを身分訴訟として認めた。この判例は、ナチス的理由づけのために戦後否定されるが、婚外子の人格的利益尊重を理由として再び学説・判例で支持されるようになった。しかし、民法が、父の扶養義務を身分関係の効果として構成していないために、互いに矛盾する身分判決と扶養判決が法的に併存することになった。そして1961年の暫定的な処置を経て、1969年にようやく婚外子と父との父子関係は「婚外子の法的地位に関する法律」により、これまでのいわゆる血縁主義から転換を果たした。つまり、彼らの間に、法的身分関係（父性の承認もしくは確認によって認められる）が肯定されることになった。

(b) 婚外子と婚内子との区別の解消

しかし包括的な強制権限を備えた糾問的な身分訴訟手続の発展と少年局の調査活動により、現在もなお常に生物学的出自に特別な重要性が置かれている[25]。その後1997年に、立法者は親子関係法改正法を制定した。これは子どもの福祉を最大限尊重することを目的としていた。この法により、先述したように、婚外子と婚内子との区別はなくなった。

現在ドイツではわが国とは異なり、婚姻に基づく親子関係の決定方法については、出生主義が採られ、原則として子どもの出生時に母と婚姻していた男性

---

[25] 婚外子と父との関係に関する民法制定からの判例や学説の動向を踏まえた歴史的経緯について詳細は、木村敦子「法律上の親子関係の構成原理——ドイツにおける親子関係法の展開を手がかりとして（一）～（七）」法律論叢167巻1号、167巻2号、168巻6号、170巻3号、174巻6号、176巻4号、178巻6号、（2010、2011、2014、2015、2016年）、1-38頁、23-57頁、1-21頁、1-23頁、29-59頁、1-20頁、1-33頁、トビアス・ヘルムス著／野沢紀雅ほか訳『生物学的出自と親子法——ドイツ法・フランス法の比較法的考察』（中央大学出版部、2002年）22頁以下、田村五郎『非嫡出子に対する親権の研究』（中央大学出版部、1981年）、岩志和一郎「ドイツにおける家族法改正の動向」白鷗法学8号（1997年）161-176頁、同「ドイツの新親子法（上）（中）（下）」戸籍時報493、495、496号（1998、1999年）2-8、17-30、26-34頁参照。本書における記述は特に野沢紀雅「比較法的検討——ドイツ」「家族〈社会と法〉」28号（2012年）52頁以下を参考にした。

第 3 章　憲法上の面会交流権の法的性質と主体

が父とされる（民法1592条1項）。婚外子の父もまた、父性の承認（同1592条2号）、あるいは裁判の手続（同条3号）で、法律上の父となることができる。この制度において、法律上の父になることができない父（生物学上の父）の法的地位が問題となった。1997年の民法大改正議論において、父子関係の否認権者の候補として子どもの生物学上の父の存在も議題に上がっているが、この時には、社会的家族（その中で、父は単なる「支払いの父」ではない[26]）の福祉に反する、という理由で見送られている。この親子関係法改正法で、親の権利を前面に押し出していた旧民法の面会交流規定が、先述した形で改めて子どもの権利を中心に規定されることとなった。

(2) 生物学上の父の面会交流権の問題点

しかし、先述した規定では、生物学上の父が面会交流をすることは困難である。先述したように、婚外子の父も、法律上の父となり基本法6条2項により面会交流権を主張することができる[27]。けれども、もしすでに法律上の父が存在した場合、生物学上の父は自らの父性を確立できず、民法1684条の権利主体となることはできない。そして、民法1685条の条件を満たさない場合も想定される。そして実際に、これらの条文に該当しない生物学上の父が2003年に憲法異議を提起した。

(3) 連邦憲法裁判所の決定（生物学上の父が父性否認権と面会交流権を主張した事案、BVerfGE 108, 82）

(i) 決 定 概 要

連邦憲法裁判所は、2003年に2件の憲法異議の訴えを併合審理して判断を下した。これらの憲法異議は、生物学上の父は（認知に基づくほかの男性の）法律上の父性を否認する権利を認められるかという問題と生物学上の父は、婚姻に

---

[26]　三宅利昌「血縁上の父による法律上の父子関係の否定について」創価法学34巻2号、2004年、103頁。
[27]　1995年に連邦憲法裁判所は「法律上の父とみなされるかぎりにおいて」婚外子の父も基本法6条2項の主体であるとした（婚外子の父を基本法6条2項における「親」と認めた事案、BVerfGE 92, 158 [175 f.]）。

Ⅱ　権利の主体

基づき母の夫の子どもと推定される子どもと交流する権利を認められるべきかという問題を扱った（本書ではこの後の議論に関係のある箇所のみ記述する）。そこで、この判決において連邦憲法裁判所がドイツの親子関係の決定方法と基本法6条との関係、同条における生物学上の父の地位についてどのように述べているかを概観する。

　この事案は、異議申立人Ｘが既婚女性との間でもうけた子どもとの密接な関係（争いあり）を主張し、女性によって接触を断たれた子どもとの面会交流が実現しなかったため、憲法異議を提起したものである。ここで彼は以下のように主張している。生物学上の父の面会交流請求権は、欧州人権条約8条1項からまた基本法6条2項からも導き出されうる。親の権利は自然的権利であり、民法上の認知の有無に左右されることなく、親として当然に共有する権利である。したがって、生物学上の父は、親の権利の主体である。生物学上の父に面会交流権を与えないことは、基本法6条2項の定める親の権利の侵害である。子どもの福祉と、法律上の親並びに生物学上の父の基本法上の地位を比較衡量すると、少なくとも基準に従った交流が行われる限り、子ども及び生物学上の父の交流への利益が優先する。更に交流請求は基本法6条1項からもたらされる。なぜならば、家族概念に生物学上の父と生物学的子どもとの彼らの親密かつ集中的な（intensiv）関係も属しているからである。これに対し、連邦憲法裁判所は以下のように判示した。

　子どもの生物学上の父も基本法6条2項1文の保護のもとにあるが、彼は生物学上の父であるというだけで法律上の父と並んで親の権利主体になれるわけではない。基本法6条2項1文の定める親の権利が負担義務を伴う権利である以上、親の責任を負うものだけが親の権利をもつことができる。しかし、生物学上の父と法律上の父の両者に母と共同で親の責任を担わせることは、基本法6条2項1文が基礎としている親の責任の概念に適合しない。家族生活の変化もまた、子どもを同時に2人の父の責任の下に置くことを求めない。基本法6条2項1文が、まず第一に親に子どもに対する責任を委ねるのは、2人の親が親の責任を共同で果たすことが、通常、子どもの利益を最も保護することにつながるという考慮にもとづいている。しかし、これは、2人の父と1人の母で構成される共同体には当てはまらない。この場合、親の責任を共同で果たすこ

第3章　憲法上の面会交流権の法的性質と主体

とが子どもの福祉にかなうということはできない。なぜならば、そうすることによって、親たちの間で役割の衝突や権限争いが生じかねず、子どもの成長に悪影響が生じうるからである。いずれにしても、2人の父と1人の母に共同で親の責任を委ねても、その責任を子どものために効果的に果たすことは期待できない。子どものために親の責任を担う法律上の父は、基本法6条2項1文の定める親の権利を有するものであり、たとえほかの男性が子どもの生物学上の父であることが明らかとなっても、そのことだけによって、親の権利及び親の地位を失うことはない[28]。

　しかし生物学上の父も基本法6条2項1文によって法的に父としての地位を取得しうるための手続へのアクセスが認められなければならない。もっとも、現行規定（民法1600条）が生物学上の父を法的な父性否認の権利者から排除していることは直ちに違憲とされるべきではない。なぜならば、立法者が父として法的に承認されることを望む生物学上の父の利益よりも現存する社会的な家族としての絆の保持という子どもやその法的配慮権者の利益を優先するという決定を下したとしても、それは憲法上問題がないからである。しかし、子どもの利益の観点から、子どもが法律上の父と社会的―家族的関係を形成していないような場合にまで、生物学上の父に父性否認権を認めていない民法1600条は、その限りで基本法6条2項1文に反する[29]。子どもの生物学上の父も、また「少なくとも長期にわたり実際に子どもに対する責任を負っていたことに基づく社会的結合が子どもとの間に存在するときは、基本法6条1項の保護をうける家族を形成する」。ただ、基本法6条1項は、子どもと親との関係を保護するのであって、個々の家族構成員それ自体を保護するわけではない。それゆえに、当該基本権規範は、他の家族構成員の利益にかない、家族の関係の保護に奉仕するような権利のみを、個々の構成員に付与しうるに過ぎない。面会交流権も、親子の間に存在する社会的関係を保持するために、子どもの福祉に奉仕する限りで認められる。民法1684条、1685条も一般的に生物学上の父が子どもとの面会交流権が認められるように解釈することはできない。そして、民法

---

(28)　BVerfGE 108, 82（99 ff.）.
(29)　BVerfGE 108, 82（104 ff.）.

1685条の面会交流権を認められうる人的範囲は限定され、その結果生物学上の父が子どもとの間に社会的な家族のつながりが存在し、または存在した場合であっても、彼を面会交流権者に含めていない限りで民法1685条は基本法6条1項に違反する[30]。

　(ⅱ) 評価とその後の法改正

　まず、連邦憲法裁判所は、生物学上の父も基本法6条2項1文の保護範囲に含まれ、少なくとも手続法上父性を審査し、確認してもらう可能性が同文によって保障されているが、法律上の父と並ぶことはできないとした。

　次に、生物学上の父の面会交流の利益は、基本法6条1項でむしろ保護されるが、そのためには（現在あるいは過去に存在した）社会的－家族的関係が必要であるとした。ただし、ここで連邦憲法裁判所は親の子どもとの面会交流権を親の自然的権利（異議申立人の主張）ではなく、家族の保護（基本法6条1項）にとって必要とされるために認められる権利として家族法上具体化されるべきものと考えている[31]。そしてその結果、子どもと過去に社会的－家族的関係を有していた生物学的父は救済されることになった。しかし、生物学上の父は、その血縁のみで面会交流「権」を主張することはできないことが明らかにされた。ここで連邦憲法裁判所は、制度よりの立場を示していると言える。

　その後民法1685条は、「(2)子どものために実際上の責任を負いまたは負っていた（社会的－家族的関係）子どもと親密な関係を持つ者にも〔前項の規定は〕妥当する。当該関係人が比較的長期間にわたり子どもと同居生活をしていた時は、通常、実際に責任を負っていたものと認められる」という規定に改正された。

　ここでいう「社会的－家族的関係」については、民法1600条3項において解釈の指針が示されている。すなわち、社会的－家族的関係の存在が認められるのは、法律上の父が子どものために現実の責任を負っている場合であるとされる（同条同項1文）。更に、法律上の父が子どもの母と婚姻しているとき、または子どもと比較的長期間にわたって家族的共同体において一緒に暮らしている

---

[30]　BVerfGE 108, 82 (111 ff.).
[31]　春名・前掲注(24)129頁。

第3章　憲法上の面会交流権の法的性質と主体

ときは、通常、実際に責任を引き受けている（Übernahme）ことが推定される（同条同項2文）⁽³²⁾。

しかし、この指針をもってしても「社会的－家族的関係」が曖昧であり、また同関係が存在する場合には生物学上の父と子どもの関係には注目しないことが問題視されている。そのため、家族法学者の中には、法律上の父と子との間に社会的－家族的関係が存在する場合には、生物学上の父と子どもとのかかわりに何らの意味も認めないことを疑問視し、例えば「母が新しいパートナーと婚姻し、家族的な共同体において共同生活をしている場合でも、子どもと生物学上の父との間に濃密な関係があったのであれば、それを考慮して、生物学上の父に否認権を認めるべき」とする見解[33]がある。また、「たしかに、子どもにとって社会的－家族的関係は重要であるが、社会的－家族的関係の存続可能性についての予測は極めて不確かである。その点で、法律が、子どもと法律上の父の間に社会的－家族的関係が存在する場合には、生物学上の父に否認の可能性を拒み、生物学上の父も子と社会的家族的関係を有しているかどうかや、同価値の関係を有しうるかどうかについて全く考慮されないことは、矛盾している[34]」と指摘する見解など、生物学上の父と子どもとの間の関係にも目を向けるべきとする見解がある。

この規定では子どもと社会的－家族的関係を過去にも現在にも持たない生物学上の父は面会交流をすることができない。この場合、生物学上の父が面会交流をするためには、民法1600条により法律上の父子関係を否認しなければならない。しかし、そのためには法律上の父と子どもとの間に社会的－家族的関係が存在しないことが必要である（同条2項）[35]。このようなドイツの制度をもとにしたドイツ裁判所の判断に対し、欧州人権裁判所が異議を唱えた。

---

(32) 詳細と社会的―家族的関係に関する下級審の判断については、山下裕貴子「ドイツ親子法における社会的家族的関係の意義」同志社法学70巻5号（2019年）109-147頁参照。

(33) Helms, Die Stellung des potenziellen biologischen Vaters im Abstammungsrecht, FamRZ 2010, S. 6.

(34) Coester-Waltjen, Statusrechtliche Folgen der Stärkung der Rechte der nichtehelichen Väter, FamRZ2013, S. 1689.

(4) 欧州人権裁判所による生物学上の父の面会交流権
(a) Anayo/Deutschland 事件
(i) 欧州人権条約8条

　欧州人権条約8条は、「(1)全ての者は、その私生活、家族生活、住居及び通信の尊重を受ける権利を有する。(2)この権利の行使に対しては、法律に基づき、かつ、国の安全、公共の安全若しくは国の経済的福利のため、無秩序若しくは犯罪の防止のため、健康若しくは道徳の保護のため、または他の者の権利及び自由の保護のため、民主的社会において必要なもの以外のいかなる公の機関による干渉もあってはならない」と定めている。この条項は一方で防御権を形成し、つまり締約国による介入を前にした時の個人の基本権を保護するが、他方で締約国に個人の私生活や家族生活の保護をすることを義務づける[36,37]。ここでいうところの「私生活」とは、多様な領域にわたる概念であり、概念を限定した定義づけ は不可能であるとされる[38]。生物学上の父と子どもとの関係は、「自己決定された生活形成（Selbstbestimmte Lebensgestaltung）」のうちの「親子関係」に属することになる[39]。しかし、この条文で言うところの「家族

---

(35) 法律上の父子関係否認要件における「社会的－家族的関係」の定義づけに関する判例・学説については、山下祐貴子「ドイツにおける父子関係の成否と社会的家族的関係」同志社法学68巻2号（2016年）715-774頁参照。

(36) Pätzold, Recht auf Achtung des Privat- und Familienlebens (Art. 8), in: Karpenstein/Mayer (Hrsg.), Konvention zum Schutz der Menschenrechte und Grundfreiheiten: EMRK, 2. Aufl. 2015,Rn. 4.

(37) 欧州人権裁判所はいわゆるマルクス判決において、①欧州人権条約8条によって保護される「家族生活」には非婚姻家族も含まれること（このことは8条の文言が「すべての者」で始まることと、14条が出生による差別を禁止していることによって裏づけられると解される）、②「家族生活」には少なくとも祖父母と孫のような近親者が含まれる，③「尊重」するという意味は、国家に対して干渉しない消極的義務を課すだけではなく国民が正常な家族生活を送ることができるようにする積極的義務を課している、という3つのことを確立した（三木妙子「欧州人権裁判所に現れた家族」三木妙子ほか『家族・ジェンダーと法』（成文堂、2003年）19-20頁）。この判決の詳細については、戸波江二「非嫡出子に対する不利益取り扱いと家族生活の尊重――マルクス判決」戸波江二ほか編『ヨーロッパ人権裁判所の判例』（信山社、2008年）362-368頁参照。

(38) Pätzold (Anm. 36) Rn. 5.

第 3 章　憲法上の面会交流権の法的性質と主体

生活」に属するかについては、後述する Anayo/Deutschland 事件で明らかにされた[40]。また、同条の意味する「家族」は、法律上の家族に限定されない。そのため、以前より欧州人権裁判所は非婚姻家族の父と子どもとの家族生活が「家族」に属するとし、ドイツ国内における婚外子の父を対象とした面会交流制限事例について厳しい態度で臨み、複数の事例において 欧州人権条約違反を認定してきた[41]。

これらの欧州人権裁判所の判決の国内法解釈における取り扱い方法について，連邦憲法裁判所は欧州人権裁判所の判決・決定を一定程度尊重するというかたちでの調整ルールを、いわゆる「ヨーロッパ人権裁判所の正当な評価（EGMR-Würdigung）」決定で明らかにしている（評価については、後述する）[42]。

---

(39)　a.a.O., Rn. 17.
(40)　a.a.O., Rn. 18.
(41)　詳細については，高橋由紀子「ドイツの婚外子の父の交流権」帝京法学25巻 1 号（2007年）81頁以下参照。
(42)　「ヨーロッパ人権裁判所の正当な評価（EGMR Würdigung）」決定とは、婚外子の父（トルコ国籍）が別れたドイツ人女性との間にもうけた子どもが養子に引き取られたことを知り、養親（少年局など含む）との裁判を通じ、その婚外子の配慮権と面会交流権を求めた事案である。異議申立人の配慮権裁判と面会交流権を 1 年間排除した上級ラント裁判所の判決が欧州人権条約 8 条違反であると欧州人権裁判所は判断した（EGMR 26.02.2004 Nr. 74969/01 – Görgülü/Deutschland）。しかしその後、上級ラント裁判所は司法権の独立を理由に欧州人権裁判所の判断を軽視し、区裁判所による面会交流権付与決定を破棄した。この破棄について連邦憲法裁判所は、基本法の法治国家原理との結びつきで基本法 6 条の親の面会交流権を侵害するものとした（BVerfGE111, 307）。連邦憲法裁判所は、欧州人権裁判所の裁判の拘束作用について，以下のように述べる。
　「欧州人権裁判所の裁判の拘束作用は，国家機関や関連法のその時々の管轄領域に左右される。行政官庁や裁判所は、欧州人権裁判所の裁判を引き合いに出して、法治国家的権限秩序ならびに法律および法への拘束（基本法20条 3 項）から離れることはできない。しかし、欧州人権条約の諸保障や欧州人権裁判所の諸裁判を方法的に主張可能な法律解釈の枠内で考慮に入れることもまた、法律および法への拘束の一部である。それゆえ、欧州人権裁判所の判決との根本取組みを欠いたりすることも、その裁判の上位法に反する型にはまった『執行』も、法治国家原理と結びついた基本権を侵害しうるものである」（BVerfGE 111, 307 [323]）。

(ⅱ) Anayo/Deutschland 事件の概要

　Anayo/Deutschland 事件[43]とは、双子の生物学上の父（この事実については争いがない）である申立人が、ドイツの区裁判所において面会交流を許可されたにもかかわらず、交際相手でありかつ子どもの母が抗告をしたためその許可が棄却され、連邦憲法裁判所でも彼の主張は認められなかった事案である。欧州人権裁判所は、申立人と子どもとの間に「家族生活」があるかについて、以下のように述べている。

　欧州人権条約8条は、「家族生活」のみならず「私生活」をも保護し、通常「家族」でない関係は「私生活」概念に属するという前提から出発している。そのため、（欧州人権条約締結国による）父子関係事項において、父とその法律上あるいは推定上の（vermeintlich）子どもとの関係についての判断は、「家族

　「欧州人権裁判所の判決に配慮する場合には、国家諸機関は、国内法秩序へのその影響を、自分たちの法適用に取り入れなければならない。このことは、とりわけ、国内法システムの一部をなし、様々な立場にある基本権的地位を相互に調整しようとする意図のもとで、国内法で起こる法的な様々な出来事の間での均衡が図られる部分システムが問題となる場合に、該当する」（BVerfGE111, 307 ［327］）。

　欧州人権条約の自由と欧州人権裁判所によるその解釈は、キルヒホフによれば「憲法上要請され、基本法の国際法に友好的な解釈をするための補助」とし作用し、それゆえ結局のところ条約に関する欧州人権裁判所の見解の引継ぎは「方法論上支持できかつ基本法の諸基準と両立する限りで考慮される」にすぎないという（Kirchhof, Grundrechtsschutz durch europäische und nationale Gerichte, NJW 2011, S. 3683）。同決定については、後に(6)でも触れる。

　この判決についての詳細は、根森健「ヨーロッパ人権裁判所とドイツの裁判所との基本権保障における調整──「ヨーロッパ人権裁判所の正当な評価（EGMR-Würdigung）」決定（BVerfGE111, 307）」ドイツ憲法判例研究会編『ドイツの憲法判例Ⅲ』（信山社、2008年）217-225頁、同「ヨーロッパ人権条約とドイツ基本法の基本権保障との関係──ドイツ連邦憲法裁判所『ヨーロッパ人権裁判所の正当な評価（EGMR-Würtigung）』決定の解説と試訳」白山法学4号（2008年）95-140頁、門田孝「ドイツにおける国際人権条約の履行──欧州人権条約に関する連邦憲法裁判所2004年10月14日決定を中心に」法律時報80巻5号（2008年）61-65頁、同「欧州人権・基本権保障の中のドイツ連邦憲法裁判所」芹田健太郎ほか編『講座国際人権法3　国際人権法の国内的実施』（信山社、2011年）196-198頁参照。

(43) EGMR, 21.12.2010 Nr. 20578/07 − Anayo/Deutschland.

第3章　憲法上の面会交流権の法的性質と主体

生活」にかかわりうることは既に確立した判例である。そして、〔父子関係事項については〕同条における彼の個人的なアイデンティティと言う重大な側面を持つことは疑いのないことである。本件においては、申立人に彼の子どもとの交流を拒否したカールスルーエ上級ラント裁判所の判決が、同条の意味における彼の子どもとの「家族生活」を軽視するものであったかが審査される。申立人が子どもの生物学上の父であることに争いはないが、彼が子どもとの間で同条の意味におけるかつて存在した「家族生活」として考慮されるような親密な人的関係があるかという審査において、彼らがともに暮らした期間はなく、彼は子どもに会っていないため当該親子関係は「家族生活」とみなされるために必要な条件をたえず満たしていない。しかし、生物学上の父であり、法律上の父でない者とその子どもとの間で意図される家族生活は両者の関係がいまだ確立していない状況の責を父が負わない場合、例外的に欧州人権条約8条で保護される。申立人は自分が子どもに対し重大な利益を有し、かつ子どもに対し責任を引き受ける意思があることを示していた。そのため、当裁判所は彼と子どもとの意図された関係を、同条で保護される家族生活に属すると判断する。それとは別に、交流権は彼の「私生活」の問題となる[44]。

　ドイツ裁判所は彼と子どもとの交流を拒絶することによって、彼の同条の権利に介入している。その介入は、「法律上予定され」た（民法1592条1項と結びついた1684、1685条）ものでありかつ同条2項の意味における正当な目的、つまり子どもの権利の保護を追求していた。交流権の拒絶が「民主的社会において必要」かを決定するために、欧州人権裁判所は、正当化のために挙げられる根拠が反論の余地なく十分なものであるか否かを審査し、そのさいに子どもの福祉が圧倒的に重要である。ドイツ裁判所は、本件で単に申立人がドイツ法によって交流権が与えられるかのみを確認し、生物学上の父の子どもとの交流が子どもの福祉に奉仕するものであるかの衡量を怠っているため、正当化のために挙げられる根拠は「十分」ではなく、制限は正当化されない[45]。

---

(44)　EGMR, 21.12.2010Nr. 20578/07 – Anayo/Deutschland, Rn. 58-62.
(45)　EGMR, 21.12.2010Nr. 20578/07 – Anayo/Deutschland, Rn. 63-73.

(iii) 評　価

　この判決で、欧州人権裁判所は、面会交流権は「家族生活」のみならず（たとえそれが否定されたとしても）生物学上の父の「私生活」の問題であり、ドイツ裁判所による生物学上の父と子どもとの面会交流拒否は、彼の欧州人権条約8条により保障された権利への介入であるとした。そして、その交流が子どもの福祉に奉仕するものかの衡量を怠っているため、この制限は正当化されないとした。この Anayo/Deutschland 事件に続く Schneider/Deutschland 事件[46]は本質的には同じ根拠で同じ結論を導き出しているといわれる[47]が、初めて推定上の生物学上の父のみを欧州人権条約8条1項の保護領域に入れたためにその人権の人的適用領域を広げたものと評価されている[48]。また、Kautzor・Ahrens/Deutschland 事件[49]においても、欧州人権裁判所は、Schneider/Deutschland 事件を挙げて欧州人権条約8条は加盟国に生物学上の父に彼の子どもとの関係を、特に交流権の保障によって構築することを許すことが子どもの福祉において要請されているかを審査することを義務づけていると解釈できるとした[50]。更に、そのことは特定の状況下で、生物学上の父を自称する者と子どもとの接触が子どもの福祉に奉仕することから出発する場合には生物学上の父子関係の確認が交流手続に必要とされることも意味しうるとした[51]。ここで欧州人権裁判所は、ドイツ連邦憲法裁判所よりも権利よりの立場を示しているといえよう。

(5) 立法者の対応

　先述した欧州人権裁判所の判決による批判により、「生物学上の父であるが、法律上の父でないものの権利の強化に関する法律」（BGBl. I S. 2176）が成立し

---

(46)　EGMR, 15.09.2011 Nr.17080/07 – Schneider/Deutschland.
(47)　Löhnig/Preisner, EuGHMR und deutsches Kindschaftsrecht, FamRZ 2013, S. 490.
(48)　a.a.O., S. 490.
(49)　EGMR, 05.11.2013 Nr. 23338/09 – Kautzor/Deutschland.
(50)　EGMR, 05.11.2013 Nr. 23338/09 – Kautzor/Deutschland, Rn. 76-84.
(51)　この事件は主に生物学上の父が法律上の父子関係の取消しを求めた事案であり、欧州人権裁判所は結論としてこの要求を認めてはいない。

第3章　憲法上の面会交流権の法的性質と主体

た。これは、新たに生物学上の父の法的地位を強化し、同時に生物学上の父の彼の子どもとの交流可能性を維持・発展させかつ一定の要件の下で子どもの個人的な関係についての回答請求権を与えることを目的[52]としていた。その結果民法1686a条が追加され、更に家事事件手続法167a条が置かれることとなった（2013年7月4日法、2013年7月13日施行）。新たに成立した規定は、以下のとおりである。

「民法1686a条

（1）他の男性が父となっている場合には、子どもに対して真摯な関心を持つことを示した生物学上の父は、

1．子どもの福祉に奉仕する限りで子どもとの交流を求める権利、及び

2．正当な利益を有し、かつこれが子どもの福祉に反しない限りで、親のいずれからも、子どもの心情に関する情報を求める権利を有する。

（2）前項一号による子どもとの交流を求める権利に関しては、民法1684条2項から4項までの規定を準用する。家庭裁判所は、同法1666条1項の要件を具備していない場合に限り、1684条3項3文から5文までの規定による交流保護を命ずることができる」。

「家事事件手続法167a条

（1）BGB1686a条による交流権あるいは回答権を求める訴えは原告が宣誓に代えて子どもの母と妊娠期間中に同衾したことを保証できる場合にのみ許される。

（2）交流あるいは回答権を民法1686a条によって行う手続において生物学上の父子関係［の確認］が必要である限りにおいて、何人も鑑定、特に出自鑑定を受忍しなければならない

（以下略）」

生物学上の父が面会交流をするための要件は、①原告が生物学上の父であり、他の法律上の父が存在すること、②生物学上の父が子どもに対し真摯な関心を示していること（ernsthaftes Interesse am Kind）[53]、③交流における子どもの福祉性（Kindeswohlichkeit）である。更に家事事件手続法167a条についてはあ

---

(52) 詳細については、BT-Drucks. 17/12163, S. 9 f. 参照

てもなく申立をすることで社会的家族に不和をもたらす者や親の責任をあらかじめ放棄した者であり，匿名の精子提供者等については除外されると解釈されている(54)。この解釈により，生殖補助医療の関係者は一部除外されることになる(55)。なお，今回追加された父子関係確認規定について，子どもがこれを援用することは連邦憲法裁判所によって2016年に否定されている(56)。この条文により，生物学上の父には，子どもの福祉に奉仕するという条件付きで面会交流「権」が与えられることになった。ドイツにおける親子関係を規律する法体系は，これまで血縁上の近親関係と実際に引き受けられた社会的責任という２つの指導原理（Leitprinzip）の妥協を目指してきた。そして，今回の立法は子どもの福祉に奉仕する限りで生物学上の父に「権利」を認めた。これはこれまでこの妥協の中で血縁主義を伝統としながらも社会的家族に根拠づけられた子どもの福祉を比較的優先してきた立法者が，欧州人権裁判所の影響により今回は血縁（遺伝）に根拠づけられた子どもの福祉と衝突し，これを立法指針として採用したことをもまた意味していると考えられる(57),(58)。

(53) これは欧州人権裁判所が，生物学上の父によって成立する家族生活と彼の望みが欧州人権裁判所８条に含まれるためには，家族生活が確立できていないことについて彼にその責任がないことを条件としていることに由来する（Lang, Entwurf eines Gesetzes zur Stärkung der Rechte des leiblichen,nicht rechlichen Vaters, FPR 2013, 234）。
(54) この解釈は，既に存在した民法1600条（父子関係の取り消し権限）解釈を基にしている。同条と精子提供者の地位について実際に争われた事件の先行研究については，渡邊泰彦「同性の両親と子（その４）」産大法学49巻４号（2016年）937頁以下参照。
(55) Hammer, in: Prütting/Helms (Hrsg.), FamFG Kommentar, 2013, §167a, Rn. 8.
(56) 独立した父子関係否認規定の合憲性が問題となった事案、BVerfGE 141, 186 (200 ff.)。
(57) 子どもの福祉は親の権利や家族の制度的保障の側面でその権利を内容形成する立法者に対し，立法の指針基準を設定する．欧州人権裁判所における子どもの福祉観の影響は今日のドイツではもはや無視できないものとなっている（Kötzur, in: Stern/ Becker [Hrsg.], Grundrechte-Kommentar 2. Aufl., 2015, Art. 6, R. 69）。
(58) そのため，今回の法改正は「ヨーロッパ人権裁判所の判決……の影響」でありかつ「血縁事実を重視するドイツ法の立場を示すものである」と表現される（床谷文雄「ドイツ」床谷文雄編『親権法の比較研究』[日本評論社、2014年] 131頁）。

(6) ドイツにおける国際法の影響

　ここで、わが国とは一部勝手の異なる国際法とドイツ家族法の関係を確認する。この作業を通じて、ドイツ家族法の国際化の一部はドイツ特有の現象とみられること、そしてわが国も批准している子どもの権利条約の現状を示す。

　基本法は25条において「開かれた国家」性を明らかにしている。そのような基本法の姿勢とほぼ同義の概念として、「国際法親和性[59]」という概念が用いられる。国際法親和性原則の内容は、「広い意味での国際法親和的解釈にほぼ収斂[60]」する。

　しかし、この国際法親和性原則にとどまらず基本法は欧州法に対し開かれていること、つまり、いわゆる「欧州法親和性原則」を定めているということが既に連邦憲法裁判所により宣言されている[61]。ドイツはEUの構成国でありかつ欧州人権条約の締約国である。そのため、ドイツ法、ひいてはドイツ家族法は連合法（狭義の欧州法）のみならず欧州人権条約をはじめとするその他の欧州機関の法により形成される広義の欧州法[62]の影響を主に受けている。

(a) 欧州人権法

　広義の欧州法の一部である欧州人権条約は、第二次世界大戦の反省を契機として国境を越えた人権保障を目的としてつくられた条約であり、締約国は同条約の定める権利及び自由を保障する義務を負う（1条）。加えて欧州人権裁判所が国家または個人による条約違反の申立（32ないし34条）を審理し、締約国は自国が当事者であるいかなる事件についても、欧州人権裁判所の確定判決に

---

[59]　同概念は、「国内法領域において国際法の規律に従うことを促進しかつ容易にすることを目指すところの指導原則」であると説明される（齊藤正彰『多層的立憲主義と日本国憲法』［信山社、2022年］5-6頁）。この言葉は、「国際法調和性」あるいは「国際法友好性」と訳されることもある（同書5-6頁）。しかし、本書では「（国内法の）国際法への親近性と、国際法への接近という動きを伴う意味内容を現しうる」（山田哲史『グローバル化と憲法』［弘文堂、2017年］245-246頁）ために、山田哲史による訳に従う。基本法の「開かれた国家」性と国際法親和性の異同を含む国際法親和性原則の紹介・検討については、同書352-440頁参照。

[60]　山田・前掲注(59)436頁。

[61]　リスボン条約判決、BVerfGE 123, 267(354) 参照。

[62]　「欧州法」の厳密な定義については、Streinz, Europarecht, 11 Aufl., 2018, S. 1 参照。

従うことを約束する（46条1項）。

　しかし、本来欧州人権条約のドイツの国内法体系における法的効力の序列は連邦法律と同格であり、その位置づけは高いものではない（この点は、後述する子どもの権利条約と変わらない）。

　それでも、欧州人権裁判所判決のドイツ国内における効力には議論の余地が存在した。この問題にとって――本書のテーマである家族法にとっても――重要な決定が連邦憲法裁判所による「欧州人権裁判所の評価」（EGMR-Würtigung）決定(63)である。同決定では欧州人権条約のドイツ国内法における位置づけ及び意義について、そしてドイツにおける欧州人権裁判所判決の効力が争われることになった(64)。そこで、連邦憲法裁判所はドイツの裁判所が欧州人権条約の規定を考慮すべきであるが、同条約の効力は、あくまでも基本法の枠内で及ぶものであるとした(65)。ここで連邦憲法裁判所は、国際法親和性原則は、「ドイツ憲法の最後の言葉」を放棄するものではない(66)としている。

　また、連邦憲法裁判所はドイツにおける欧州人権裁判所判決の効力についても、国内機関は欧州人権裁判所の判決を顧慮することが要請される(67)とした。ただし、それはあくまでも基本法20条3項にいう「法律及び法に拘束される」ことの一内容として理解されているのであり、人権裁判所の判決に直接的な国内的効力が認められているわけではない(68)。加えて、この顧慮義務について国家機密に対しては、欧州人権条約及び欧州人権裁判所を顧慮するにあたり国内法秩序への配慮(69)も強調されていることといった、慎重な「留保」が付さ

---

(63) 詳細については、前掲注(42)参照。
(64) 本件の事案の詳細については、根森・前掲注(42)97-104頁参照。
(65) BVerfGE 111, 307（315 f.）.
(66) 「基本法は、ドイツを平和で自由な国家間の法共同体に適応しようと努めているが、ドイツ憲法の最後の言葉の中に含まれている主権を放棄するものではない。その限りでは、立法者は、国際条約法を順守しないという方法によってしか憲法の基本原則に対する違反を防ぐことができないときに限り、例外的に国際条約法を順守しない場合であれば、国際法親和性という目標に矛盾するものではない」（BVefGE 111, 307［319］）。
(67) BVerfGE 111, 307（327）.
(68) 門田・前掲注(42)209頁。
(69) BVerfGE 111, 307（327）.

第3章　憲法上の面会交流権の法的性質と主体

れている。

　欧州人権条約規定及び欧州人権裁判所の判決の国内的効力については、その後も第二次保安拘禁決定[70]が出されている。これら2つの判例はいずれも欧州人権条約が基本法解釈において異議をもつ理由として、基本法1条2項における不可侵不可譲な「人権」へのコミットを引き合いに出す[71]。このような国際法親和性原則の特殊形態は「人権法親和性」と呼ばれ、後述する今日の欧州人権条約に対する連邦憲法裁判所の態度を説明する一つの手がかりとなる[72]。

(b) EU法

　連合法は、独自の法領域（地域国際法）を構成し、原則として構成国の国内法に優先する。そもそもEC（後のEU）は基本権カタログをもうけていなかっ

---

[70] 同決定は、欧州人権裁判所による欧州人権条約の解釈が、憲法の解釈にあたっても補助として援用されるべきことを明らかにした。更に、「解釈支援としての欧州人権条約の援用の枠内で、連邦憲法裁判所は、欧州人権裁判所の判断を、それが同一の訴訟対象に関係していない場合であっても、顧慮する。このことは、具体的に判断された個別事案を超えて、欧州人権条約の解釈について、欧州人権裁判所判例に備わっている、少なくとも事実上の方向づけ機能及び指導機能に基づくものである。」とした（BVerfGE 128, 326 [366 ff.]）。同決定の概要については、宮地基「18 保安拘禁に関する規定の遡及適用」ドイツ憲法判例研究会編『ドイツの憲法判例Ⅳ』（信山社、2018年）90-94頁参照。

[71] 「ヨーロッパ人権裁判所の正当な評価（EGMR-Würdigung）」決定、BVerfGE 111, 307 (319); 保安拘禁に関する規定の遡及適用決定、128, 326 (269 f.). 同旨の指摘について、山田・前掲注(60)402頁。また、欧州人権条約規定及び欧州人権裁判所の判決の国内的効力との関係で国際法親和性原則から導き出される具体的な要請の内容については、齊藤正彰「憲法の国際法調和性と多層的立憲主義」北星学園大学経済学部北星論集52巻2号（2013年）305頁参照。その後もドイツでは、いわゆる管理ストライキ禁止事件において、基本法規定と欧州人権裁判所の衝突が起こっている。詳細については、三宅雄彦「職業官僚制における地位と実体：官吏ストライキ禁止をめぐるドイツ基本法33条5項と欧州人権条約11条の衝突」駒澤法学19巻1号（2019年）23-67頁参照。

[72] もっとも、ヒルグルーバーは、同項の前国家的な人権という自然法上の理念という性質と欧州人権条約の人権が必ずしも一致しないのではないかという根本的な問題を提起している（Hillgruber, Ohne rechtes Maß？ Eine Kritik der Rechtsprechung des Bundesverfassungsgerichts nach 60 Jahren, JZ, 2011, S. 807f.）。

Ⅱ　権利の主体

たが、欧州司法裁判所は設立条約の個別的規定に基本権保障の手がかりを見出し、また「法の一般原則」に基づく基本権保障という解釈を通じて基本権カタログの欠缺を補充した[73]。そして、1992年に採択されたEU条約は、6条1項で「構成国に共通する諸原則」である「自由、……人権及び基本的自由の尊重」に基礎を置くこと、同条2項で欧州人権条約により保障され、構成国共通の憲法上の伝統に由来する「基本的権利」を「共同体の一般原則として」尊重することを宣言した。今日では2009年改正による同条約6条3項において、欧州人権条約が「連合法の一般原則」を構成することが定められている。1992年のマーストリヒト判決以降、連邦憲法裁判所は連合法による基本権保障を尊重してその国内的効力を原則として承認するが、連合法の基本法適合性審査を放棄したわけではなく、基本権保障は欧州司法裁判所との「協力」の下に行われていると考えていた[74]。そして、2000年にEU基本権憲章がニース欧州理事会の会合において公表され、それを自らの一部として採用していた「欧州憲法条約」が挫折した後、リスボン条約に合わせて技術的修正がなされ、その後2009年に同条約発効と共に法的拘束力を有するに至った。そして、欧州司法裁判所が実効的な法的保護を提供しているため、今日では原則として連邦憲法裁判所が連合法の基本法適合性について審査することはない。

(c) 家族法の欧州化の限界

以上のようなドイツ法と欧州法との関係において、特に構成国の法に対し優位する連合法上のアプローチによりドイツ家族法はどのような影響を受けるのだろうか。この点について、本書では2015年に公刊されたルドルフ・シュトラインツの「家族法の欧州化——連合法上のアプローチと憲法上の限界[75]」をもとに考察する。

---

(73)　詳細については、門田・前掲注(42)196-198頁参照。

(74)　ECそしてEC法による基本権保障と連邦憲法裁判所の態度の変遷については、門田・前掲注(41)196-203頁参照。

(75)　Streinz, Die europäisierung des Familienrechts- Unionsrechtsliche Ansätze und verfassungsrechtliche Grenzen, in; Hilbig-Lugani, Jacob, Masch, Reuß, Schmid（Hrsg.）, Festschrift für Dagmer Coester-Waltjen zum 70. Gebutrstag, 2015. 同論文の全訳については、拙訳「家族法の欧州化——連合法上のアプローチと憲法上の限界」比較法雑誌51巻3号（2017年）37-75頁参照。

第3章　憲法上の面会交流権の法的性質と主体

(i) 論文の背景

シュトラインツによりこの論文が書かれた背景としては、次の4点が挙げられる。まず、先述した「連合法の一般原則」や欧州人権条約内で定められた人権に相当する基本権は、同様に解釈・適用されなければならないが、より厚く保障することは妨げられないと定めているEU基本権憲章52条3項により構成国のみならず、EU自体に対し欧州人権条約との結びつきが存在していること[76]が挙げられる。次に、人の国境を越えた移動が構成国の異なる家族法の規律により妨げられぬよう、EUによる人の移動に伴う婚姻、離婚、出産等への対応を目的とした「一つの欧州家族法」をつくろうとする動きが存在していること[77]が挙げられる。更に、欧州統合に伴う憲法原理それ自体の変化の補正[78]が行われていること、最後に、構成国の民法秩序を存続させつつその近似化を進めてもなお、欧州化には連合法上の義務づけを超えた連合域内への影響力が存在していること[79]が挙げられる。EUが他人の国境を越えた行動が構成国の異なる家族法の規律により妨げられぬよう規律を行う場合、家族法特有の繊細さゆえに特に実体家族法の欧州化の憲法上の限界が問題となる。

シュトラインツは、「一つの欧州家族法」を目指す連合法のアプローチについて、それが国際手続法や抵触法の領域で成果を収めていると認めながらも、実体家族法もまたそのアプローチの影響を受けているとする。そして、「一つ

---

[76] EUの欧州人権条約への加入の試み及びそれに対する欧州司法裁判所の判断については、中西優美子「欧州人権条約加入に関するEU司法裁判所の判断——Opnion 2/13:ECLI:EU:C;2014:2454（2014年12月18日欧州司法裁判所意見）」一橋法学14巻3号（2015年）1213-1241頁参照。なお、現段階においてEUの欧州人権条約の拘束力は生じていない。EUによる基本権保障強化のあゆみと欧州人権条約の関係の詳細については、福王守「ドイツ基本法における『国際法への有効性原則』」駒沢女子大学研究紀要19号（2012年）28-32頁参照。

[77] この試みの例として、後述する規則が挙げられる。

[78] この概要については、三宅雄彦「ドイツの憲法変動論」憲法問題28号（2017年）64-66頁参照。

[79] Streinz, Grundlagen der Europäisierung der Zivilrechtsordnung, in;Brenreuther (Hrsg.), Festschrift für Urlich Spellenberg zum 70. Geburtstag, 2010, S. 745-763. 全訳については、ルドルフ・シュトラインツ（新井誠訳）『シュトラインツ教授論文集ドイツ法秩序の欧州化』（中央大学出版部、2014年）220-247頁参照。

の欧州家族法？(80)」という問いに対する答えは、「欧州法の規準、規準が適用される前提条件と憲法上の限界の間の緊張関係の調整」に見出さざるを得ないとしている(81)。この言葉の意味について、以下で詳しく見ていく。

(ⅱ) 連合法上のアプローチ及び構成国の家族法への影響

シュトラインツは、「連合法上のアプローチ」と題して次の6点を挙げている。

① EU運営条約81条という特別な権限根拠による司法協力を通じた構成国の法条文の平準化。

② 域内市場における物（商品）、人、サービス及び資本の自由の移動という4つの基本的自由のみならず連合市民権から導き出される「第5の基本的自由」による影響。

③ 個人の不平等な取り扱いが連合法上禁止されていること。

④ 連合市民権とそれに基づく権利、特に②とも関連する経済的な関連（EU運営条約21条）のない移動の自由が、家族法に及ぼす更なる影響。

⑤ EU基本権憲章が、家族に関する権利を含み（7、9、21、23、24及び25条）、かつ欧州司法裁判所が家族法に関連する権利の領域にまで、EU基本権憲章の適用領域を開く可能性があること。

⑥ 家族に関する権利（8、12条）及び欧州人権条約において認められる権利を差別なく保障する義務（14条）を扱った欧州人権条約の影響力。

以上の6点の関係は必ずしも明らかにされていないが、構成国の家族法が連合法上のアプローチによりどのような影響を受けるのかが明らかにされている。これら6点の詳細は以下（ⅰ～ⅳのとおりである。

（ⅰ ①について

EUはEU条約及びEU運営条約により、構成国から付与された権限の範囲のみにおいて行動することができ（権限付与の原則：EU運営条約5条2項）、EUの各機関は両条約において自己に付与された権限の範囲内で行動すること

---

(80) この問いは、民事法の泰斗であるケスター・ヴァルチェン自身が著した家族法の教科書で発したものである（Gerunhuber/Coester-Waltjen, Familienrecht, 6. Aufl., 2010, §2 Rn. 14f. 参照）。

(81) Streinz（Anm. 75）S. 271.

ができる（EU条約13条2項）。換言すれば、EUが立法あるいは第三国と国際条約を締結する場合には、EUに権限が付与されているという根拠、つまり法的根拠が必要となる。法的根拠条文は、法行為決定機関のみならずEUの法行為手続をも指定し、これらの条文を基礎にEUが法行為を採択する場合、その法は第二次法と呼ばれる。家族法の欧州化に対する特別な権限根拠は、EU運営条約81条である（規定内容の詳細については、後述する）。同条によりEUは国境を越える民事事件において裁判と裁判外の判断の相互の承認原則に基づく司法協力を展開する。この協働作業は、構成国の法条文の平準化のための「措置」命令も含むため、EU運営条約288条において認められた法設定形式（規則、命令、決定）が使えるようになる[82]。

家族法の分野における規制の例としていわゆるブリュッセルⅡa規則、ローマⅢ規則及び理事会規則（EG）2009年4号が挙げられる。しかし、構成国を拘束する規則を成立させることは容易ではない。EU運営条約81条で規定された措置は国際手続法と抵触法に限定されており、EUに実体家族法を規律する権限は存在しない（同条3項）が、実体家族法にとって、基本的自由と連合親権の影響及び欧州人権条約の影響力は、相当なものである[83]。

（ⅱ　②について

かつて欧州司法裁判所はドイツで開業しようとしていたギリシャ人が身分登録簿に自身の名をドイツ法に従いアルファベットで表記するよう官庁に命じられた問題について、彼の使命件について開業の自由（EU運営条約49条）に照らして判断し、結論としては連合法違反ではないとした[84]。この経済的な不利益の確認は、Garcia-Avello事件[85]において放棄された。そしてついに移動の自由を妨げられない「第5の基本的自由」を認めた判例が出た。これが、Grunkin-Paul事件[86]である。この事件について欧州司法裁判所は、子どもがデンマークにおいて適法に獲得した父母の結合性である名字を名乗ることをドイツ官庁が認めないことが、経済的な不利益に関係なくEU運営条約21条にお

---

(82)　a.aO., S. 275.
(83)　a.aO., S. 277 f.
(84)　EuGH 30.3.1993 C-168/9 – Konstantinidis.
(85)　EuGH2.10.2003 C-148/02 –Garcia-Avello.

Ⅱ　権利の主体

ける移動の自由を妨げるものであるとみなした[87]。

(ⅲ　③について

　条約における平等な取扱いの要請も、家族法に影響を及ぼす。そもそもたしかに、家族内の身分関係の規律は、構成国の権限の範疇にあるが、このことは構成国に対し、他の個人と比較される状況にある個人の不平等な取り扱いという連合法上の禁止を配慮することを免除することはない。その場合、婚姻と生活パートナーシップとの一般的な比較が問題となることはなく、むしろ具体的な状況の比較が問題となる。連合法上は義務づけられていない生活パートナーシップを構成国の国内法が婚姻と同等の立場に置く場合、特定の条約の適用領域において、問題となる生活パートナーシップの個人を婚姻している個人よりも劣ったものとして取り扱ってはならない。なぜならば、そのことは性的な思考に基づいた直接差別を意味しているためである。生活パートナーシップを一般に予定するか否かは、構成国に委ねられたままである。しかしこれが実現した暁には、平等な取り扱いの観点から、矛盾のないものでなければならない[88]。

(ⅳ　④について

　②の Grunkin-Paul 事件において明らかになった連合市民権が家族法に更なる影響を及ぼすこと、すなわち姓の承認拒否が移動の自由（EU 運営条約21条）を妨げることは、後述する Sayn-Wittgenstein 事件で裏づけられた[89]。

(ⅴ　⑤について

　法的拘束力を有し第一次法の地位を有する EU 基本権憲章も、家族に関する権利を含んでおり、これらの権利は構成国に「連合法を実施する時に」（51条1項1文）のみ義務づけられている。すなわち EU 基本権憲章は、構成国に対

---

(86)　EuGH 14.10.2008 C-353/06 Rn. 21 –Grunkin-Paul. この事件の詳細については、西連寺隆行「EU 法の最前線(110) 氏名の承認拒否と EU 市民の移動・居住の自由 C-353, 06, Grunkin［2008］ECR 1-未登載［2008年］10月14日先決裁定」貿易と関税57巻6号（2009年）71-75頁参照。

(87)　Streinz（Anm. 75）S. 178 f.

(88)　a.a.O., S. 279.

(89)　a.a.O., S. 280.

しては、構成国が連合法を実施する時にのみ適用されることを意味するために、この「構成国が連合法を実施する時のみ」という文言の解釈が問題となった。しかし、欧州司法裁判所は、当裁判所に持ち込まれた事案に対し連合法の「適用領域」は開かれているとした（Frasson事件[90]）。ここで示された適用領域は広範だった。まさに、家族法のような繊細な領域において、その適用領域の厳密な定義づけが要求された。既にこのための最初のアプローチは、欧州司法裁判所の判決において存在する[91]。

（ⅵ ⑥について

欧州人権条約8条（私生活と家族生活の尊重を求める権利）及び12条（婚姻をする権利）について、並びに全ての欧州人権条約において認められているような権利を差別なく保障する義務（14条）について扱った欧州人権裁判所の裁判の成果は、「欧州家族憲法」と称されていた。欧州人権裁判所が締約国でありかつ同時にEUの構成国でもある28の国全てが保証しなければならない最低限の水準を要請する限り、「欧州家族憲法」は、先述した当該諸権利に関して家族法の強調に貢献する。もっとも、欧州人権裁判所は、欧州司法裁判所が認めるそれよりも広い評価の余地を認めている。そのため連合法の規準は欧州人権裁判所の規準を超えることになる。この場合、欧州司法裁判所は28の構成国の法秩序を、欧州人権条約は47の締約国の法秩序を顧慮しなければならない。たしかに、同性のカップルの承認のように法が発展しているにもかかわらず確固としたコンセンサスが欠如している問題については、構成国は裁量の余地を有していなければならない。しかし、締約国の評価の余地をもってしても、欧州人権条約違反を回避できないとされた欧州人権条約裁判所判例も存在する、その例として、Menesson事件[92]が挙げられる[93]。

(iii) 家族法の欧州化の憲法上の限界

このように、構成国の家族法は、連合法上のアプローチ（ⅰ～（ⅵの影響を受

---

(90) EuGH, 7.5.2013 C-617/10 - Åkerberg Fransson.
(91) 詳細については、中西優美子「EU基本権憲章における構成国によるEU法の『実施』の意味（Shiragusa事件）(22)EU法における先決裁定手続に関する研究(9)Case S-206/13 Siragusa v. Regione Sicikia〔2014〕ECR I-nyr〔欧州司法裁判所2014.3.6先決裁定〕自治研究91巻1号（2015年）91-101頁参照。

Ⅱ　権利の主体

けることになる。これらのアプローチを通じた家族法の欧州化に対する憲法上の限界（なお、ここでいう「憲法上の限界」とは、構成国の憲法上の限界を指すと思われる）を、シュトラインツは 2 つ挙げている。一つ目は、ドイツのリスボン判決[94]をはじめとする連邦憲法裁判所の裁判である。リスボン判決では、先述した EU 運営条約81条で規定された家族法（EU の事項における連邦議会及び連邦参議院の権利の拡張及び強化に関する法律）の合憲性が問題となった。EU 運営条約81条は、「国境を越える関連を有する」家族に関する特別立法手続（理事会の全会一致）について、条約改正手続を通常立法手続（特定多数決）事項へ移行することを認めた「橋渡し条項」（ 3 項 2 文）を定めている。そして、この採択手続に構成国の国内議会も関与することを認めている（ 3 項 3 文：拒否権）。このような EU 運営条約81条 3 項は、構成国の家族法にとって「安全装置」としての重要な役割を果たしている。この拒否権に関連してドイツの拡張法では特定多数決への意向の場合における連邦議会と連邦参議院の関与を規定してはいた。しかし、両機関が EU での提案に反対する場合に限って、それぞれ評決の過半数ごとの拒否権が認められるに過ぎなかった（同法 1 条 §4　 6 項）。リスボン判決において連邦憲法裁判所は、マーストリヒト判決において展開した「国家結合（Staatsverbund）理論[95]」という概念を、次のような形で具体化した。すなわち、国家結合とは、「緊密で、継続的なものとされる主

---

(92) EGMR 26.6. 2014 Nr. 65192/11 – Menesson/Frankreich. フランス法は代理母の利用を禁止していたため、子どもを望む夫婦は代理母制度が存在する国に渡航し子どもをもうけていた。申立人は外国（USA）において適法な代理母制度を利用し子どもをもうけた夫婦である。アメリカでは代理懐胎を望む親と子どもとの間に親子関係が認められた。しかし、フランス当局はこれを認めなかったために、子どもはフランス国民になることが認められなかった。欧州人権裁判所はこれを、もはや締約国の評価の余地によってカバーすることはできないとみなした。この事件の詳細については、建石真公子「ジェンダーと文化多様性　第 1 章「生殖補助医療における『国際人権規範』と『文化の多様性』」北村泰三・西海真樹著『文化多様性と国際法』（中央大学出版部、2016年）202-213頁参照。

(93) Streinz（Anm. 75）S. 281.

(94) リスボン判決、BVerfGE 123, 267.

(95) マーストリヒト条約判決、BVerfGE 89, 155（184）.

第3章　憲法上の面会交流権の法的性質と主体

権の存ずる国家間の結びつき」を意味するが、「その結合は、条約を基盤として公権力を行使する。その権力の基本秩序は、けれども、もっぱら構成国の意の下にあり、そこでは、構成国の国民——つまり、国籍をもつ市民が、依然として民主的正当化の主体である[96]」。連邦憲法裁判所は、それゆえ、欧州の統合の実現は、「構成国において経済的、文化的そして社会的生活関係を政治的に形成するための余地がもはや十分には存在しないように実現されてはならない。[97]」とした。そのことは、「特に、市民の生活環境とりわけ基本権により保護された自己責任及び個人的・社会的安全という指摘な範囲を形成する領域について並びに特に文化、歴史及び言語上の前提理解に依拠し、かつ政党政治及び議会により組織され政治的に開かれた場で論証的に展開される政治的意思決定の領域」に妥当する[98]。これによれば、それゆえ、「重要な保護領域」に、「家族関係及び教育（Bildung）の形成」も属する[99]。このような判断に基づき、連邦憲法裁判所はEU運営条約81条3項のいわゆる「橋渡し条項」決議に関する国内議会の関与を定めた付随立法を、連邦議会及び連邦参議院の関与権が必要な範囲内で定められていないために違憲であると判断した。

この違憲判決をうけ、新たな付随立法である「EUの事項における連邦議会及び連邦参議院の統合責任の引き受けに関する法律（欧州統合責任法）」（BGBl. I S. 3022）が成立した。これによれば、理事会におけるドイツ代表者（EU運営条約16条2項）の同意あるいは棄権（棄権は結果的に、同意と同じ効果を持つ。EU運営条約238条4項参照）は、基本法23条1項2文に適した方による授権を必要とする（欧州統合責任法4条2項）。

シュトラインツは、リスボン判決はEUへの高権移譲の限界という問題を提起したと評価している[100]。もっとも、欧州統合において構成国に留保されるべき権限として本判決が挙げる家族・教育関係がなぜEUへの権限移譲から除外されるのかは本判決からは必ずしも明らかではない[101]。この問題について、

---

(96)　リスボン判決、BVerfGE 123, 267（267 f., LS2a）.
(97)　リスボン判決、BVerfGE 123, 267（267 f., LS3）.
(98)　リスボン判決、BVerfGE 123, 267（267 f., LS3）.
(99)　リスボン判決 BVerfGE 123, 267（358）.
(100)　Streinz（Anm. 79）S. 282.

例えば、連邦憲法裁判所の裁判官を経験したブリッツは、リスボン判決が補完性の原則（EU条約5条3項(102)）を明らかにしたものであると分析している(103)。また、ペーター・ヘーベルレは、基本法6条1項の「家族」概念は開かれた概念であり、今日では「子どもが存在するいたるところに家族が存在する」とされること、決定的な（「政治的な」）要素は憲法国家の発展史において看過されるべきではないことを述べ、まさに連邦憲法裁判所はリスボン判決をはじめとしてその点について重大な原則判決を下した(104)と評価している。シュトラインツ自身はリスボン判決が示しているように、「家族に関係する法律」に関連して登録された生活パートナーシップに関する法律」（以下では、「生活パートナーシップ法」とする）の問題について次のように述べている。

　家族法に関して連邦憲法裁判所は、生活パートナーシップ法が憲法上許されるとして以来、欧州の傾向に倣っている。立法者の形成の自由が制約されるのは、婚姻とは異なる生活形式、つまり生活パートナーシップ制度の創設によって、婚姻と比較可能な状況において、生活パートナーシップを婚姻と異なるように取り扱ってはならないという帰結が基本法3条1項から導き出される場合に限られる。この時、連邦憲法裁判所は、欧州司法裁判所及び欧州人権裁判所の判決に立ち入る。その結果、家族法は、構成国における重大な差異を考慮し

---

(101) この点を批判する門田孝は、次のように述べる。
「本判決による留保事項の列挙は、憲法原理に沿った法解釈ではなく、むしろ政策判断ないし政治的ご都合主義の所産であって、裁判所は、現に構成国が排他的若しくは支配的に権限を保持している事項を単に列挙したにすぎず、この解釈によると現在の立法権の配分を将来にわたって固定化してしまいかねない。」（門田孝「ドイツ憲法判例研究(165) 欧州統合に対する憲法的統制——リスボン条約判決」自治研究91巻1号［2015年］148頁）。

(102) 補完性の原則とは、マーストリヒト条約によるEC条約の改正により、当時のECの権限が拡大され、ECの活動範囲が広がることになったことに対して構成国が現在のEUの隠れた権限拡大を防ぐために権限に関する原則を導入又は強化したうちの一つである。同原則はEUが構成国国家、地域・地方レベルでの決定を尊重することを意味する（中西優美子『EU法』［新世社、2012年］8、107頁）。

(103) Britz, Vom kulturellen Vorbehalt zum Kulturvorbehalt in der Bundesverfassungsgerichtlichen Demokratietheorie des Lisabbon-Urteils?, EuR-Beih, 2010, S. 151.

(104) Haberle, Intergretationskraft der Verfassung, in:Kube (Hrsg.), Leitgedanken des Rechts, Paul Kirchhof zum 70. Gebutstag. Band. I 2013, S. 162.

第3章　憲法上の面会交流権の法的性質と主体

て、構成国に広い裁量の余地を与えている欧州法の規準の範囲で、民主的に正当と認められる立法者によって展開される。その時、この立法者は、広い形成裁量を認める基本法6条の制度的保障と原則規範の範囲で、緊密なそして激しく相対立する、政治的かつまた法学上の議論に従い家族法を展開することになる。そのことは、連邦憲法裁判所がリスボン判決において要求したことに合致する(105)。

シュトラインツの挙げる家族法の欧州化に対する憲法上の限界の2つ目は、連合法上の概念である、構成国の憲法において表現された国家のアイデンティティ（国家的アイデンティティ）である。その具体的な内容は、構成国の自己理解から生じ、国家の憲法によりその輪郭が描かれる。国家のアイデンティティは、構成国の政治的または憲法的な基本構造に固有のものであるとされる。そして、その対象は構成国の国家組織法のみならず、政治、社会、そして文化の特性にまで及ぶ(106)。EUはこの構成国の憲法において表現された国家のアイデンティティの尊重義務を負う（EU条約4条2項）。この尊重義務が問題になるのは、移譲された権限が過剰に行使され、あるいは特に基本的自由と差別禁止といった連合法自体が、構成国の権限の範疇にある家族法に影響を与えるときである。

先述したリスボン判決において、連邦憲法裁判所は、主権的国家の喪失につながるような授権は基本法によっては不可能であることを明確にし、そのさいに構成国こそが条約の主人であることを確認した。また、EUが権限付与の原則や憲法アイデンティティを侵害する場合には、連邦憲法裁判所が権限踰越コントロールに加え、基本法における憲法アイデンティティコントロールを行い、EUの法行為を審査することを宣言した(107)。この「ドイツ連邦憲法裁判所の投げかけたEU法へのアイデンティティコントロールというボールに対して、欧州司法裁判所が応えた(108)」とも見える欧州司法裁判所の先決裁定、Sayn-Wittgenstein事件(109)では、先述したEU条約4条2項が援用された。

---

(105) Streinz（Anm. 75）S. 283 f.
(106) Streinz, EUV/AEUV-Kommentar, 2. Aufl., 2011, EUV Art. 4 Rn. 14.
(107) 中西優美子「EU法の最前線(118)ドイツ連邦憲法裁判所によるEUリスボン条約判決［BVerfG, 2 BvE 2/08 vom 2009.6.30］」貿易と関税58巻2号（2010年）68頁。

Ⅱ　権利の主体

　元々オーストリアでは、1919年に「貴族、世俗騎士団及び夫人団並びに一定の照合及び位階の廃止に関する法律（以下では「貴族廃止法」とする）」によって、貴族姓が廃止されている。同法は、現行のオーストリア憲法149条１項により、憲法法律として憲法の地位が認められ、改姓手続等で憲法と同等とされている。本件の原告であるオーストリア人は、移動先であるドイツでの養子縁組によって、貴族姓を取得した。その姓はいったんオーストリアの身分登録簿に登録されたが、後にオーストリアの管轄官庁は、貴族廃止法に基づいて身分登録簿に記載された原告の貴族姓を訂正した。この処分が、欧州市民の自由に移動する権利（EU運営条約21条）の違法な制限にあたるかどうかが争われたが、欧州司法裁判所は、氏名法を含む家族法について構成国——本件ではオーストリア——が、憲法において表現された自国のアイデンティティを適用することを受け容れた[110, 111]。

　ここまで見てきたように家族法の欧州化——その中で構成国の家族法は特に連合市民権と欧州人権条約でも保障される平等な取扱いの要請を受ける——は進展しているにもかかわらず、シュトラインツは家族法が依然として法文化の違いによって特徴づけられる事項の一つであることを強調している[112]。

　(iv)　面会交流権との関係

　先述したブリュッセルⅡa規則は、その後欧州司法裁判所・欧州人権裁判所の関連判例を反映しつつ、内容的に新たな方向性を示すブリュッセルⅡb規

---

(108)　中西康「EU法の最前線(153)　氏名とEU市民権」貿易と関税61巻１号（2013年）86頁。

(109)　EuGH 22.12.2010 C-208/09-Iloka Sayn-Wittgenstein/Kandeshauptmann von Wien.

(110)　本件の概要については、中西・前掲注(108)91-86頁参照。なお、EU市民の氏に関する欧州司法裁判所の判例の展開については、林貴美「EU国際私法における承認原則」国際私法年報18号（2016年）4-10頁参照。

(111)　しかし、シュトラインツ自身は、この事例は特殊な事例であるとして、一般化することについては慎重な態度をとる（Streinz［Anm. 75］S. 285）。もっとも、このEU条約４条２項による構成国の憲法アイデンティティの連合による尊重義務に関する判例は本書で検討したシュトラインツによる論文刊行以降も蓄積されている。この点については、稿を改めて検討したい。

(112)　Streinz（Anm. 75）S. 285.

則へと移行した。同規則は、EU 構成国間での国際的な子どもの奪取の場合の協力を、他のハーグ条約締約国よりも緊密にしている点に特徴がある(113)。すなわち、その適用範囲をクロス・ボーダの事件に限定して、①EU 域内において複数の構成国が関係する事件において、どの国の裁判所が、婚姻事件、親責任事件及び子の連れ去り事件について管轄権を有するか、また、②ある構成国内で言い渡された裁判が、他の構成国において承認され、執行される、ということをより明確化している。具体的には、国境を跨がる子どもの連れ去り事件をより早期に解決すること、子どもの返還手続において子どもの意見聴取を確実に実施すること（監護権問題や国際的な子どもの奪取事件において、手続中に子どもが自らの意見を表明する機会も与えている）、③他の構成国において裁判の実効的な執行を確保すること、④構成国間において権限ある当局の協力（態勢）を改善すること、⑤公の証書及び合意を構成国間でスムーズに流通させるためのルールを明確化すること（法的分離や離婚、親としての責任に関する正式な文書や協定を構成国間で流通させることの促進）を内容とする。そして、面会交流のみを認める裁判と子の返還を命ずる裁判に関しては、改正規則は、他の裁判とは区別して特別な取扱いをしている。現行規則においても基本的に同じような取扱いをしているが、より精確な規律になっている(114)。

　また、面会交流権と EU 法との関係を検討する上で欠かせない要素として、EU 基本権憲章24条 3 項が挙げられる。同項は、「全ての子どもは、自らの利益に反する場合を除き、定期的に自分の両親と個人的な関係を維持し、直接接触する権利を有するものとする。」としており、同条文は子どもと父母それぞれの「個人的関係」(relationship personnelles) 及び「直接の接触」(contacts directs) を保護するものである。関係や接触は「定期的に」("régulièrement") 行われなければならない。基本権を履行する義務を負う者が、子どもの個人的関係や親との接触を制限する場合、24条 3 項で保障される権利が侵害されるこ

---

(113)　中西康「第14章　自由、安全および司法の領域(1)　民事司法協力」中西由美子編著『EU 政策法講義』（信山社、2022年）216頁。

(114)　詳細については、春日偉知郎「家庭関係事件の裁判の承認及び執行をめぐる欧州連合（EU）の新たな試み──ブリュッセル IIa 規則の全面改正と1980年ハーグ条約（子の返還手続）への対応」関西大學法學論集70巻 4 号（2020年）678-679頁参照。

Ⅱ　権利の主体

とになる。特に深刻な妨害は、子どもが父母の一方または両方から引き離されることである。EUにとって、特にEU運営条約81条に従い、国境を越えて影響を及ぼす民法の分野で規制が行われる場合、EU基本権憲章24条3項が適用される。更に3項は、締約国に親子の面会交流について積極的な措置をとるよう義務付けている[115]。同項は、ドイツにおいて面会交流権の保障が手厚い要因の一つとして位置付けられよう。

(d) 子どもの権利条約

欧州人権条約とEU法はドイツ特有の問題と位置づけて差し支えないようにみえるが、子どもの権利条約をはじめその他の国際法の扱いについてはどうなっているのだろうか。この点について、本書ではわが国でもドイツでも「憲法上の親の権利」にとって重要な子どもの権利条約をめぐる議論をもって確認したい。

ドイツでは第2章で見たように、憲法改正のプロセスをもって「子どもの権利（Kinderrecht）」それ自体を憲法テクストに編入しようとする動きがある[116]。その議論とも関連して、「現行憲法（de constitutione lata）あるいは将来の憲法に従う形で（de constitutione ferenda）憲法改正いいかえれば1989年の子どもの権利条約による憲法理解が生じる[117]」かが問題になる。連邦憲法裁判所の見解は一貫しないながらも、欧州人権条約よりは弱い形で憲法理解に影響を与えるものとして子どもの権利条約が解釈あるいは適用される傾向はあるとされている[118]。

そもそもドイツにおいて、条約の効力は、次のように解されている。

条約は、基本法59条[119]に基づく変形を通じてのみ効力を有する[120]。そし

---

[115]　Jarass, Charta der Grundrechte der EU, Aufl. 4, 2021, Rn. 19-21.

[116]　詳細については、結城忠『ドイツの学校法制と学校法学』（信山社、2019年）265頁以下参照。

[117]　Jestaedt, Kindesrecht zwischen Elternverantwortung und Staatsverantwortung, Brühler Schriften zum Famiilienrecht Band 19, 2016, S. 89.

[118]　a.a.O., S. 89.

[119]　「59条【国際法上の代表権、条約締結権】

① 連邦大統領は、国際法上連邦を代表する。連邦大統領は、連邦の名において、外国と条約と締結する。連邦大統領は、［外国の］使節を信認し接受する。

第 3 章　憲法上の面会交流権の法的性質と主体

て、一部の連邦憲法裁判所決定は、この理解に基づいて、子どもの権利条約における保障を遵守する国家の義務を導き出し、基本法の基本権並びに憲法原則の内容及び範囲を決定するための解釈補助となることを強調している(121)。

ここで挙げた連邦憲法裁判所部会の判断は、犯行時に少年であった憲法異議申立人を、精神病院に継続して収容したこと(122)に関するものであり、刑法63条(123)及び67d条(124)の合憲性が争点となったものである。同部会は、刑法63条及び67d条が基本法104条1項と結びついた2条第2文に違反しないと判断する過程で子どもの権利条約37(a)条（「締約国は、次のことを確保する。(a)いかなる児童も、拷問又は他の残虐な、非人道的な若しくは品位を傷つける取扱い若しくは刑罰を受けないこと。死刑又は釈放の可能性がない終身刑は、18歳未満の者が

---

　　② 連邦の政治的関係を規律し、または、連邦の立法の対象に係る条約は、それぞれ連邦の立法について権限を有する機関の、連邦法律の形式での承認または協力を必要とする。行政協定については、連邦行政に関する規定を準用する」。
(120)　畑尻剛・工藤達朗編『ドイツの憲法裁判〔第2版〕』（信山社、2013年）79頁。
(121)　Bender, in:Hofmann (Hrsg.), Ausländerrecht 2. Aufl., 2016, Vorbemerkung vor §1 AufenthG, Rn. 21. もっとも、この見解はドイツ憲法学の多数説と目すことはできないと思われる。多数説は、欧州人権条約及び欧州人権裁判所判例の判例についてのみ、連邦憲法裁判所は「基本法の国際法親和性」に言及し、「基本法上基本権並びに憲法上の原則の内容及範囲を決定するための解釈の補助として、用いることができる」としてきたととらえる (Jestaedt [Anm. 16] S. 359)。このような見解の相違は、前説が本文で述べる連邦憲法裁判所部会決定 (BVerfG(K) 05.07.2013 - 2 BvR 708/12) に注目しているのに対し、後者はいずれも基本法解釈における欧州人権条約及び欧州人権裁判所の判例の位置づけが問題となった一連の判例 (BVerfGE 111, 307 [315 ff.]; 128, 326 [366 ff.]; 148, 296 [350 ff.]) に注目したことに端を発する。
(122)　ドイツ刑法では、少年、つまり所為時に14歳には達していたが18歳に至っていなかった者（少年裁判所法1条2項）は、「その者の倫理的精神的発育が、所為の不法を洞察しその洞察に従って行動するのに十分である場合に」のみ答責性を認められる（少年法3条1文）。少年の弁別能力あるいは行動制御能力が欠けているために少年の責任が欠如する場合、あるいは、裁判官がその可能性を排除できなかった場合には、教育のための処分をいい渡すことができる（同法3条2文）。たとえ少年が刑法上答責的とされても、その所為は、専ら少年のために用意された法効果をもたらす。裁判所は処分について、精神病院送致、禁断治療施設 (Entziehungsanstalt) 送致、保護観察と免許剥奪（刑法61条1、2、4及び5号）のみを少年については命じることができる（同法7条）。

行った犯罪について科さないこと」。）に言及した。

　「当裁判所は、立法府が、囚人の自由に対する主張の重大性に鑑み、刑法63条に基づく措置の執行について、原則として基本法104条1項と結びついた2条2文におうじた特別規定を設けていると既に判断している……。

　異議申立人の見解とは相反するが、これらの条文に反することは、子どもの権利条約37条(a)からも少年受刑者について生じることはない。

　子どもの権利条約は、1992年2月17日の連邦議会の決定により、法律としての地位を有する……。基本法の基本権と憲法上の原則の内容と範囲を決定するための解釈の補助として、用いることができる（さらなる参考文献として、BVerfGE 111, 307 [317]; 128, 282 [306]; 326 [368] を参照）。しかし、そのためには、基本法の記述と子どもの権利条約の記述を型どおりに並列化するのではなく、方法論的に正当化され、基本法の規定と両立する限りにおいて、それらの評価を取り入れる必要がある（BVerfGE 111, 307 [317]; 128, 326 [371f.] 参照）」。

　同決定は、先述したヨーロッパ人権裁判所の正当な評価（EGMR-Würdigung）」決定（BVerfGE 111, 307）等を引用し、子どもの権利条約にも欧州人権条約と基本法解釈の関係がそのままあてはまると解釈したようである。しかし、

---

(123)　「刑法63条［精神病院への収容］
　　何人も責任能力欠如（20条）または限定責任能力（21条）の状態で違法行為を行った場合、裁判所は、行為者とその行為を総合的に判断した結果、その状態から重大な違法行為が予想され、その結果被害者が精神的・身体的に著しく傷つき、または著しく危険にさらされ、あるいは重大な経済的損害が生じており、そのため一般社会にとって危険であることが判明した場合には精神病院への入院を命ずる。犯した違法行為が前文の意味における重要な行為でない場合、裁判所は、犯罪者がその状態の結果としてそのような重要な不法行為を犯すと予想することを正当化する特別な事情がある場合にのみ、このような命令を行う。」

(124)　「刑法67d条［収容期間］
　(1) 保護施設への入所は、2年を超えないものとする。期間は、収容開始時からとする。（中略）
　(2) 最長期間の定めがない場合又は期間が満了していない場合において、裁判所は、保護観察に付された者が矯正施設の外においてもはや著しい違法行為を行わないことが予想されるときは、保護観察に付された処分の執行を更に停止しなければならない（以下略）」。

その後同決定に続く連邦憲法裁判所判決は確認できない。それゆえ、同決定はあくまでも例外と位置付けることとらえることもできよう。

けれども、同決定は、わが国の先行研究において明らかにされたドイツの「憲法解釈において『国際法親和的解釈』が可能となる場合は、決して多くなく、実際上は、人権法、とりわけ欧州人権条約に限定される(125)」傾向を示しながらも、欧州人権条約でなく、日本も批准している子どもの権利条約の司法機関における取扱いを示した貴重な事例である。

(d) 小括及びわが国とドイツの差異

ドイツでは家族法が連合法上のアプローチにより欧州化しているが、欧州法学者により少なくとも①連邦議会の政治的形成の自由の維持（高権移譲の限界）、②構成国の国家のアイデンティティという憲法上の限界が示されている。また、家族法は依然として一国の法文化の違いによって特徴づけられる事項の一つであることが強調されている。その一方でドイツでは、「EUの優等生」「欧州人権条約の遵守の優等生」として、欧州法の規準を司法アプローチ及び立法アプローチ(126)に取り入れている。ここで取り扱う生物学上の父の面会交流権は、立法アプローチの典型例といえよう。このような傾向に対し、基本法6条における「婚姻」や「家族」像の変容が危惧され、とりわけ、いわゆる2人親原則の崩壊が危惧されることになろう（詳細については、後に述べる）。

こうしたドイツの議論はドイツがEUの構成国であり、かつ欧州人権条約の締約国であるというわが国とは異なる状況にあることを示している。また、広渡清吾が指摘しているわが国とドイツの家族法を比較するさいの留意点も考慮

---

(125) 山田・前掲注(59)409頁。なお、その後外国人児童婚無効規定性の違憲性を争う訴訟において連邦憲法裁判所による子どもの権利条約への言及が確認できる（BVerfG, 1. 2. 2023, NJW 2023, 1494 ［1506 ff.］。同決定についての検討は他稿にゆずる。

(126) この例として、生活パートナーシップをめぐる事案が挙げられる。連邦憲法裁判所は、生活パートナーシップの公務員の遺族年金事件において、平等審査の審査密度を上げるさいに、欧州法の規準を用いた（BVerfGE124, 199 ［222］）。ここでは、この審査基準の厳格化をもたらす根拠として、欧州共同体設立条約13条及びEU基本権憲章21条1項が、性的な指向を差別禁止の領域に含めていることや、欧州人権裁判所が、性的な指向に基づく区別をするにあたっては、性別に基づく区別とまったく同様に正当化するものとして「確固たる根拠」を要求していることが挙げられた。

しなければならない。すなわち、わが国の戦後家族法改革は、日本国憲法が規定した個人の尊厳と男女の本質的平等の原理を理念的に体現し、そこにおいて社会の実情よりも法の在り方が先行し、法によって家族の実情を改革するという関係がみられた。これに対しドイツの場合は、戦後家族法改革に手がつけられず、戦後社会の進展に伴い法制度と現実の矛盾が生じ、これによって新しい家族法を求める社会的エネルギーが蓄積され、次第に家族法改革を促していった。わが国の家族法規定はかつてドイツよりも先進的であったにもかかわらず「社会の具体的な矛盾とそこから生ずるエネルギーが立法者を動かし、家族法を改革するという経路」を経験したことがないために社会変化に応じた家族法改革が立ち遅れた状態にあるのに対し、ドイツは先述した事情により社会変化に応じた家族法改革が進展しているのである[127]。

　もっとも、子どもの権利条約のように、わが国も批准している国際人権法についてもドイツでは連邦憲法裁判所において基本法解釈補助となる可能性が示唆されていることは注目すべきであろう。実際にわが国において、国際人権条約に関してここまで見てきたドイツの国際法親和性原則に基づいて展開されてきた内容を憲法98条2項の「誠実に遵守すること」の具体化として引き受けることができるとする見解[128]もある。しかし、仮にドイツを比較対象にするとしても、両国の統治構造等の差異に着目する必要性が示唆されており[129]、今後の議論の行方に注目したいところである。

　家族法の欧州化が進むドイツと比較すると、再婚禁止期間[130]・夫婦同姓制度違憲訴訟[131]における2015年最高裁判所判決の多数意見にみるように、わが国の司法機関（特に最高裁判所）が家族法に関して憲法解釈をする際にドイツ

---

(127) 広渡清吾「『憲法13条個人の尊厳と家族像――選択的夫婦別姓・相続分差別決定と家族の形』について　ドイツ法の視点からのコメント」日本女性法律家協会会報52号（2014年）34頁参照。
(128) 齊藤・前掲注(59) 7頁。
(129) 近年の研究成果としては、山田・前掲注(59)、手塚崇聡『司法権の国際化と憲法解釈』（法律文化社、2018年）、そして松田浩道『国際法と憲法秩序』（東京大学出版会、2020年）が挙げられる。
(130) 最大判2015（平27）年12月16日民集69巻8号2427頁。
(131) 最大判2015（平27）年12月16日民集69巻8号2586頁。

第 3 章　憲法上の面会交流権の法的性質と主体

程積極的に国際人権法を取り上げないことや立法機関が国際人権法を立法化しない現状(132)は消極的と映るかもしれない。しかし、この点については、先述したドイツとわが国の違いを考慮しなければならない。こうしたドイツの家族法の欧州化が、憲法上の面会交流権の権利重視の傾向に影響を与えているということもできよう。

しかし、かような考察をもって、わが国における憲法解釈への国際人権法の取入れに消極的になることはない。たしかにドイツでは、ドイツ家族法の変容に対し憲法上の限界が示唆されているが、欧州法と直接かかわりのないわが国でかような限界が存在するのかについては慎重に検討しなければならない。

なお、わが国の司法機関における子どもの権利条約の扱いについて、2021年に名古屋地方裁判所が、「子どもの権利条約3条1項を直接引用して、『子どもの最善の利益』の内容を説き起こし、児童福祉法以下の国内法令の解釈基準として子どもの権利条約を稼働させた(133)」。同判決（名古屋地判2021［令3］年3月30日判時2518号84頁）を以下で取りあげることにより、わが国の子どもの権利条約の活用状況についても、確認しておきたい。なぜならば、結論でみるように、子どもの権利条約の趣旨を組み込む形で2016年に改正された児童福祉法を媒介に、同条約の活用が公権力による面会交流制限の場面で進んでいるように見えるからである。

本件は、名古屋市中区にある名古屋教会幼稚園の園児、園児保護者、教職員、園長らが原告として、隣接地に建築された15階建てマンションによる日照阻害、風害等のため、マンション5階以上の取壊と損害賠償を求めた事件である。原告園児らは権利主張の中で子どもの権利条約を引用し、子どもの発達権や遊ぶ

---

(132) 先に挙げた2つの判決とは異なり、非嫡出子相続分違憲決定や国籍法違憲判決は、国際人権法に言及し注目を集めた。しかし、これらの判決において「人権条約や条約機関の勧告等が参照されているのは、主として立法事実の変化を基礎付ける事情としてであって、立法府や裁判所を拘束する法規範としてではない。国際人権法が法規範ではなく、立法事実として扱われているのである」（曽我部真裕「『人権法』という発想」法学教室482号［2020年］76頁）。なお、最高裁判所が行っているとされる「参照」という用語の多義性については、手塚・前掲注(129)6-8頁を参照。

(133) 丹羽徹・清田雄治「名古屋地方裁判所2021年3月30日建築工事差止等請求事件判決：子どもの権利条約の幼稚園児への適用事例」龍谷法学55巻2号（2022年）498頁。

権利の侵害を訴えた。同地裁は2021年3月30日に原告教会による牧師館解体・取壊に関する損害賠償を認容し、日照等については受忍限度を超えていないとして棄却の判決を下した。原告側被告側双方とも控訴せず、判決は確定した。

本判決は、次のように述べている。

まず、本判決は、被告の建設するマンションによる日照権侵害について、「子どもらの権利については十分な配慮を行うことが必要であることを考慮しつつ、上記受忍限度論の枠組みの中で権利侵害の有無を判断するのが相当」であると判断した。つまり、受忍限度を判断する考慮要素に、子どもの「最善の利益」を組み入れた。そして、原告園児らの被侵害利益を確定するに当たって、次のように子どもの権利条約3条1項を明示的に適用したのである。

「児童の権利に関する条約（子どもの権利条約）は、子どもの基本的な人権を国際的に保障するために定められた条約であり、既に発効済みの条約であって、我が国も批准している。同条約3条1項には『児童に関するすべての措置をとるに当たっては、公的若しくは私的な社会福祉施設、裁判所、行政当局又は立法機関のいずれによって行われるものであっても、児童の最善の利益が主として考慮されるものとする』と規定されており、同趣旨に基づき、我が国も児童の最善の利益を考慮した施策を実施する責務を負っているといえる」。

「そして、児童福祉法には『全て国民は、児童が……社会のあらゆる分野において、児童の年齢及び発達の程度に応じて、その意見が尊重され、その最善の利益が優先して考慮され、心身ともに健やかに育成されるよう努めなければならない。』（2条）、『前2条に規定するところは、児童の福祉を保障するための原理であり、この原理は、すべて児童に関する法令の施行にあたって、常に尊重されなければならない』（3条）と規定されており、児童には最善の利益が保障されなければならないとの趣旨は、本件において、日照阻害等が受忍限度を超えるか否かを判断するに際しでも考慮すべきものであると解される」。

「また、幼稚園は、幼児を保育し、幼児の健やかな成長のために適当な環境を与えて、その心身の発達を助長することを目的とする施設であり（学校教育法22条）、学校教育法施行規則38条の規定を受けて定められた幼稚園教育要領（平成29年文部科学省告示第62号）には、幼児教育における注意事項として、心と体の健康は、相互に密接な関連があるものであることを踏まえ、十分に体を

動かす気持ちよさを体験し、自ら体を動かそうとする意欲が育つようにすること、様々な遊びの中で、体を動かす楽しさを味わい、自分の体を大切にしようとする気持ちが育つようにすること、自然の中で伸び伸びと体を動かして遊ぶことにより、体の諸機能の発達が促されることに留意し、昨今、屋内での遊びの環境が充実化し、戸外で遊ぶ機会が減少していることを受けて、幼児の興味や関心が戸外にも向くようにすることなどが明記されている（同要領第２章参照）。子どもらが戸外での十分な活動を行うことがその心身の健全な発育にとって重要であることは広く一般に認められているところであり、園児らが戸外である園庭において遊びを行うことも、上記幼稚園教育要領に適合するものである。そして、充実した戸外での遊びの環境を実現するには、戸外における適切な環境、園庭における適切な環境が整備・確保されることが必要不可欠である。この意味で、園児らは、第三者がみだりに侵害することは許されない法的利益として、適切な保育環境が整備された状況下での保育を享受する利益を有しているといえる」。

「本件における園庭の日照阻害等が受忍限度を超えるか否かを判断するに際しても、原告園児らが上記利益を有することを考慮すべきものである」。

以上が本判決の判旨である。本判決は、従来議論されてきた直接適用／間接適用の二分論を用いるならば、一見直接適用に見えないこともない。しかし、よく見てみると、「判決は子どもの権利条約を本事件に適用し、さらに関連国内法規によってそれを内容充填するという判断を示したと見ることができる。つまり、形式的側面から見れば子どもの権利条約の『間接適用』と把握することができるが、実質的には条約の『直接適用』と解することができると思われる。(134)」という清田雄治の分析に見られる通り、少なくとも形式的には間接適用にとどまってはいるものの、本件の考慮要素の一つとして、子どもの権利条約を活かすことに成功したとみられる(135)。

先述した通り最高裁判所の「参照」とは異なる、「直接適用」ともとれる手法をとったこの判断は、同条約のうち自動執行性を有するとされる子どもの権

---

(134) 清田雄治「幼稚園児への『子どもの権利条約』の適用可能性——名古屋地方裁判所2021年判決における『子どもの権利条約』の適用・解釈」鈴鹿大学教職教育センター紀要第三号（2022年）32頁。

利条約3条1項の司法機関における取扱いという問題を提起している。「子どもの最善の利益」（＝［絶対的・］子どもの福祉）原則は裁判所で直接適用できる、とするのが子どもの権利委員会の見解である(136)。しかし、わが国の司法機関におけるその直接適用の作法すら、学説・判例では確立されていない(137)。

それでも、児童福祉法改正をはじめ立法による条約の取入れは進んでいる。この点は積極的に評価した上で、改めて司法機関での条約の取扱いの作法が問われるべきである。

以上の点を踏まえて、生物学上の父の面会交流権の立法化の流れを追う。

(7) 生物学上の父の面会交流権は親の権利として根拠づけられるか
(a) 2003年決定の評価

先に見た通り、2003年の連邦憲法裁判所は、生物学上の父の面会交流「権」は、基本法6条2項よりむしろ6条1項の問題であるとした。そして、生物学上の父が子どもと社会的－家族的関係が存在し、あるいは存在していた場合であっても、彼を面会交流権者に含めていない限りで、民法1685条は基本法6条1項に反するとした。民法は親子法関係法改正前に、「父との直接の（persönlich）交流が子どもの福祉に奉仕する場合、後見裁判所は父に直接交流権限を付与することを判断することができる」（旧民法1711条2項。ここでは生物学上の父が子どもと社会的関係を有するあるいは有していたことが条件とされる）(138)と

---

(135) このような手法を可能とした要因の一つとしては、先述した2016年の児童福祉法改正が考えられる。つまり、棟居快行による、「特定の政策課題を実現する手段として法令を用いる場合どのように課題を認識し手段に落とし込んでいくか、という立法過程を総称」した「立法ネットワーク」（棟居快行「第5章　国際人権条約と国内法ネットワークの自己組織化——障害者差別解消法の成立を契機として」『憲法の原理と解釈』［信山社、2020年］91頁）による、子どもの権利条約の受容が司法判断に影響を及ぼしているのではないか、と考えられる。この点については、稿を改めて検討したい。

(136) 詳細については、佐々木幸寿「『子どもの最善の利益』の概念」東京学芸大学紀要総合教育科学系71巻1号（2020年）1-16頁参照。

(137) そもそもわが国の司法機関において、条約の自動執行性を扱った事例はごくわずかである（山田・前掲注[59]199-210頁）。学説の詳細については、同201頁以下参照。

(138) 連邦憲法裁判所は旧法民法1711条2項について、基本法6条1項に反しないとしている（BverfGE 108, 82 [112 ff.]）。

第3章　憲法上の面会交流権の法的性質と主体

規定し、2003年の連邦憲法裁判所決定はこの以前の法的状況の復活を暗示しているとコンラート・ヘッセは評価する[139]。

(b) 生物学上の父の面会交流権の根拠条文をめぐる問題

しかし、生物学上の父の面会交流権に関する今回の立法（民法1686a条）は基本法、特に6条2項による基礎づけは可能なのか。つまり（「第2の親の権利」とされる[140]）基本法6条1項における「家族」概念に加えて特に子どもと社会的－家族的関係を有したことがない生物学上の父の面会交流「権」は、基本法上、特に親の権利（子どもの扶養を中心とした本質的な義務と結びつく権利）（6条2項）として根拠づけられるのかが問題となる。なぜならば、今回の立法により6条2項の権利主体として、面会交流「権」を付与された生物学上の父と法律上の父という2人の父が並ぶのか、ということが後述する複数の論者によって問題提起されることとなったからである。

(c) 基本法6条1項説

基本法上の、特に社会的－家族的関係を有したことがない生物学上の父の面会交流「権」の根拠条文については——過去の面会交流権に関する学説と直接この問題を取り扱った文献を総合すると——民法1686a条成立前後において①基本法6条1項説、②2条1項説、そして③2条1項と6条2項説が確認できる。

まず①については、現在の問題を取り扱ってはいないが、明確に血縁関係を親の個人的かつ自然的権利である（非配慮権者の）面会交流権の基礎としたエングラーの説が挙げられる[141]。そして、より最近の基本法6条1項における「家族」概念についての議論をみると、「家族」概念は基本法上定義づけられず、連邦憲法裁判所が提唱した「社会的－家族的関係」の存在の有無にかかわらず、欧州人権裁判所の考えを基礎として生物学上の父と子どもとの関係を基本法6条1項の保障対象とする見解が存在する[142]。たしかに基本法6条1項における「家族」概念は「婚姻」概念と分離し、子どもを含む生活そして教育共同体

---

(139) Hesse, Anmerkung, FamRZ 2003, S. 825.
(140) Sanders, Mehrelternschaft, 2018, S. 175.
(141) Engler, Zum Erfordernis der elterlichen Einwilligung in die Adoption, FamRZ 1969, S. 63 ff.

へとその対象は広がりつつある。しかし、たとえ「婚姻」概念を離れて「家族」概念を広く開放的に規定したところで、基本法6条1項における同概念は「医学上客観的に定まる血縁や、「婚姻」のように法化された客観的諸要件によってではなく、「一緒に生活している」という事実によってより強く決まる」ことになることが既に指摘されている[143]。また、「家族」概念に言及する他の学説をみると、必ずしも血縁が特別視されているわけではないことが分かる。例えばゲルハルト・ロバースは、多くの見解が婚外子の父と子どもとの関係が基本法6条1項により保護されるかという問題について、血縁関係ではなくむしろその父子の間に実際に家族関係として特徴的な関係性が存在するか否かに照準を合わせるべきであるとしていることを指摘する。しかしまた、憲法が簡単にはく奪されてはならない当事者の法律上の責任関連性を根拠づけることにより、その父子は基本法6条1項における「家族」を形成することになるとしている[144]。このように、子どもとの社会的-家族的関係を持たない生物学上の父が血縁のみをもって基本法6条1項を根拠とし面会交流「権」を主張することについては、たとえ基本法6条1項における「家族」が拡大傾向にあることをもってしても、論者によりその結論に差が出てくるといえよう。この対立については、基本法6条1項解釈における欧州人権裁判所の諸判決の取り扱い

---

(142) Brosius-Gersdorf in: Dreier (Hrsg.), Grundgesetz Kommentar, 3. Aufl., 2013, Band. I, Art. 6 Rn. 106. ここでは生物学上の父も法律上の父として承認されることや子どもに対する養育と教育責任を行使することの利益を享受する限りで、生物学上の父も家族基本権を援用することができると解するべきと主張されている。

(143) その原因としてドイツの社会的変化のみならず、欧州人権条約8条と12条の区別が挙げられる。この考えは8条の構成メンバーとなる「個々人にとってのコミュニケーションと連帯のための共同体」としての「家族」をも基本権の保護領域として保障することが重要との判断を前提としている。詳細については、春名麻季「人権論から見た家族・親子制度の規定的原理について(2)——憲法秩序における『人間の尊厳』原理の規範的一場面」四天王寺大学紀要57号102頁、井上典之「平等保障による憲法規範の変容?」(松井ほか編『自由の法理 阪本古稀記念論文集』[成文堂、2016年] 675-676頁)参照。

(144) Robbers, in: von Mangoldt/Klein/Starck (Hrsg.), GG-Kommentar Band I, 5. Aufl., Art. 6 Abs. 1 Rn. 90. 68). そのほかに6条5項もまた婚外子の父と子どもとの関係を「家族」として保護することに貢献している (a.a.O., Rn. 90)。

第3章　憲法上の面会交流権の法的性質と主体

についての考え方も大きく影響するかと思われる。この疑問を追求するためには、更にそれぞれの論者の考える基本法6条1項で保護される「家族」が果たす機能（たとえば教育機能、援助共同体の機能）、「家族」に関するドイツの国民意識により注意し議論を展開するべきである。また、基本法における最新の「家族」概念に関する議論をも視野に入れる必要がある。特に婚姻及び家族概念をどう把握すべきか、という問題は、立法者による内容形成及び憲法裁判所による憲法解釈に依存しているため、実際には婚姻及び家族をめぐる生活現実の急激な変化に留意し、その「動態性」を論じる余地が生じている。ベームによれば、婚姻及び家族制度については、立法者による内容形成が要請されているため、「動態的な解釈」が措定されている。先に取り上げた諸判決は、その中における「外的な動態要因」の一つとして記述されている[145]。

(d) 基本法2条1項説

次に、今回の立法を批判することを目的とした②2条1項説が挙げられる。この説を主張するのは、ペシェル＝グートツァイトやラングである。彼らは、先述した連邦憲法裁判所決定をもとに、基本法6条2項の主体に法律上の父と社会的－家族的関係を持たない生物学上の父が並び立つことはないとする。そして、今回成立した条文が父子関係に関する規定に反することを理由とし、法律上の父が既に存在している場合、父子関係の取消しを行っていない社会的－家族的関係を持たない生物学上の父は基本法6条2項により面会交流権を主張

---

[145] Böhm/Germann, Dynamische Grundrechtsdogmatik von Ehe und Familie?, VVDStRL 73, 2013, S. 248. もっともここでの主眼は同性間の生活パートナーシップ法導入（2001年以降）における連邦憲法裁判所の判例理論変遷であり、本書におけるテーマではない。ベームは婚姻と家族についての基本権ドグマティークは、新たな内実の受容へと開かれ、動態的なものと解している。そして、動態的な基本権ドグマーティクの限界について今後も争う余地のあることは間違いないものの、婚姻と家族について、公法がその将来形成能力を有することは疑いないとする。ベームによる婚姻と家族概念に対する連邦憲法裁判所の判例理論変遷についての報告は、生活パートナーシップ導入以来の歩みについて「きわめて楽観的な立場に終始している」。この立場に対する連邦憲法裁判所の動向に懐疑的なゲルマンの見解も注目すべきである。詳細については、松原光宏「公法による将来形成――教育・財政・婚姻及び家族」自治研究90巻7号（2014年）24頁以下参照。

することはできず、基本法2条1項によってのみ可能であるという⁽¹⁴⁶⁾。この主張については、マッティアス・イエシュテットによる基本法6条2項の人的保障領域と実質的保障領域を区別し、今回の立法は生物学上の父に後者を開放したにすぎないという主張⁽¹⁴⁷⁾に留意すべきだろう。

(e) 基本法2条1項と6条2項を結び付ける説

最後に、③基本法2条1項と最近の連邦最通常判所民事部の決定により基本法6条2項をその根拠としながらも、今回の立法についてもはや議会制定法では結論を出すことができないとする見解がある。これは②の主張者も引用するマルティン・レーニッヒ⁽¹⁴⁸⁾の見解である。もともと彼は民法1685条の対象となる者の面会交流権の基本法上の根拠条文は、基本法2条1項及び1条1項(一般的人格権)であると考えている。なぜならば民法1685条の対象者は，信託的特性をもった法律上の親子関係の外にいるからである⁽¹⁴⁹⁾。親の信託的地位は，法律上の子どもに対する親の義務からもたらされ、かつ憲法上保護される

---

(146) Peschel-Gutzeit, Der doppelte Vater – Kritische Überlegungen zum Gesetz zur Stärkung der Rechte des leiblichen, nicht rechtlichen Vaters, NJW 2013, S. 2468; Lang, (Anm. 53) S. 235 f.

(147) Jestaedt, in: Dolzer/Kahl/Waldhoff u. a. (Hrsg.),Bonner-Kommentar zum Grundgesetz, 171. Aktualisierung, Heidelberg 2015, (75. Lfg. Dezember 1995), Art. 6 Abs. 2 und 3 GG, Rn. 56, 64,65.

(148) レーゲンスブルク大学に所属する民事法専攻の研究者であり、家族法学の泰斗であるシュバーブの弟子でもある。ハビリタチオーンは、「信託」をテーマとしている．

(149) 信託的性質を債務法ドグマティークと結びつけるレーニッヒは，家族法の問題にこれを用いてある関係者が他の関係者の利益を擁護（かつ通常場合によっては自分の利益の背後に後退）しなければならない性質を有する債務関係が信託関係であるとする。義務とみなされる配慮権を有する子どもの法律上の親は、子どもの信託者である。憲法の観点からは，親の権利が「基本権カタログにある他の自由権とは親の自己実現の意味における自由ではないということにより本質的に〔異なり〕、むしろ子どもの保護のために行使される」からである。私法上の観点からは、法律上の親が配慮権を行使する場合子どもの福祉に拘束されるという理由で、いい換えると親の配慮権はつまり子どもの利益において他者のために行使されなければならないからである。つまり法律上の親子関係においては信託特性を持った法律上の債務関係が重要である。そして、この法律上の関係の外に置かれる「他の親像」は信託的関係の枠外に置かれることになる (Löhnig, Früher hatten Eltern viele Kinder heute haben Kinder viele Eltern, 2015, S. 17 ff.)

第3章 憲法上の面会交流権の法的性質と主体

親の責任を根拠とすれば親の面会交流権（と同時にそれに合致する面会交流義務）とその他の者の面会交流権の根拠条文は異なることになる。

しかし、民法1686a条は、この理解の例外として位置づけられる。レーニッヒは、最近の連邦通常裁判所民事部（詳細については後述する）を基に、この生物学上の父の面会交流「権」が基本法2条1項のみならず6条2項からも導き出されるが、なおも生物学上の父の地位は「特権的」であるとしている[150]。彼の主張は以下の通りである。民法1686a条による生物学上の父の権利について、一方で生物学上の父は法律上の親ではなく配慮権のある親でもない。他方でまた、生物学上の父には、実際に交流接触をするに至った場合基本法6条2項1文の保護領域が開かれる。その結果、生物学上の父の交流権は、一般的人格権のみからは導き出されない。生物学上の父について、基本法は、法律上の父親の権利と同様に基本法6条2項1文から面会交流権を導き出すが、両者の権利については明らかな違いがある。非配慮権者である法律上の父は、交流権のみならず、その親の責任から、民法1684条1項により義務をも負っている。更に，法律上の父は、民法1601条による扶養義務を負うが，生物学上の父はこのような負担を負わないし、生物学上の父と子どもとの間に相続関係も存在しない[151]。

(f) 子どもの基本権による根拠づけの試み

これら3つの見解に加えて、④子どもの親による養育・教育を受ける権利の観点から、潜在的な法律上の親になる資格があるにもかかわらず法律上の親になることができない者に対し、親に特徴的な権限を認めることは可能であるとする見解もある[152]。この見解を主張するブリッツは、第4章Ⅳで後述する

---

(150) a.a.O., S. 28 f.
(151) a.a.O., S. 29.
(152) Britz, Das Grundrechte des Kindes auf staatliche Gewährleistung elterlicher Pflege und Erziehung, JZ 2014, S. 1070 ff. 親の子どもに対する責任の担保の観点から見れば，親の一方的な意思によりこの世に投げ出された子どもは絶対的に依存できる存在があり，かつその生育について責任を担保する親子関係の下に置かれることが必要である（広渡清吾『ドイツ法研究』［日本評論社、2016年］376頁）。それゆえ子どもの絶対的依存者は法的に確実にされなければならないその結果、子どもの権利の観点から国家が生物学上の親が法律上の親へとアクセスする機会を確保する必要性が認められる。

2014年の連邦憲法裁判所の決定についても評釈をしている。彼女は、連邦憲法裁判所が法律上の父になることができない生物学上の父が子どもとの交流そして子どもについての回答請求を望むことについて、これを原則憲法上承認されるべきと考えたうえで、生物学上の父の「権利」についての基本法における根拠条文を明らかにしていないことについて、これについては、基本法6条2項における親の権利は問題とならないとする。なぜならば、同決定は、2003年に連邦憲法裁判所が提示した子どもの福祉から基本法6条2項1文において付与される親の権利の意味における親の責任が、2人に認められること、そしてもはやそれ以上の人間に留保されない（2人親原則とよばれる）、という方針を放棄していないからである[153]。そして、欧州人権裁判所の諸判決は、生物学上の父の面会交流「権」のきっかけとはなっていないとする[154]。

このブリッツの見解を参考にすると、生物学上の父の面会交流権については子どもの権利による基礎づけが考えられる。もっとも、そのさいに生物学上の父の面会交流権はこれまで構想されてきた子どもと一定の時間の下に積み重ねられてきた面会交流権とは性質を異にするものと位置づけられなければならないだろう。

こうして一応の憲法の基礎づけが、生物学上の父の面会交流権においては可能となった。このような欧州人権裁判所判決への接近は、面会交流権が制度重視型から権利重視型に接近している一つの事例ととらえられよう。

3　2人親原則の「崩壊」と同原則の位置づけ

ここで、学説が言うところの、一般に子どもは法律上3人以上の親をもつことができないとされる、2人親原則が未だに憲法上有効か否かを考察したい。なぜならば、わが国においても複数の親に親の権利を認める場合、同原則を憲法上位置づけることは必要か否かを考察することは、ドイツ同様親子関係が多様化している日本社会にとって必要であるからである。この点は特に面会交流権のように複数の親に認められる可能性の高い権利を構想する場合に必須であ

---

[153]　Britz, Ausgewählte Verfassungsfragen umgangs- und sorgerechtlicher Streitigkeiten beim Elternkonflikt nach Trennung, FF 2015, S. 391 f.

[154]　a.a.O., S. 391.

第3章　憲法上の面会交流権の法的性質と主体

ろう。

(1) 2人親原則の「崩壊」

ドイツでは複数の親に親の権利を承認したい者により、2人親原則の「崩壊」が喧伝されている。そして、生物学上の父の面会交流権がその一因とみなされている。なぜならば、生物学上の父の面会交流権を立法者が承認したことにより3人の親による争いが発生しているからである。この点をもう少し詳しく見ていく。

(a)「2人親原則」の出現

ここではその「2人親原則」の成立及び動揺を改めて整理したい。

今日ドイツの複数の親子関係において、時には3人以上の親が子どもと法律上の親子関係を形成することを望むケースがみられる。そのさいに障害となる2人親原則は、家族法及び憲法の両面で展開された。特に先述した2003年及び2013年の連邦憲法裁判所による判断とその後の展開が注目されている。

(i) 家族法の展開

民法が成立・施行された1900年以来配慮権法、出自法及び養子法の領域において同等の民法上の権利を有する2人の親による親子関係へと家族法は移行していった。具体的には、親の権力や養子縁組において最大4人の親が権利・義務を有していた状況を排除し、婚外子については当初その母のみが親であるとされていた状況が1970年の婚外子法により変化した。養子については完全養子縁組の導入に伴い1977年に養子は養家族に完全に統合するものとされ、生物学上の親はそのためあらゆる親の地位を失い、養子法においても2人親原則が貫徹されることになった。

1998年の子ども関係法改正法により、2人親原則は特に生殖補助医療に対しても要請されるようになった。社会的、遺伝子的そして懐胎によって成立した親子関係の事例において少なくとも全員に法律上の親の地位につく機会はあるが、最大2人のみが法律上の親になることが要請された。そのさいに、「分娩＝母」ルールにより分娩した女性と嫡出推定あるいはわが国でいうところの認知（父子関係の承認）による社会的父が、法律上の親を決定するにあたり優先されることになった[155]。

(ii) 憲法の展開

2003年に連邦憲法裁判所は、生物学上の父であるが法律上の父ではない者（以下では「生物学上の父」と表記する）が法律上の父子関係の否認と面会交流を主張した事案において、複数の親の民法上の権利衝突により子どもの利益ないし福祉に害が及ぶことを回避するため、1人の子どもにつき親の権利主体は2人であることを以下にみる通り明言した[156]ようにみえる。この記述をもう一度確認する。

「a）基本法6条2項1文は、子どもに対する義務負担のない親の権利を認めていない。親の権利は、最初から、その本質的要素として、子どもの養育および教育の義務負担を伴うものである。親の権利を要求する者は、子どもに対する権利だけを請求できるものではなく、義務も負担しなければならない。基本法6条2項1文の定める親の権利が義務負担を伴う権利のみを認めるものである以上、親の責任を負う者だけが親の権利を持つことができる。血縁上の父と法律上の父の両者に母と共同で親の責任を担わせることは、基本法6条2項1文が基礎としている両親の責任の概念に適合しない。家族の生活関係の変化もまた、子どもを同時に2人の父親の責任の下におくことを求めない。法律上の父子関係と血縁上の父子関係が合致しないことは、家族の構造の変化に起因する新たな現象ではない。それは、むしろ、父子関係を特定の社会的事情に基づいて推定し、その推定を根拠として法律上の父子関係を決定するという法制度に起因することである。

基本法6条2項1文が、まず第一に両親に子どもに対する責任をゆだねるのは、両親が親の責任を共同で果たすことが、通常、子どもの利益を最も保護することにつながるという考慮に基づいている（BverfGE103, 89 [108] 参照）。しかし、これは、2人の父親と1人の母で構成される共同体には当てはまらない。この場合、親の責任を共同で果たすことが子どもの福祉に適うということはできない。なぜなら、そうすることによって、親たちの間で役割の衝突や民法上の権利争いが生じかねず、子どもの成長に悪影響が生じうるからである。いず

---

[155] a.a.O., S. 194.
[156] BVerfGE 108, 82（101）.

第 3 章　憲法上の面会交流権の法的性質と主体

れにしても、2 人の父親と母親に共同で親の責任をゆだねても、その責任を子どものために効果的に果たすことは期待できない」。

　連邦憲法裁判所はこの決定で家族法上の出自は生物学的出自に方向づけられていることを明らかにしたが、立法者は法律上父の地位を定めるにあたり常に遺伝子上の出自に依拠しなくても良いとした。その結果、法律上の親子関係と生物学上の親子関係が存在することになるが、連邦憲法裁判所によれば、生物学的な親子関係のみが基本法 6 条 2 項の親の権利の主体となるわけではない。なぜならば、同文は子どもに対する責任を負っていない親を排除しているからである[157]。そのために、基本法 6 条 2 項における親の権利は人的保障領域と実質的保障領域に区分され、前者については 1 人の子どもにつき 2 人に限定され後者は複数の親に開かれているものであると学説が広く理解するに至った[158]とみられる。

　そして、2013 年に連邦憲法裁判所は異性の親のみならず同性の親も基本法 6 条 2 項の親の権利主体となりうることを認めた[159]が、2 人親原則を維持した[160]。これは、登録された生活パートナーシップの下での養子制度の利用を定めた当時の生活パートナーシップ法 9 条 7 項が、家族共同体の養子に関する民法1742条を準用していなかったために、生活パートナーシップの当事者の一方の養子が他方と養子縁組（継養子縁組）することができないことが、基本法に違反するのではないかが問題となった事案である。そのさいに連邦憲法裁判所は、基本法 6 条及び 3 条 1 項の事項による違憲審査を行った。基本法 6 条に関連する事項とは、①親による養育及び教育を国家が保障することを求める子どもの権利、②親の基本権、③家族基本権である。そして、基本法 3 条 1 項の

---

(157)　BVerfGE 108, 82 (101).

(158)　Sanders (Anm. 140) S. 177 ff.

(159)　同性の親を基本法 6 条 2 項の主体として認めるべきかについて学説では見解が別れていた。例えばイエシュテットは、基本法 6 条 2 項の「自然的権利」は基本法が異なる性の親のみを許していることを意味していると主張していた（Jestaedt, Elternschaft und Elternverantwortung unter dem Grundgesetz, in: Max-Emanuel/Umbach [Hrsg.], Planung-Steuerung-Kontrolle, FS für Richard Bartlsperger zum 70. Geburtstag, 2006, S. 79）。

(160)　BVerfGE 133, 59 (78).

Ⅱ　権利の主体

平等原則の違反に関して、④生活パートナーシップの当事者の一方の養子に対する、夫婦の養子及び生活パートナーシップの当事者の一方の実子と比較した不平等扱いの問題（一般平等原則違反）、⑤嫡出子と嫡出でない子の不平等扱い、⑥実親の生活パートナーと養親の生活パートナーの間の不平等が問題になった。このうち、本判決は、④の平等原則をもとに違憲判断を導き出している。本書の関心から、このうち①～③を以下でみていく。

　まず、本判決は、①において基本法6条2項1文と結びついた2条1項により、子どもは、親による養育・教育を国家が保障することを求める権利を有するとした。そして、その権利から、国家には親の養育・教育を保障する子どもに対する義務の領域において基本法上の保護義務が課せられるが、その保護義務に基づき、実効的な保護を実現するためにいかなる措置が要請されているかの判断は、まず立法者が行うべきであり、立法者による継養子の否定は、子どもの前述した権利に対する介入になることを認めた。しかし、養親の生活パートナーは子どもの日常生活の事柄について共同決定する権利（生活パートナーシップ法9条1項）や緊急の場合に子どもの福祉に必要なあらゆる法的行為を行う権利（同法9条2項）を有するとされていることを考慮すれば、生活パートナーに認められている「親に類似する」責任の範囲は、価値に親の権利を前提とした場合の法的責任にまでは行きつかないものの、そのことは立法者の裁量の範囲内であってそれだけを取り上げれば、基本法6条2項1文と結びついた2条1項により子どもに認められる権利は、生活パートナーシップの下での継養子の否定によって侵害されるわけではないとした。

　次に、本判決は②において、法律上子どもの親として承認されている2人の者は、基本法6条2項1文の意味における親であるとして、子どもの福祉のために保障される親の権利の国家からの保護の必要性にとって、同性か異性かは問題にならないとした。その上で、本判決は次のように述べる。しかし、生物学的な、あるいは今まで議会制定法上の親子関係になかった者は、子どもとの社会的な親子関係において生活をしているという理由だけで基本法6条2項1文による憲法上の意味での親になるわけではない。なぜならば、出自によって基礎づけられる子どもとの親子関係を持たない者は、養子等法制度の適用をまって初めて親となるのであり、それ以前は子どもとの社会的な絆があっても、

171

それは憲法上の親としての地位を基礎づけるものではないからである。たしかに、基本法は、社会的な親子関係に意義を認めるが、生物学的なつながりとは別に社会的な親であるということだけを取り上げれば、憲法上も親であるということの十分な要件ではなく、それゆえにそれは養子を持つ権利を導くような憲法の意味での親の地位を基礎づけるものでもない。

更に、本判決は③について次のように述べている。

生活パートナーがもう一方のパートナーの実子または養子と社会的な家族共同体で生活している場合、彼らは、基本法6条1項によって保護される基本法上の意味での家族を形成している。しかしながら、基本法6条1項によって保障される家族基本権は、登録された生活パートナーシップの下での継養子の否定によって侵害されてはいない。というのも、継養子の可能性の排除は、一方の生活パートナーの養子との他方のパートナーの共同生活を否定するものではなく、家族としての共同生活の方法を自ら決定する自由を否定するわけでもないからである。立法者は、基本法6条1項によって、法的な意味での家族の内容形成に際して事実上予め存在する家族としての共同体を全て詳細に描き出すよう義務づけられているわけではなく、また、事実上の親子関係があるすべての場合に完全な親の権利を付与するよう義務づけられているわけでもない。

以上で見た通り、本判決では実体的基本権の内容、とりわけ親の養育・教育義務の領域での子どもの権利や事実上の親（社会的親）の、そして家族の概念を拡張するという判断を示す[161]一方で、2人親原則を維持したとみられる[162]。

(b) 2人親原則の崩壊？

先述した2013年判決において、連邦憲法裁判所は〈親の性別を問わず〉親の責任を担う者は2人に限定するとした。しかし、社会的親と子どもは家族の保護を定めた基本法6条1項で保護されるとし、同項は「第二の親の権利[163]」と称されるに至った。けれども、この「2人親原則」は、とりわけ生物学上の父の民法上の権利拡大に伴い崩壊しているのではないかという疑惑をもたれて

---

(161) 春名・前掲注(143)117頁。
(162) Sanders（Anm. 140）S. 186 f.
(163) Sanders（Anm. 140）S. 175.

いる。

　生物学上の父の嫡出否認権に関する議論状況は先に見てきたとおりであるが連邦憲法裁判所決定の後に生物学上の父による民法1686a条による面会交流の申し立てに対し、2016年に連邦通常裁判所民事部は3人の親の民法上の権利衝突問題として事案を処理した⁽¹⁶⁴⁾。

　また、養親の生活パートナーシップが子どもを養育・教育することを可能にする小配慮権の挿入（生活パートナーシップ法9条1項2号）及び継親が子どもの日常生活に関する事項について配慮権者と共同決定権を有すると定める民法1687b条の存在もある。そのため、もはや親の権利主体は2人に限定されないのではないかという2人親原則の崩壊が主張されるようになった⁽¹⁶⁵⁾。

　そして、2017年には、連邦司法・消費者保護省が設置したワーキンググループが、法律上の父子関係の否認権や生殖補助医療で誕生した子どもの親子関係規律に関する提案をも含む広範囲に及ぶ血縁法の改正提案（Arbeitskreis Abstammungsrecht, Abschlussbericht, Empfehlung für eine Reform des Abstammungsrecht）をとりまとめて公表した。また、2017年の同性婚の制度化により、ドイツ親子法は大きな転換期を迎え、改めて親子法に対し憲法が何を要請するのかが問われている。

(2) 子どもの基本権の具体化と親の権利の実質的保護領域拡大の基礎づけ

　更に、先述した2013年の連邦憲法裁判所判決で注目するべき点は、基本法6条2項と結びついた2条1項による子どもの親に養育及び教育の保障を国家に求める権利を明らかにしたことである⁽¹⁶⁶⁾。この判決は、子どもの自身の人間

---

(164) BGHZ 212, 155 (163). これは先述した欧州人権裁判所判決の原告が、法改正を踏まえて、子どもとの面会交流を求めた事案である。同決定の詳細については、山下祐貴子「ドイツ親子法における血縁主義とその限界――生物学上の父の権利を中心に」家族〈社会と法〉39巻（2023年）134-135頁参照。生物学上の父の権利の拡大と2人親原則崩壊の詳細についてはSanders（Anm. 140）S. 201-205参照。

(165) Sanders（Anm. 140）S. 196. ここで指摘されているのは、家族内部の事実上の繋がりをも保護し、その結果2人の親に親の権利主体を制限していないという欧州人権裁判所の影響である。

(166) BVerfGE 133, 59 (75 f.).

第 3 章　憲法上の面会交流権の法的性質と主体

の尊厳及び人格の自由な発展を求める権利（基本法 1 条 1 項及び 2 条 1 項）の具体化と考えられる。

　この子どもの基本権は、国家による親からの事実上あるいは法律上の分離に対する防御権ととらえられる。また、法律上の親子関係形成について子どもの親を法律上の親として帰属させ、法律上の親ではない親には民法上親に認められる権利を認めあるいは分担することを国家に要求することができる[167]。そのため、2 (7) でも述べたように、具体化された子どもの権利は、先に挙げた生物学上の父の面会交流権等親の権利の実質的保護領域拡大の基礎づけに用いられたと考えられる。同基本権はその後複数回連邦憲法裁判所の判決[168]で用いられており、2019年には再び継養子縁組について、同制度が婚姻をしていない者とそのパートナーの子どもを除外していることの合憲性が争われた事例[169]でも用いられた。これらの判例を踏まえると、この基本権は定着したとみてよいだろう。この子どもの基本権の具体化は、複数の親子関係を憲法上保護しようとする場合に、この問題について当事者である人間の尊厳や子どもの人格の自由な発展を中心に考えようとする意識のあらわれとみられる。

　以下ではこのような動向を背景に、ドイツの複数親による親子関係（Mehrelternschaft）に直面し「2 人親原則」の崩壊及びこれに慎重な見解を主張する見解をみていく。

　もっとも、ここでお断りしておきたいのは、「2 人親原則」を軸とするとい

---

(167) Britz, Das Grundrecht des Kindes auf staatliche Gewährleistung elterlicher Pflege und Erziehung, JZ 2014, 1069 f.

(168) 一例として、子どものドイツ国籍及び自身の滞在権取得を目的とした外国人の母が、報酬とひきかえにドイツ人の男性に不実の認知をしてもらうという偽装認知対策として規定された官庁による父子関係の否認規定を子どもの法律上の父を奪うために子どもの基本権侵害を認めた事例（BVerfGE 135, 48）が挙げられる。同判決の詳細については、拙稿「官庁による父子関係の否認と子の国籍」自治研究95巻6号（2019年）146-154頁参照。

(169) BVerfGE 151, 101 (123). 同決定の詳細については、宇多鼓次朗「判例研究　非婚の家族における連れ子養子縁組の事実上の禁止の違憲性」阪大法学72巻1号（2022年）315-349頁、村山美樹「非婚カップルによる連れ子養子縁組の可否」自治研99巻6号（2023年）142-149頁参照。

う分析手法を採用する意義である。例えば先述したイエシュテットのように、人的保障領域と実質的保障領域を区別するが、親の地位に立つ人数の制約について明確にしない形で本法6条2項の「親」を限定する手法もありうる。

　すなわち、彼によれば、基本法6条2項1文の「親」の概念は、「実の親であること」と、「法的（にだけ）親であること」の二つがあるという、複線的構造になっているというのである。そして、「解消不可能性（Unauflöslichkeit）及び無条件性（Unbedingtheit）、転嫁不可能性（Unabwälzbarkeit）及び排他性（Ausschließlichkeit）の上に置かれた二世代による包括的な保護及び配慮共同体[170]」ということが、「実の親であること」と、「法的（にだけ）親であること」の共通項として、重要だというのである。かような見解について、裏を返せば、先述した4つの条件を満たすならば立法者は自由に「親」の人数を決定することができるということができるだろう。

　それでもなお、本書がドイツの「2人親原則」をめぐる論争に踏み入る意義はどこにあるのか。結論を先取りすれば、論者は、立法者は面会交流権者を拡大することは可能であるがそのさいに一定の条件を憲法上付すべきではないか、と考えている。この条件を明らかにするために、あえて2人親原則をめぐるドイツの論争（換言すれば、立法者が従来親に特有の権利であるとされた事項の保障対象を3人以上に拡大した場合、これに何らかの憲法上の制約が生ずるのか、という問題）に立ち入り、多様な親子関係を前提とした面会交流制度を考察する上での参考にしたい。

(3) 2人親原則の位置づけ

　憲法上の親の権利学説では、2人親原則の崩壊を主張する見解と、これに慎重な見解に大別される。両者の主張を比較的最近の学説であるアンネ・ザンダース及びヴァプラーの見解を中心に検討することにより、2人親原則が要請される根拠をみる。なお、前者についてはドイツの現状説明も含めるため、紙

---

(170) Jestaedt, Eltern im Rechtssinne: Identität und Differenz des Eltern-Begriffs von GG und BGB, in: Katharina Hilbig-Lugani, Peter M. Huber (Hrsg.), Moderne Familienformen, Symposium zum 75. Geburtstag. von Michael Coester, 2019, S. 28. 詳細は、赤川理「憲法と親の概念」信州大学法経論集14号（2023年）37-82頁参照。

面を割いて説明する。
　(a) 2人親原則の崩壊を主張する見解の問題意識と主張内容――ザンダースを中心に

　ドイツでは生物学上の父や同性の親の他にも生殖補助医療による子どもを望む親（Wunscheltern）や養親と実の親の関係も問題となっている。これらの問題状況を主にザンダースによる整理をもとに確認したうえで、2人親原則の崩壊とこれを維持する見解の主張内容をみる。

　(i) 生殖補助医療により子どもを望む親

　ドイツでは従来の養子縁組や生物学上の父と法律上の父のような古典的な複数の親子関係に加えて、生殖補助医療により生ずる新たな複数の親子関係において2人親原則を維持する場合誰を親にするべきかが問題となっている。

ⅰ）精子提供

　婚姻をしている女性が精子提供により子どもをもうけた場合、嫡出推定により子どもは原則として夫の子どもとなる（民法1592条1項）。もっとも夫あるいは母は父性を否認することができない（民法1600条5項1号）。子どもが父子関係を否認した場合は、夫は生殖補助医療への同意をもって親であるとされた事実を覆されることになりその瞬間に追加的に遺伝子上の父が法律上の父の候補となる。同様のことは母のパートナーが婚外子を認知した場合にもいえる（民法1592条2号）[171]。

　レズビアンカップルに対し、精子提供をした男性の扱いはどうなるのか。かつては精子提供をした男性は民法1592条3号によりその意図にかかわらず父になると解されていた[172]。つまり当該男性は子どもの扶養義務を負うことになり、子どもを望んだレズビアンカップルは継養子縁組を利用するほかなかった。この状況は2018年に施行された「非配偶者間精子使用の場合における血縁を知る権利について規定する法律[173]」によって変化する。同法に含まれる民法1600d条4項は法的父子関係の確認について非配偶者間での精子提供者が排除

---

(171) Sanders（Anm. 140）S. 210.
(172) BGH 24.08.2016, NJW 2016, 3174（3175）.
(173) 同法の詳細については、泉眞樹子「ドイツにおける生殖補助医療と出自を知る権利――精子提供者登録制度と血縁関係に関する立法」外国の立法（2018年）33-45頁。

されると規定した。これにより、精子提供者は自らの生殖細胞の関与により産まれた子どもまたはその親によって法律上の父としての身分を請求されることはなくなり、親の配慮権、扶養権及び相続権の領域における請求権は認められなくなる。もっとも、精子提供を望んだ子どもの母のパートナーの不在や継養子縁組が成立しない場合には子どもは親を失うことになる[174]。

また、精子提供者による嫡出否認権、面会交流権及び精子提供に同意した子どもの母のパートナーの扶養義務も問題となる。

ⅱ）代 理 母

代理母については、子どもと代理母が遺伝子上つながりを持つことを防ぐため子どもを望む母の卵を利用し、卵が利用できない場合には提供者の卵を利用する（そのため、卵提供者とこれにより産まれた子どもの関係も問題となる）。ドイツ法は代理母を禁止しているが、子どもを望む親が処罰されることはほとんどないため、海外で代理母により子どもをもうける事例が相次いでいる。しかし、現行法上いわゆる「分娩＝母」ルールにより子どもの法律上の母は代理母となる（民法1591条1項）。つまり、卵提供者も子どもを望んだ母も、法律上の母となることはできない。けれども、外国法では子どもを望んだ親と子どもが法律上の親子になることはできるため、その関係をドイツ法が公序に反しないとして受け入れることができるかという国際私法上の問題が生じる。

ここで注目すべきは、2014年の連邦通常裁判所民事部判決[175]である。同判決は、外国の裁判所の判断について、2人の子を望む親のうち1人が子どもと遺伝子上繋がっている場合にはドイツ法はこれを承認することを明らかにした。少なくともドイツ法によって継養子という手段と同様の結果がでる事例では、判決の承認の結果は公序に違反しないとしている。もっとも、同裁判所は子どもを望む親と子どもの間に遺伝子的結びつきが欠けている場合に異なる判断を下すかは保留している。

同裁判所によれば、当事者の基本権の観点からみれば家事事件手続法109条1項4号により本質的な問題はドイツ法の本質的な基本原則と承認が両立する

---

(174)　Sanders（Anm. 140）S. 211-212.
(175)　BGHZ 202, 350.

第 3 章　憲法上の面会交流権の法的性質と主体

かである。子どもを望む親は基本法 2 条 1 項及び 6 条 1 項により保護される利益、つまりその家族を法律上承認することを求めている。たしかに代理母契約は代理母の人間の尊厳を侵し、子どもが意思に反して引き離されることもあるかもしれない。しかし、この事例では法的な代理母関係が終了し、代理母は子どもを自由な意思で子どもを望む親に委ねている。そのことは、ドイツ法においてまた完全に異質ではなく、その形態は子どもが直接産まれたら養親の下へ行き後に養子になることと同様と考えられる。

　また、同裁判所によればこの事例は子どもの福祉が重要となる。母が子どもを自由意思で譲渡したならば、子どもの親による養育・教育の保障を国家に求める権利（基本法 6 条 2 項と結びついた 2 条 1 項）を満たさなければならない。この権利は子どもを望む親の子どもであるという子どもの法的身分が定まることにより満たされる。同裁判所はこの子どもの基本権に加え、代理母に関する欧州人権裁判所の諸判決(176)等を、子どもを望む親と子どもの法律上の親子関係を承認する論拠とした。

　他方でブラウンシュワイク上級ラント裁判所は、子どもの福祉は原則として代理母により産まれた子どもと子どもを望む親の間に法律上の親子関係を承認することを要請していないとして、外国法による子どもを望む親と子どもの間に法律上の親子関係を認める判断を承認しなかった(177)。

　このように代理母により産まれた子どもの親が誰になるかは不確定である。また、先に挙げた 2 つの判決は、遺伝子的な親ではないが、子どもを望んだ親（Initiativeltern）である個人の地位をどうするかという問題を提起する。

　(ⅱ) 養親と実の親の関係

　養子は古典的な複数の親子関係であり、一部の例外を除き子どもは養親の家族に統合されることになる（民法1741条）。ドイツの養子縁組には複数の方式があるが、特に実親に対し養親の身元が知らされる開放型養子縁組において、実の親が面会交流権（民法1684条）や子どもに関する情報提供（民法1686条）を要求できるかが問題となっている。生物学上の父については少なくとも面会交

---

(176)　いわゆる Menesson 事件（前掲注[92]参照）等がここで挙げられている。
(177)　OLG Braunschweig, 12.04.2017, FamRZ 2017, 972.

流・情報提供を認める民法1686a条が存在するため、実の母についても同条が類推適用できるのではないかという疑問も生じている[178]。この論点について、実の親を面会交流権者から一律に排除することは基本法6条1、2項およびヨーロッパ人権条約8条に違反するのではないかという声もある[179]。

(ⅲ) 2人親原則を否定する学説——ザンダースの見解を中心に

ここまで述べた問題状況を背景に、今日のドイツでは2人親原則を否定する学説が複数確認できる。

例えばブロシウス－ガールスドルフは、2003年連邦憲法裁判所決定に対抗する立場をとり、基本法6条2項の権利主体を一組の親のカップルに制限する必要はないと主張している。そして、親はその点で異なる養教育権の観点を共有しそれゆえ異なる措置で基本法上の保護を享受するとし、生物学上の父の面会交流権がその証であると断言する[180]。

シューラー－ハルムスも、認知や出自を基に3種類の親子関係を法律上認めることが可能であり、制度的保障の核の分析から、憲法上の親の権利は人的範囲の制約を定めていないという立場をとっている[181]。

この流れに連なるのが、ザンダースである。以下では親子法を定める立法者に対する基本法の指導像を述べるだけでは満足せず、複数の親同士の衝突を回避する方法も模索する彼女の主張について詳細をみていく。彼女は子どもの親は原則2人であるという前提に立ちながらも、親同士で合意が成立しているにもかかわらず彼らの合意により成立した内容の実現を阻む法制度の改革を要請している。そして、家庭裁判所の決定により複数の親の合意のうえで等しい権利を持つ複数の親子関係を認めるような法制度を構想する。

これまで2人親原則が支持されてきた理由として、同原則が制度的保障の核であること及び3人以上の親の衝突が子どもの福祉にとって有害であると考えられてきたことが挙げられる。これらの根拠について、ザンダースは、まず、

---

(178) Sanders（Anm. 140）S. 253.
(179) Maurer, in:Maurer（Hrsg.）, Münchener Kommentar zum BGB 8 Aufl., 2020, Vorbem §1741 ff., Rn. 40.
(180) Brosius-Gersdorf（Anm. 142）Rn. 150.
(181) Schuler-Harms（Anm. 18）S. 170.

親の権利の制度的保障の核に「2人親原則」は存在しない[182]と主張する。なぜならば、基本法の施行以来法律上の親の数を含む親の権利理解は繰り返し変遷しているため、「2人親原則」がドイツの伝統であり、制憲者の意思であるとはいい難いからである[183]。

次に、ザンダースによれば複数の親が親の権利主体となることは、必ずしも子どもの福祉にとって有害であるとはいえない[184]。なぜならばたしかに3人以上の親がいる場合潜在的な衝突の可能性は否めないが、複数の親子関係のなかには――先述した代理母の関与や生殖細胞の提供のように同意のうえで成立した親子関係や、養子縁組のように後から実親の同意を得られる親子関係のように――衝突可能性の低い親子関係が存在するからである。また、人類学や発達心理学の観点からより多くの親による世話が子どもの福祉に必然的に有害であるとはいえない[185]。したがって、全ての事例について一律に親の責任を担う親を2人に限定し、そして他の親を親の権利主体として認めないという民法及び憲法の結論について、彼女は十分な議論が尽くされているとはいえないと主張する[186]。

以上の理由から、彼女は2人親原則の放棄を主張する。

(iv) 複数の親子関係を規律する立法者に対する憲法上の要請

2人親原則を放棄するとしても、同原則の論拠となった親同士の衝突可能性が完全に否定されるわけではない。ザンダースもこの点を認め、複数の親子関係を認める立法に対する基本法の指導像を述べるだけでは満足せず、複数の親同士の衝突を回避する方法も提唱しようとしている。

ⅰ）基本法上の指導像

まず、基本法上の指導像について、ザンダースは次のように述べる。

親とは、子どもと何らかの結びつきのある者全てであり、国家による恣意的な親の選出の禁止は禁じられている。そして、子どもの基本権や親の基本権を

---

(182) Sanders (Anm. 140) S. 366 ff.
(183) a.a.O., S. 366 ff.
(184) a.a.O., S. 368 ff.
(185) a.a.O., S. 453.
(186) a.a.O., S. 370.

保護しかつ子どもの福祉を支援しなければならない立法者は親子関係の内容形成について相当な形成裁量の余地を有しているが、民法上の親の権利と義務が認められるべき親の数が増えるほどその余地は狭くなる。基本法上の親子関係の内容形成において重要かつ出発点となるのは、①子どもの親による養育・教育の保障を国家に求める権利（基本法6条2項と結びついた2条1項）、②子どもの出自を知る権利（基本法1条1項と結びついた2条1項）(187)及びその③家族関係の保護を受ける権利（基本法6条1項）である。そして、家族内部での親同士の衝突は子どもの福祉にとって有害になりうるために、親子関係について法律による内容形成を行う場合、その衝突可能性を最小化することが求められている(188)。

ⅱ）複数の親同士の衝突を回避する方法

次に、複数の親同士の衝突を回避する方法として、ザンダースは、①親の地位の放棄の承認、②親同士に協力をする能力及びその用意があるという証明が可能である場合にのみ等しい権利を複数の親子関係に認める、そして③子どもの養育・教育を担う主な親（Haupteltern）と副次的な親（Nebeneltern）の区別を提唱する。

①について、ザンダースは親の地位の放棄は基本法上原則として許され、子どもの権利を侵害しない限りで、立法者は他の親に有利なように現存する親子

---

(187) ドイツではわが国と比較すると出自を知る権利に関する判例・学説が蓄積されている。連邦憲法裁判所は、子どもの出自を知る権利は一般的人格権の保護領域に含まれてるとしている。なぜならば、人格の発展にとって自己の出自を知ることは相当に重要であり、国家の援助によってのみその情報を得られるからである。そして、情報が隠されることからの個人の保護の必要性を考慮する憲法上の国家の義務が課せられることになる（BVerfGE 117, 202［227］; BVerfGE 141, 186［204］）。しかし、この保護は絶対的なものではなく、一般的人格権は対立する基本権との調整が必要である。そのため、立法者はそのような出自の解明手続を整備することを禁じられてはいないが、導入することを義務づけられているわけではない（BVerfGE 141, 186（204 ff.））。同判決の詳細については、武市周作「ドイツ憲法判例研究(204)子の出自を知る権利——独立した出自の解明手続［連邦憲法裁判所第一法廷2016.4.19判決］」自治研究94巻5号（2018年）149-157頁参照。

(188) Sanders（Anm. 140）S. 359.

第3章 憲法上の面会交流権の法的性質と主体

関係を放棄できるようにするべきであると主張する。憲法の次元では子どもの養育・教育について不作為の自由は許されないため、判例・通説は、基本法6条2項による親の権利の放棄は不可能であると理解している。例えば、ブロシウス──ガールスドルフは、民法上の親の権利を後に撤回することが可能な状態でその行使を第三者に委ねる限りにおいて、実の親による第三者への任意の配慮権の委(移)譲は憲法上の親の権利とこれに対応する親の義務に反しないとする文脈において、「基本法6条2項1文は親の権利を行使しないという消極的な基本法上の自由を保障しない」としている(189)。その論拠は連邦憲法裁判所によるいわゆる第一次養子縁組決定である。同判決は、次のように判示している。

「基本法6条2項1文において権利と義務は不可分に互いに結びついている。すなわちここでいう義務は権利を限界づける制限ではなく、むしろ親の権利の本質的に内在する構成要素であり、その点で『親の責任』と称される……基本法6条2項1文はこれによればどのように親が子の自然的な責任を果たすかについて親の自由な発展を保護している。すなわち、基本法6条2項1文は親に対しこの責任を撤回することまで保護していない(190)」。

しかしザンダースによればこの箇所で連邦憲法裁判所は、単に子どもの放置は親の教育の自由に含まれないということを明言したに過ぎない。そのため、親子関係の放棄は適法であり、例えば精子提供事例では民法上の親の権利を放棄する可能性を認めることによって親同士の衝突可能性を最小化できると主張する(191)。

②についてザンダースは、親同士の衝突可能性を回避するために同等の権利を持つ複数の親子関係について親が協力をする能力とその用意ができているという証明が必要であるとしている。なぜならば親が子どもの福祉に関する妥協を考えているような事例については、複数の親子関係について法律上の承認を

---

(189) Brosius-Gersdorf, Biologischm genetische, rechtliche und soziale Elternschaft. Herausforderungen für das Rechte durch Fragmentierung und Pluralisierung von Elternschaft, RdJB2016, S. 147.
(190) 第一次養子縁組決定、BVerfGE 24, 119 (143 f.).
(191) Sanders (Anm. 140) S. 363.

拒否する理由はないからである(192)。
　③について、面会交流権者の主体拡大を定めた民法1686a条、1685条2項そして継親が子どもの日常生活に関する事項について配慮権者と共同決定権を有すると定めた民法1687b条の挿入をもって、既に立法者は子どもの福祉の危機のない範囲で完全な権利を持つ親（主要な親）と不完全な権利を持つ親（副次的親）が並び立つ可能性を開いているとザンダースは考える。このアプローチは、複数の親子関係の法律上の内容形成に有用であり、親の取り決めがされていない範囲で、つまり子どもの全ての親は主要な親と副次的親に分類されることになる(193)。

　(ⅴ) ザンダース説の評価
　子どもは遺伝子上の親、子どもを懐胎した母、生殖補助医療を望んだ親、そして社会的親を有している可能性があり、現行法制度はこのうち2人のみを民法上完全な親の権利を行使できる親として認めることになる。つまり、現行制度では、親の権利主体は2人に限定され、その代わりに親に特有の権利が一部のみ実質的保障領域として親の基本権主体になることができなかった親に開かれる。そして、その基礎づけとして子どもの基本権が用いられることがある。しかし、これでは生殖補助医療により誕生した子どもと子どもを望んだ親が「分娩＝母」ルール等民法上の親子関係決定方法により法律上の親子関係を形成できない。また、ある要件を満たしていないために、法律上の親になることを望んでいるにもかかわらず、その願いが受け入れられない親（例：法律上の父と子どもに社会的――家族的関係があるために父子関係の否認権を行使することができない生物学上の父）の救済が困難である。最近では特にコマザー（mit-Mutter）問題が世間の関心を集めているようである。このような現在のドイツの情勢を踏まえると、2人親原則に疑いをもつ彼女の学説の存在は無視できないだろう。
　ザンダースの見解は、子どもの基本権を出発点として従来の親の権利に対しその制度的保障の核から2人親原則を放棄したうえで、複数の親が子どもの養

---

(192)　a.a.O., S. 431.
(193)　a.a.O., S. 537.

第 3 章　憲法上の面会交流権の法的性質と主体

育・教育にかかわるような親子法制度をつくるうえでの指針を提唱している。そのなかで、これまで当然のように親の制度的保障の核とされた「２人親原則」への疑いが向けられ、不作為は許されないとされた親の義務の内容をはじめとする憲法上の親の権利構想の再考が迫られる。その結果、例えば生物学上の父と法律上の父が存在している事例では時として２人の父と１人の母が子どもに対する完全な親の責任を負う可能性が開かれる[194]。

ザンダースの主張については、たとえ合意があったとしても、将来衝突する可能性のある３人以上の親が同意をもって法律上の親の地位につくことが果たして本当に子どもの福祉にとって有害でないのか疑問の余地があるが、そこは立法者の判断に委ねるべきということになろうか。そこで、――本書の課題である複数の親子関係を前提とした法形成について子どもがいかなる権利ないし利益を有するのかについてより一層明らかにするためにも――、２人親原則の崩壊に対し慎重な態度をみせる見解を検討する。

(b) ２人親原則の崩壊に対し慎重な態度をみせる見解

２人親原則の崩壊に対し慎重な態度をみせる説として、ヴァプラーが挙げられる。ここでは、ベッティナ・ハイダーホフのコメントを冒頭に述べた上で検討していきたい。

先述したザンダースの説について、ハイダーホフは次のようにコメントしている。

自然的な役割モデル（一人の父／一人の母）から脱却し、現実の親としてのあり方を法的に反映させることを目指すということは、コマザーのような性別に加えて、親の権利の主体に柔軟性を持たせることを意味する。複数の親を持つモデルは、もちろんその前提条件を子どもの福祉の観点から規制しなければならないが、子どもにより大きな保護を与えることができ、また多くの場合、「現実の」親としてのあり方をより正確に反映させることができる。しかし、どのような場合に複数の親の権利が考慮されるのか等はまだ不明確である。この場合、基本法６条１項及び２項からの限界づけがもたらされる。なぜならば、

---

[194]　a.a.O., S. 432.

Ⅱ　権利の主体

2人に加えてもう一人の親が加わることは、既存の社会的法的家族に負担をかける可能性があり、そして、親の権利をもう一人と共有する必要があり、その後の対立が親の権利の機能を損なう可能性があるからである(195)。

そのため、合意による解決策（ここで先述したザンダース説が脚注において挙げられている）がしばしば提案される。しかし、このような解決法には、親の地位に対する親の処分の自由（Dispositionsfreiheit）が非常に強くなるという問題が伴う。この点で、合意にはよらないが、特に配慮(権)に関しては2人の親が明確に優先権を持つような形で、多様な親子関係を内容形成することが提案できる。この場合、「補助的な」親（一般的には遺伝上の父親、特に共同出産の場合）は、緊急事態においてのみ、また合意によってのみ、現在の親としての責任を引き継ぐ。このため、面会交流や養育から相続権に至るまで、その他のすべての親の権利と義務は未解決のままである。基本法では、このように親の権利の段階的な行使を認めているため、この点については多くの内容形成の余地が残されている(196)。

以上がハイダーホフによるコメントであり、ここからわかることは、ザンダース説については親の地位の放棄が容易になるという欠点があるということである。そして、この欠点を踏まえて、2人親原則を放棄するならば多様な親子関係に関する新たな親子法モデルを考慮しなければならないということになる。

そこで、新たなモデルを考える上での参考として、2人親原則崩壊ないし放棄に慎重な立場を検討する。

ハイダーホフにより、多様な親子関係をめぐる議論について、「少なくとも」3人以上の「配慮権者の等しい取扱いについて懐疑的(197)」であると評されるヴァプラーは、連邦憲法裁判所と同様に、親同士の役割と権利衝突回避の必要性を主張している。彼女は、3人あるいは4人の親は2人よりも衝突可能性が大きいと考えている。そこで、親同士の衝突可能性を最小化するために配慮権と面会交流権を議会制定法上の次元で段階化する多段階モデルが考えられる。

---

(195)　Heiderhof , Münch/Kunig, Grundgesetz-Kommentar, 7. Aufl. 2021, Rn. 219.
(196)　a.a.O., Rn. 220.

第 3 章　憲法上の面会交流権の法的性質と主体

彼女は、子どもに対する「潜在的には終身存在する総責任」を 2 人以上の人間に割り当てることを諌めている。なぜならば、自然な生殖から出発し、多くの親に責任を委ねる場合、子どもに対する責任が分散するおそれがあるからである。子どもの利益やそれと結びついた子どもの福祉の観点から、子どもは完全に子どもに対し責任を感じそして自らが信頼している者を親として求めている。また、社会的関係及び家族構造において、継続性と安全性を必要としている。しかし彼女は、憲法に内在するものとして 2 人親原則を設定することについては難色を示している。なぜならば、同文は子どもと個別の親との関係を保護するが、親の集合体を保護しているわけではないからである。しかし、最終的に議会制定法上親を 2 人に限定することは合憲であるとする[198]。

(c) 若干の検討

ここまで見てきたとおり現在ドイツでは、2 人親原則の崩壊を主張する見解とこれに対し慎重な態度をみせる見解に別れている。ただし、先述したように、2 人親原則を軸とした学説の二分化という分析手法に問題がないとは言えない。

ただ、この分析手法に則り学説を俯瞰するならば、2 人親原則はザンダースやシューラー・ハルムスが主張するように、厳密にいえば制度的保障の核とは言えないだろう。それどころか、生物学上の父の面会交流権を契機の 1 つとして「崩壊」の危機を迎えている。まさに、面会交流権の権利の重視化がかよう

---

(197)　a.a.O., Rn. 219の脚注712参照。同脚注では、ヴァプラーのほかに、「出自関係がある場合多様な親子関係を築くことにはむしろ反対的だが、配慮権を他の人物に委譲することには前向きな」立場として、ヘルムスが紹介されている。ヘルムスは、多様な親子関係の規律について、親子法における完全な地位の付与（狭義の多様な親子関係としての地位の付与）と、配慮権・面会交流権法という部分的な権利の付与（広義の多様な親子関係としての地位の付与）の、どちらの規制アプローチが望ましいかを慎重に区別することが重要だと考える。そして、彼は、法律上の親子関係は、一般に、子どもに対する生涯にわたる責任を確立するものであり、たとえ生身の親子関係が存在しなくなったとしても、原則として、そこから相互の権利と義務が生じるのに対して配慮権と面会交流権の関係は唯一子どもの福祉という方向付けの下、柔軟に対応できると考える (Helms, Wie vielle Eltern vertragt ein Kind?Mehrelternfamilien aus rechtlicher Sicht, in Hilbig-Lugani, M. Huber [Hrsg.], Moderne Familienformen, 2019, S. 128)。

(198)　Wapler (Anm. 22) S. 187.

な事態を招いたともいえよう。

　ただ、だからと言って多様な親子関係に対応した家族法モデルを考察するにあたっては、ザンダース説に対するハイダーホフの指摘にみるように慎重でなければならない。となると、ヴァプラーらが言う通り現段階で立法者が一人の子どもにつき法律上の親を2人に限定していることは、親同士の衝突可能性を最小化する方法が確立されるまでは子どもの福祉の観点から正当化されると考えるべきではないかと思われる。換言すれば、複数の親に対して基本法6条2項の親としてその主体性を認めるならば、その衝突可能性を最小化することが立法者に要請されると解するべきである。

(4) **祖父母の面会交流権**
(a) ドイツの法制度
　先述したように、ドイツでは民法1685条1項において祖父母の面会交流権を認めている。ここでいう「祖父母」とは、法律上の祖父母であり、すなわち〈子どもの法律上の親〉の法律上の親を指す。それ以外の祖父母は同項に該当しないが、社会的－家族的関係があれば、民法1685条2項1文で面会交流権を主張することができる。

　子どもと接触する祖父母の権利は、親の権利の枠組みの中でのみ効力を持つ。つまり、民法1685条1項は、面会交流が子どもの福祉に奉仕する場合にこの権利を認めている。この規範的な法的概念を具体化するために、民法1626条3項に言及することができる。子どもが祖父母との関係を維持することが、子どもの成長に寄与することになり、子どもの最善の利益につながる。立法者の見解によれば、この面会交流権は、主に面会交流権を持つ祖父母の利益ではなく、子どもの利益のためのものである。祖父母がその権利を主張する場合、祖父母は、祖父母との面会交流の保障を求める子どもの親に対する権利を行使する手助けをしているに過ぎない。家庭裁判所の介入は、民法第1666条の閾値を超えた場合にのみ行われる[199]。

---

(199) Löhnig, Das Umgangsrecht der Großeltern aus §1685 I BGB Dogmatische Sturukture und Praxis, NZFam 2017, S. 1031.

第 3 章　憲法上の面会交流権の法的性質と主体

　このような背景から、立法者は民法1685条1項において、祖父母と接触する子どもの対応する権利を規定しなかったことは理解できる。親と子どもが面会交流に賛成しているにもかかわらず、祖父母が接触を望んでいない場合、面会交流権の受託者としての性格から、原則として、子どもの福祉にかなう方法で子どもが面会交流できるようにする義務が生じる。確かに、ここでは、片方の親との接触の場合以上に、強制的に行われる接触にどのような意味があるのかという疑問が生じるが、立法者もこのように考えているため、面会交流の義務を明示することを控えている[200]。

　それでは、この面会交流権は、基本法上どのようなかかわりを持つと理解されているのだろうか。換言すれば、祖父母の面会交流権は、憲法上保障されるのだろうか。

(b) 連邦憲法裁判所及び連邦通常裁判所民事部の見解

　2014年に、連邦憲法裁判所は祖母が自分の孫娘の後見人に自分を指名するよう求めた事案において、基本法6条1項は近い血縁、とりわけ祖父母と孫を保護しているが、上述の2人親原則のこともあり、祖父母は基本法6条2項の親の権利主体にはなれないと判示した[201]。このことから、祖父母は基本法6条1項により面会交流権を主張できるようにも思われる。

　なお、連邦通常裁判所民事部は民法1685条が直接面会交流権限者の固有の基本権地位により導かれるものではないとしているが、これは上記連邦憲法裁判所の見解に矛盾するとの指摘[202]がなされている。

　更に、EU法においては2018年に欧州司法裁判所が、2003年11月27日の規則 (EC) No. 2201/2003における第1条Ⅱ(a)の「面会交流権」に祖父母と孫の面会交流が含まれると判示し、祖父母の面会交流権の保護を行っている[203]。

---

(200)　BT-Drucks. 13/4899, 68.
(201)　BVerfGE 136, 382（386 f.）.
(202)　Löhnig（Anm. 199）S. 1031.
(203)　EuGH, 31.05.2018 - C-335/17.

Ⅱ　権利の主体

(5) **養子に出される子どもと実親の面会交流**
(a) **法　制　度**
　ドイツの養子縁組は、完全養子縁組であり、養子縁組が成立すると実の親との法的関係が断絶する[204]。親子関係が断絶する時、断絶した親は面会交流の機会を失う。そのため、養子縁組の手続には慎重であるべきであるが、かつて婚外子の父親は基本法6条2項における「親」とされず、養子縁組手続に参加することができなかった。そのため、対象となる民法1747条2項の規定の違憲性が争われることになった。その判決において、連邦憲法裁判所は実親の面会交流の利益に言及しているため、以下で詳しく述べる。
(b) **婚外子の父を基本法6条2項における「親」と認めた事案（BVerfGE 92, 158）**
　事案は、次のとおりである。異議申立人Ｘらは、3人の婚外子の父親である。彼らはいずれも子どもの母と別居した後に子どもの母によって交流が拒絶あるいは困難な状況にあった。子どもの母は、別の男性と結婚し、母単独あるいは共同での養子縁組を後見裁判所に申し立てていた。当時子どもの福祉に奉仕する場合には、子どもを養子に出すことが認められていた。そのさい母の同意のみが必要とされ、民法1747条2項の規定により、婚外子の父は原則養子の同意権を阻止することができないとされていた。裁判所での養子縁組手続に父が参加して意見を述べることができるかについては児童並びに少年援助法にも規定がなかったため、Ｘらのうちの1人（X_1）は裁判所で意見を聴取されなかった。そこで、X_1は基本法6条2項違反を理由に憲法異議を申し立てた。
　連邦憲法裁判所は、次のように判示した。
　この問題の違憲審査基準は、基本法6条2項1文である。これまで連邦憲法裁判所によって審議されたことがあるが、婚外子の父が一般に親の権利の主体であるかどうかの問題は肯定されるべきである。
　基本法6条2項1文によれば、子どもの養教育は、「親の」権利と義務である。そこではまず子どもがその婚姻によって結びつけられた親から成りたつ家

---

[204]　髙橋由紀子「ドイツ養子法における非嫡出子の父の法的地位」岩志和一郎『家族と法の地平：三木妙子・磯野誠一・石川稔先生献呈論文集』（尚学社、2009年）218頁。

第 3 章　憲法上の面会交流権の法的性質と主体

族という共同体の中で育っていくというごく普通のケースが想定されている。連邦憲法裁判所は、既に親の権利が婚外子の母にも存在することを認めている。「親」という概念は、しかし一般的な語句に従えばまた婚外子の生物学上の親も含んでいる。婚姻での親の結びつきは、文字の意味でも保障給付の意味での基本権主体関係の前提でもない。そしてのちの判決において婚外子の父には基本法 6 条 2 項 1 文の意味における親の地位を結局彼が子どもの母と共同生活をしていて、かつそのために彼による親の責任の維持にとっての前提が存在する場合には改めて論ずる余地はない。(婚外子の父が母と同居し、親の責任を引き受ける前提が存在するときは父にも基本法 6 条 2 項 1 文が定めている親の地位を父にも認めてきた)。

　基本法 6 条 2 項 1 文は、親の権利を親に分配する。つまり 2 人の人間の共同の権利である。そのことは生物学上の 2 人の親が基本法の保護領域に含められるという解釈を意味する。もっとも、養教育の権利の共同行使は最小基準として父母間の合意と父母それぞれが子どもと社会的関係を築いていることを前提とする。これらが欠けるときは、個別の親の権限は広く父母のどちらか一人に割り当てられる。しかし、婚外子の親の権利がはじめから他方を完全に排除して一方にだけ割り当てられるのは正当化されていない。今日では、多くの婚外子の父は何らかの方法でこの発達に関与しているからである。また、父子間または父母間の関係の密接さに応じて婚外子の父を親の権利の保護領域に含めるかどうか区別することは実務的ではない。状況は変わりやすく、当事者間の関係は時の経過とともに変化することがあり得るからである。

　したがって婚外子の父は全て子どもの母と同居しているか、共同でこの教育任務を引き受けているかに関わらず、法的な父と承認される時は基本法 6 条 2 項 1 文の親の権利の主体であると解することが最も憲法に合致する。しかし同時に立法者には、父母双方の具体的な権利義務を創設するさいに、父がその婚外子の発展に寄与するか、異なる実務上の関係を考慮に入れる権限が認められる[205]。

　全ての血縁上の父母を基本法 6 条 2 項 1 文の保護領域に含めたからと言って、

---

[205]　BVerfGE 92, 158 (176 ff.).

全ての父母に子どもとの関係で同じ権利を認められなければならないというわけではない。どのように法律上の権利を創設するかに立法者の権限に委ねられている。そこで、具体的に民法1747条2項の検討に入る。

　母もしくはその配偶者による養子縁組は、全ての権利義務と共に婚外子の父の法的地位を喪失させる。特に交流申立てと子どもとの人的関係を維持または復活する法的可能性を完全に奪うことになる。母もしくはその夫による養子縁組を通した実父の親の権利への重要な干渉は正当化されるか。まず将来の父との交流可能性が完全に排除されることは通常は子どもの福祉に合致しない。いずれにしても婚外子の父に親の権利を主張する可能性を認めないことによって、母が自己の婚外子を養子とすることを容易にすることは子どもの福祉の確保のために必要ではない。他方、里親家庭での望ましい子どもの保護を達成するために当該規定は必要ない。子どもの福祉の確保のためには、実父の利益を比較衡量して養子縁組判決への子どもの利益が優越することが明らかな場合にのみ母の婚姻相手による養子縁組を認めれば十分である。したがって、養子縁組が母又はその配偶者による限りにおいて、民法1747条2項は基本法6条2項1文に合致しない[206]。

　(c) 評　価

　この判決により、連邦憲法裁判所は養子縁組手続に実親を参加させるよう要求することによって、実親が面会交流権を喪失することを防止しようとしている。

　また、ドイツでは、養子縁組の利用促進を実現させるための今後の課題として、実親子の断絶効の緩和（オープンアドプション形式の法定化、交流権の付与等）という法的課題が提示されている。実務においては養育環境及び法的帰属を養子縁組により確保し、かつ実親子の接触・面会の機会を提供するものとして、ハーフアドプションやオープンアドプションが実施されている[207]。

---

(206)　BVerfGE 92, 158 (179 ff.).
(207)　喜友名菜織「特別養子縁組における実親の位置づけと調和的解決への模索――ドイツにおける運用・議論状況を手掛かりに」家族〈社会と法〉36巻（2020年）142頁。

第3章　憲法上の面会交流権の法的性質と主体

Ⅲ　本章の小括

1　前章の検討

前章の検討により、本書では権利重視型と制度重視型の「憲法上の親の権利」について、中間の立場から個別に検討していくべきとの視座を得た。また、親の権利の法的性質について、ドイツでは複数の学説が存在している。

2　ドイツにおける面会交流制度と面会交流権主体の拡大

本章では引き続きドイツを参考に、面会交流権が「憲法上の親の権利」において権利よりの議論であることを確認し、わが国の問題状況についての示唆を導き出すことを試みた。その結果、以下のことが判明した。

まず、ドイツでは手厚い面会交流制度が用意されており、連邦憲法裁判所も離婚した別居親の面会交流権が基本法上保障されていることを明らかにしていた。そして、学説及びその後の判例を踏まえると、少なくとも事実上の親の面会交流に関する固有の利益は認められる。また、子どもの面会交流権も認められる。

次に、ドイツでは、面会交流権の主体が問題となる。従来法律上の親の権利と限られた者の権利とされてきた面会交流権は、主に生物学上の父の面会交流権の議論をきっかけに主体の拡大傾向がみられる。これは、欧州人権法による影響が大きい。ドイツの家族法の欧州化が憲法上の面会交流権の権利重視の傾向に影響を与えているとみられる。

3　2人親原則の崩壊？

現在ドイツでは、生物学上の父の面会交流権を契機に、これまで基本法上の要請とされてきた、1人の子どもにつき親を2人に限定する2人親原則の崩壊を主張する見解とこれを維持しようとする見解に別れている。しかし、2人親原則はザンダースやシューラー・ハルムスが主張するように、厳密にいえば制度的保障の核とは言えないだろう。それどころか、生物学上の父の面会交流権を契機の1つとして「崩壊」の危機を迎えている。まさに、面会交流権の権利

の重視化がかような事態を招いたともいえよう。

　ただ、ヴァプラーが言う通り、現段階で立法者が1人の子どもにつき法律上の親を2人に限定していることは、親同士の衝突可能性を最小化する方法が確立されるまでは子どもの福祉の観点から正当化されると考えるべきではないかと思われる。換言すれば、複数の親を基本法6条2項の親としてその主体性を認めるならば、その衝突可能性を最小化することが立法者に要請されると解するべきである。

4　祖父母の面会交流権及び養子縁組に出された子どもの実親の面会交流権

　更に、ドイツでは、祖父母の面会交流権や養子縁組に出された子どもの実親の面会交流権が憲法上議論されている。前者については、連邦憲法裁判所の見解によれば、祖父母は基本法6条1項により面会交流権を主張できるようにも思われる。後者については、過去に連邦憲法裁判所は養子縁組手続に実親を参加させるよう要求することによって、実親が面会交流権を喪失することを防止しようとしている。また、養子縁組の利用促進を実現させるための今後の課題として、実親子の断絶効の緩和（オープンアドプション形式の法定化、交流権の付与等）という法的課題が提示されている。

　以上がドイツにおける憲法上の面会交流権の法的性質及び主体の議論である。これを踏まえて、次章では限界の検討を行う。

＊　本稿脱稿後、宇多鼓次朗「憲法上の概念の解釈における変化に関する一考察（1）・（2・完）：基本法6条1項の家族概念解釈の変化を対象とした構造と動態の分析」阪大法学73巻3号104-77頁・73巻2号104-89頁（2023年）に接する機会を得た。2024年4月9日に連邦憲法裁判所が、生物学上の父による父子関係の否認について定めた民法1600条の各規定は基本法6条2項1文に反する旨の判決を下した（BVerfG, 09.04.2024-1 BvR 2017/21）。同判決と本章で扱った2人親原則をめぐる議論の関係に関する検討及び評価については、他日を期したい。

第4章　権利の限界

I　個別の場面における面会交流権の限界を検討する必要性

　わが国において、面会交流権の限界については、親の権利を外から限界づける消極的・子どもの福祉と子どもにとってより良い選択肢を追求する積極的・子どもの福祉に区分し、限界づける構想がある[1]。すなわち、「民法766条2項に定める面会交流等の家事審判においても明文の定めはないものの、子どもの福祉が優先的判断基準となると考えられるが、この判断基準は民法819条項及び5項に定められる離婚時の親権者指定の場合と同様に『積極的・子どもの福祉』（比較基準）である。」しかし、民法766条2項の場合、父母の一方の主張が——たとえ子どもの意思に沿っていても——「消極的・子どもの福祉」に反することもある[2]。これに対して、公権力による面会交流制限は、——私人間の争いを捌く家庭裁判所が拠り所とする相対的な比較判断は不適切である以上おそらく「消極的・子どもの福祉」が判断基準となるのであろうが——、その具体的内容がさほど明らかになっていない印象をうける。

　こうした学説をみると、面会交流の限界についてはそのより具体的な内容を個別の場面で明らかにするべきだと思われる。特にこれまでの親の権利論では法律上の親子関係の面会のみが考察対象とされてきた印象をうけるため、特に本書で重点的に検討した生物学上の父の面会交流の限界も明らかにするべきだろう。以下では、わが国でも問題になり得る公権力による面会交流の制限、私人間の面会交流紛争そして生物学上の父の面会交流制限という3つの場面の限界について、ひきつづきドイツの判例・学説を参考に検討する。

---

　(1)　横田光平『子ども法の基本構造』（信山社、2010年）568頁。
　(2)　横田光平「児童虐待への国家介入——分析的考察」法律時報90巻11号（2018年）42頁。

第4章　権利の限界

Ⅱ　公権力による面会交流の制限

1　はじめに

　本節では、現在のわが国においても公権力による親子の面会交流制限に対して何らかの明確な基準を設定することが必要かつ重要であるという問題意識のもとで、どのような明確な基準を設定することが可能かまたその基準はどのような法的性格をもつべきかを具体的に考察するための前提作業を行う。そのさいに、基本法から面会交流制限に対する憲法上の基準を導いているドイツの法状況を、両国の法制度の違いに留意しつつ検討したい。
　そこでまず2.で公権力による親子の面会交流制限に関する現在の問題状況及び判例を検討し、これに対処するために憲法上明確な基準を設定することの必要性を3.で明らかにする。次に4.では、連邦憲法裁判所の重要判例およびコロナ禍における面会交流規制を対象とする最近の行政裁判所の判例を分析して、子どもの保護を目的として分離された親子の面会交流規制についてどのような基準が妥当であるかを検討する。最後に、5.では、ドイツの議論状況を小括という形で確認する。

2　問題状況

(1) 公権力による親子の面会交流規制の現状

　従来の憲法学説は面会交流について主に離婚の場面を想定しており[3]、児童の保護を目的とした、公権力による面会交流規制に関する憲法上の議論は少ない[4]。
　わが国では公権力による親子の面会交流規制について、従来一時保護された子ども（児童福祉法33条1項）の面会制限、里親委託・施設入所措置（児童福祉法27条1項3号）をとった子どもの面会制限、そして先述した措置に親権者が同意しなかった場合に行われる児童福祉法28条の審判中の面会交流制限が挙げ

---

(3) 例えば米沢広一『子ども・家族・憲法』（1993年、有斐閣）290-292頁。
(4) 例外として、横田光平（「『関係』としての児童虐待と「親によって養育される子どもの権利」ジュリスト1407号［2010年］87-94頁ほか）が挙げられる。

られる。これらのケースでは、面会交流が行政処分よりも「指導」という任意処分形式で行われることが多い[5]が、両親は子どもを奪われないためにこの指導に従わざるをえないために事実上前者と同視できるのではないかという指摘がある[6]。

たしかに面会交流を児童虐待防止法12条における行政処分として制限するならば不利益処分（子どもにとっては利益処分とされる）として手続保障がなされるにもかかわらず、「指導」というあいまいな手法で子どもと父母の面会を制限することが多く認められることは適正な状態ではない[7]とも言えよう。もっとも、現行制度における行政処分としての面会通信制限規定は、「児童虐待を受けた児童」と「児童虐待を行った保護者」との間のみを面会通信を制限する非常に限定的なものであり、その他にも面会交流制限をすべき人物が存在することを考慮すれば指導による面会通信制限手法の存在意義自体は法改正がされるまで否定するべきではない。そうだとしても、その指導が何らの明確な基準もなく恣意的に行われてよいということにはならないであろう。また、先述した曖昧な状態で面会交流が規制されることを子どもないし親子の権利保障の観点から問題視し、イギリスをはじめ諸外国の制度を参考に、将来的には面会交流制限について司法審査が必要であるという主張も見られる[8]。

こうした問題状況は、近年司法の場で、解決が試みられている。

---

(5) 厚生労働省「子ども虐待対応の手引き〔平成25年8月改正版〕」（最終確認日：2020年8月20日）114頁。この「指導」の根拠条文は明らかではないが、児童福祉法12条、11条1項2号二に定める「児童及びその保護者につき……必要な指導」などの面会交流に限らない一般抽象的な「指導」に含まれると推測されている（久保健二『児童相談所における子ども虐待事案への法的対応〔改訂〕』〔日本加除出版、2018年〕128頁）。なお、行政処分よりも指導が多く適用される状況について、2020年から2021年に厚生労働省で行われた「児童相談所における一時保護の手続等の在り方に関する検討会」で原因の究明及び解決のための指導がなされたが、それ以上の検討は先送りされた。

(6) 久保・前掲注(5)129-130頁。

(7) 久保・前掲注(5)129-130頁。

(8) 磯谷文明「児童虐待ケースにおける面会交流」子どもの虹情報研修センター紀要7号（2009年）11-12頁。面会交流に限らず司法が虐待に関与する制度は直ちに導入できないといわれている。なぜならば、裁判所や児童相談所のマンパワーが不足しているた

第4章　権利の限界

(2) 近時の判例動向

　2021年には宇都宮地方裁判所が施設入所措置中の児童の親に対する面会制限について、親による国家賠償請求を一部認容した[9]こともあり、今後ますますこの問題への関心は高まっていくであろうことが予想される。実務の現状や憲法上の議論の意義を確認するために、同判決及び控訴審について、以下で検討する。

(a) 事　実

　事案は次のとおりである。

　被告Y県の所管するP児童相談所の所長Bは、匿名の虐待通告を受け2017年1月27日に、児童福祉法33条1項に基づき、原告X_1（父）・X_2（母）らの子どもAについての一時保護決定を行うと、X_1に通知した。原告らは明らかに長時間勉強させる等一定の虐待の事実を認め、入所同意とその撤回に揺れたが、P所員の説明に応じて、3月22日、同意書に押印した。Bは同日31日に一時保護を解除した上で児童福祉法27条1項3号に基づきAについてQ児童養護施設（「本件施設」）への入所措置決定を行った。Bは原告らに対し、一時保護決定後、児童福祉法12条2項（2019年改正前のもの。現12条3項）及び11条1項2号ニに基づき面会通信制限をする旨の指導（本件指導）を行い、これはX_1については2019年12月4日、X_2については2019年2月5日までわたった。

　入所措置後の経緯は、以下のようなものである。

　入所後、Aは原告ら特にX_1との面会に消極的な姿勢であった。このためP職員らは、早期の再統合に向けての支援プログラムに着手することができなかった。2017年10月にX_1、X_2は代理人として弁護士Cを選任し、Cは2018年5月9日に本件指導の中止等の求め等を示した内容証明郵便を発送した。これ

め、諸外国のように司法が機動性をもって行政権と協力して児童の保護にあたることが困難であるからである（水野紀子「児童虐待への法的対応と親権制限のありかた」社会保障45巻4号368頁）。そのため、外国の制度を直接参考にするのではく、わが国の今後の制度設計を考えるにあたり参考になる部分を考察する研究成果がみられる（久保野恵美子「児童虐待への対応における裁判所の役割——イギリスにおける被ケア児童との面会交流問題を素材に」東北法學68巻6号［2004年］1-39頁）。

(9)　宇都宮地判2021（令3）年3月3日判時2501号73頁。

に対して、同月18日にBは事実上、本件指導の中止要請には応じられないことを明らかにした。

　X_1・X_2は、2018年7月31日、本件指導が違法であることを主張し、国家賠償法1条1項に基づき損害賠償を請求した。争点は、児童相談所長が本件指導の継続を受忍させたことは、国家賠償法1条1項の適用上「違法」なものか、という点であった。

(b) 1審の判断

　1審（宇都宮地判2021[令3]年3月3日判時2501号73頁）は、X_1については請求を棄却したが、X_2については請求を一部認容した。宇都宮地裁は、行政指導が原則として任意の協力の下に行われるべきであると述べた。そして、「[児童福祉]法11条1項2号二、12条2項所定の行政指導としての面会通信制限は、児童虐待防止法に基づく面会通信制限等（行政処分）による当該保護者と児相等関係諸機関との間の不要な対立・紛争を回避しつつ、親子関係の再統合に向けた環境調整を柔軟かつ可及的に速やかに実現するために実現するための手法として位置付けられるべきものであり、また、そのようなものとして運用されているのが実際である。このような観点からいうと、虐待を受けた児童の保護者は、上記行政指導としての面会通信制限に協力するか否かを決定するかを決定する権利を有するとしても、その権利の行使の在り方は無制約なものではなく、児童に対する虐待を防止し、虐待を受けた児童の保護、自律の支援及び親子の再統合という観点からの内在的な制約を有しているものというべきである」、とした。その上で、次のように述べている。

　「以上によれば、いったん本件指導（行政指導）を前提に被虐待児童の保護者たるX_1・X_2と本件児相との間で親子関係の再統合を目指して協議などが行われている場合でも、その進捗状況やかかる協議等を取り巻く客観的な状況の変化により、保護者であるX_1・X_2において、本件児相所長に対し、行政指導としての本件指導にはもはや協力できないとの意思を『真摯かつ明確に表明』（任意性）し、直ちに本件指導の中止を求めているものと認められる時には、他に上記『特段の事情が存在』するものと認められない限り、本件指導が行われていることを理由にX_1・X_2に対し上記面会通信制限の措置を受忍させることが許されず、本件児相所長の対応は、国賠法1条1項の適用上『違法』との

第4章　権利の限界

評価を免れないものと解するのが相当である（最高判昭60年7月16日第三小法廷判決・民集39巻5号989頁・なお上記最高裁判決と本件とでは事案を異にするが、その基礎にある内在的論理は本件事案の判断枠組みを検討するに当たっても妥当するものと解されるので、参照判例として引用した）」。

宇都宮地裁は以上の見地の下に本件指導について判断し、2018年5月9日付内容証明郵便による行政指導の中止の求めにより、いずれの原告についても本件指導への不協力の意思が真摯かつ明確に示されたとした。その上で、上記「特段の事情」の存否について、X_2については認めず遅くとも2018年5月18日以降の本件指導は違法であるとした。他方でX_1については、相当長期にわたる虐待を行っており「Aに対して面会通信を求める権利を大きく制限されてもやむを得ない立場にあった」上、内省が不十分であること、A自身がX_1を一貫して拒絶していること等を考慮して、面会を実現すると親子関係の再統合の可能性を妨げる状態が続いていることから、「本件指導への協力を受忍させることを相当とする格別の事情が存在するものといわざるを得ない」とした。

(c) 2審の判断

このような宇都宮地裁の判断に対し、X_1・X_2は控訴を行った。控訴審において東京高裁は、X_1のみならずX_2についても控訴を棄却した（東京高判2021〔令3〕年12月16日判自487号64頁）。

ここでは行政指導の国賠法上の違法性を判断する判断枠組みは変わらないが、あてはめ部分の評価が異なっているように見られる。すなわち、まず、X_1について、東京高裁は、原審と同様の理由で「本件指導への協力を受忍させることを相当とする特段の事情が存在する」と評価した。次に、東京高裁は、X_2について、X_2はX_1のAに対する虐待を放置し、本件入所措置後もAの心情を思いやらない自己本位な行動をしており、このようなX_2の態度はAに対する「虐待の責任を認識し、自らの課題に向き合うといった姿勢からは程遠」く、他方でAはX_1・X_2が本件指導への不協力の意思表明を表明した時点ではX_1・X_2に会いたくないという意思表明をしていた、と評価した。そのうえで、東京高裁は、次のように結論付けている。

「これらの諸事情に照らせば、家族の再統合にとって親子の面会通信が重要な役割を果たすことを踏まえても、控訴人X_2の面会通信を求める権利利益の

保護の要請は後退すると言わざるを得ず、Aの意思に沿わない形での控訴人X₂との面会通信を認めることにより、Aを精神的に不安定な状態に陥らせかねないなどして、かえって親子の再統合の実現を妨げ、児童の健やかな成長発達という法の目的に背く結果になりかねない。かかる事態は社会通念に照らし客観的に見て到底是認し難いものというべきであるから、控訴人X₂についても、本件指導への協力を受忍させることを相当とする特段の事情が存するものといわざるを得ない」。

　(d)　評　価

　これらの判決のうち、宇都宮地裁判決は、従来実務で行われていた行政指導を違法と判断した法的枠組みを提示した点で、重要な意味を持つと評価されている[10]。ただし、同判決は引用するいわゆる品川マンション事件（最判1985[昭60]年7月16日三小判民集39巻5号989頁[11]）との「内在的論理」の共通性が本当に見いだせるかという疑問も提起されている。すなわち、「品川マンション事件では民民紛争の回避は行政指導の継続によらなければ達成し得ない（建築確認を指定してしまうと損なわれる）目的であったが、本件ではAの精神的安

---

(10)　渡部朗子「判批」判例地方自治482号（2021年）68頁。

(11)　品川マンション事件とは、建築主がマンションの建築確認申請をしたところ、付近住民の反対を理由に東京都の担当職員から話し合いによる円満解決をするよう行政指導を受け、当初はこれに従ったものの解決に至らず、ある時点から建築確認留保を背景とする行政指導にもはや従わないこととした事案である。本件では、最終的に建築確認処分がされたが、建築主は、法定期間を超えた処分の留保は違法である等として、工事遅延等の損害賠償請求をした。

　最高裁は、任意の同意があることが明確でなくても、法の趣旨目的に照らして社会通念上合理的と認められるときは確認留保は違法でないとする。その上で、建築主が行政指導に不協力・不服従の意思を表明している場合には、「建築主が受ける不利益と行政指導の目的とする公益上の必要性とを比較衡量して、右行政指導に対する建築主の不協力が社会通念上正義の観念に反するものといえるような特段の事情が存在しない限り、……確認処分を留保することは違法」であり、いったん行政指導に応じた場合であっても「行政指導にはもはや協力できないとの意思を真摯かつ明確に表明し、当該確認申請に対し直ちに応答すべきことを求めているものと認められるとき」は、前期特段の事情が認められない限り、それ以降の行政指導を理由とする確認処分の留保は違法になる、とした。

第4章　権利の限界

定は面会通信制限処分によっても達成できる。いいかえると、『特段の事情』において本件指導の公益性を考慮するとしても、『再統合を面会が害することを防ぐ』ことは本件指導継続固有のものとは言えないのではないか[12]」という指摘がなされている。ただ、行政処分としての面会通信制限は、要件・対象が限定的である[13]。そのため、実務では極めて使い勝手が悪いだろう。実務において同処分は厳格な要件の下で行われるよう要請されている[14]。それゆえ、本件においては面会通信制限処分による目的達成が困難であったという事情があったのではないかとも推測できる。

　とはいえ、複数の学説[15]が指摘しているように、本件について、品川マンション事件の法理はその性質を異にするため、適用できないと考えるべきだろう。それでは、親子の面会交流制限に関する行政指導は、親が不服従の意思を表明した場合ただちに違法となるのだろうか。もっとも、これを正当化する手法として、児童福祉法47条3項[16]の「児童等の福祉のために必要な[17]」措置とすることが考えられる[18]。そのように考えると、直ちに違法とはならない。

---

(12) 堀澤明生「判批」法学セミナー308号（2022年）131頁。

(13) 例えば、同条の面会通信制限を受ける者は「当該児童虐待を行った保護者」に限定され、対象となる児童は、児童虐待の可能性にとどまらず、児童虐待の事実が明らかになっている必要がある（詳細については、磯谷文明・町野朔・水野紀子ほか編『実務コンメンタール　児童福祉法・児童虐待防止法』［有斐閣、2020年］690-691頁）。

(14) 磯谷文明・町野朔・水野紀子ほか編・前掲注(13)691頁。

(15) 堀澤・前掲注(12)131頁、横田光平「判批」令和4年度重要判例解説（2023年）48頁。中川丈久『行政手続と行政指導』（有斐閣、2003年）207頁以下も参照。なお、品川マンション事件の法理を肯定し、本件における「特段の事情」の有無を考察する見解については、橋爪幸代「判批」社会保障研究7巻2号（2022年）155頁以下参照。本件第一審判決に関するその他の評釈として、井上浩平「判批」北大法学論集73巻4号（2022年）125-148頁が挙げられる。

(16) 「③　児童福祉施設の長、その住居において養育を行う第六条の三第八項に規定する内閣府令で定める者又は里親（以下この項において「施設長等」という。）は、入所中又は受託中の児童で親権を行う者又は未成年後見人のあるものについても、監護及び教育に関し、その児童の福祉のため必要な措置をとることができる。この場合において、施設長等は、児童の人格を尊重するとともに、その年齢及び発達の程度に配慮しなければならず、かつ、体罰その他の児童の心身の健全な発達に有害な影響を及ぼす言動をしてはならない」。

Ⅱ　公権力による面会交流の制限

いずれにせよ宇都宮地裁判決による法的枠組みを用いても、あてはめによって結論が分かれることが分かる。東京高裁は当事者である子どもの意思をより重視したともとらえられるが、親子の再統合における面会交流の重要性に鑑みて、現行制度の見直しはもとより、司法の場において当事者の権利利益の調整をいかにはかるかが問題となる。

(3) **近時の判例を踏まえた憲法上の議論の必要性**

ここまで見た通り、私人間の面会交流紛争とは異なり、公権力による面会交流制限の場合は、行政指導を国賠法上違法と評価することにより、司法の場で一部救済が図られていることが分かる。なお、その後の判例状況については結論で検討する。

とはいえ、同場面で憲法上の面会交流権を議論する必要性が失われるわけではない。法による内容形成によって始めて認められる権利ではない、憲法上の面会交流権の観点から、親子の再統合とは別に、親子の面会交流権を行政が制限していると解されるべきである[19]。

行政法の枠組みのみならず本書のような憲法学の次元での面会交流権の検討は、かような具体的な事案の検討にとって意味があると言えよう。

3　憲法上の議論の問題点

先の訴訟及び評釈や、面会交流権の権利性が民法でも通説が形成されていない現状（詳細については1章参照）に鑑みて、裁判上の救済において新たな視点を提供するという意味でも、また、少なくとも今後の法制度形成にあたり考え得る一つの指針としても、面会交流制限に対する明確な基準を憲法によって設

---

(17)　ここでの「児童等の福祉のために必要な措置」を満たす適正な措置かどうかは、「問題となっている事柄の重要性、親権者の主張の理由、その合理性、当該措置の必要性の程度、問題となっている児童の福祉の内容、代替手段の有無等に照らして、個別事情に応じて判断される必要」がある（磯谷文明・町野朔・水野紀子ほか編・前掲注[13] 552頁）。

(18)　横田・前掲注(15)48頁。

(19)　横田光平も同様の見解を示している（横田・前掲注[15]48頁）。

定する試みには意味があるように思われる。

　本節では以上のような問題意識の下、公権力による子どもの保護を目的とした親子の面会交流制限に対し、何らかの明確な基準を設定するために、そのための議論の端緒として、先述したわが国の現状と比較可能性のある場面において違憲審査基準が厳格化しつつあるドイツの議論が参考になるかを検討する。

4　子どもの保護を目的として分離された親子の面会交流規制基準の考察 —— 基本法6条3項の適用及びコロナ禍における面会交流規制を中心に

(1) 基本法6条3項の規範内容

　ここでは、公権力による面会交流規制について、今日憲法学者により注目される判例[20]及びコロナ禍における面会交流規制に関する判例を検討する。これらはいずれも、面会交流排除を基本法6条2項のみならず3項の対象とする。

　基本法6条3項は、「子どもは、教育権者に故障がある（versagen）場合、又は子どもがその他の理由から放置される恐れのある（zu verwahrlosen drohen）場合には、法律の根拠に基づいてのみ、親権者の意思に反してこれを家族から引き離すことが許される」と規定する。同項は、基本法6条2項2文の監督任務の特別規定（制限―制限）と解されている[21]。そして、この規定は親子分離という国家の措置に対する教育権者の防御権を規定し、立法者に対して同項の条件のもとにおいてのみ親子分離を認める旨を定めている[22]。

　同項によれば親子分離は、①「教育権者に故障がある」又は②「子どもがその他の理由から放置される恐れのある」場合でなければできない。すなわち親子の分離を正当化するためには①客観的に持続した、特に恒久的な親の養育義

---

[20]　Britz, Ausgewählte Verfassungsfragen umgangs- und sorgerechtlicher Streitigkeiten beim Elternkonflikt nach Trennung, FF 2015, S. 389.

[21]　在ドイツ外国人を家族にもつ外国人の追移住権事件、BVerfGE 76, 1(48)。本書では判例やこれを支持する見解（例えば、Wapler, Kinderrechte und Kindeswohl, 2015, S. 150; Uhle, in: Epping/Hillgruber, BeckOK, GG, 2018, Rn. 63）に従う。

[22]　第一次養子縁組決定、BVerfGE 24, 119 (136, 138 f.); Uhle, in:Epping/Hulgruber Beck-Online Kommentar, Grundgesetz 2018, Rn. 63.

務の不履行が必要であり、そのような不履行は、その時々の親の過失のみが立証される場合には存在しない。必要とされるのは、教育権者側に重大な故障があり、それによって子どもの福祉が身体的、精神的、情緒的な面で永続的に危険にさらされたというような客観的事実である[23]。このような子どもの身体的、精神的、情緒的福祉の損害ないし危険性は、「すでに当該子どもに損害が生じている場合、または相当の危険性が合理的な確実性をもって予見できる場合」に想定される[24]。また、②子どもの福祉の危険化が親子分離以外の方法で解消することができない場合には、教育権者の過失は問われない[25]。このような分離にあたっては十分に特定された法律上の授権が必要である。

これらの要件が満たされているかについて、憲法裁判所による審査の基本的な範囲を超えて、原審（一般の裁判所）の（法律）解釈や事実の認定・評価の誤りにまで及ぶような厳格な審査が行われる[26]。同項の規範内容に関連する論点で後の判例と関連するものとして、「教育権者」の定義と分離の内容が挙げられる。学説では「教育権者」とは、子どもの実父母だけでなく、配慮権を有するすべての者を含むとされる[27]。また、分離の概念は主に事実上子どもを育てることに対する国家の影響力を確立するために、（家庭内の）家族共同体から子どもを排除することと判例・学説は理解している[28]。つまり、たとえ一方の親が面会交流を制限されていても、もう一方の親が子どもと生活している場合は基本法6条3項の対象にならない[29]。そして、連邦憲法裁判所に

---

(23) 民法1666条1項の合憲性が確認された事案、BVerfGE 60, 79 (91).
(24) 子どもの福祉の危険化が継続している場合に親の配慮権を剥奪することの憲法適合性が問われた事案、BVerfG (K), 23.04.2018FamRZ 2018, 1084 (1086).
(25) Uhle (Anm. 18) Rn. 63; 民法1666条1項の合憲性が確認された事案、BVerfGE 60, 79 (88).
(26) a.a.O. Rn. 64a. 連邦憲法裁判所と一般裁判所との関係について、畑尻剛・工藤達朗編『ドイツの憲法裁判〔第2版〕』（中央大学出版部、2013年）100頁参照。
(27) a.a.O., Rn. 64b.
(28) 後見裁判所が配慮権を持たない親と子どもの面会交流を実施するために配慮権者に義務を負わせることが基本法6条に反しないとされた事案、BVerfGE 31, 194 (210).
(29) 後見裁判所が配慮権を持たない親と子どもの面会交流を実施するために配慮権者に義務を負わせることが基本法6条に反しないとされた事案、BVerfGE 31, 194 (210).

第 4 章　権利の限界

よれば同項は、分離行為のみならず分離状態の維持にも適用される[30]。

　こうした要件を満たす分離は厳格な比例審査の下、より穏当な手段がないかが審査される。比例の原則は、国家が可能な限り、その目的を達成するために、親子の再統合を支援し、それを目的とした措置をとることを義務づけている[31]。そして、分離する期間はなるべく短い方が望ましい。そして、2010年代の連邦憲法裁判所の判例をみると、その分離状態の維持に面会交流排除も含まれるとする判断が確認できる。

(2) 里親に託置されている子どもと親の面会交流排除事例
(a) 制 度 概 要

　ドイツでは公的な教育援助が里親養育（社会法典 8 編33条）や施設養育（同34条）の形で行われ、元の家庭から分離して子どもが他者養育されている場合であっても、親子の再統合のために子どもと元の家族との関係を助成する必要がある（同37条 1 項 3 文）。面会交流権は民法上第一に子どもの権利とされ、親の配慮権の帰属とは独立しているため、たとえ配慮権が剥奪された親でも親子への援助計画の中で親子の接触の機会が設けられる[32]。

　また、民法1684条 4 項の規定（家庭裁判所による面会交流の制限・排除）はこの場面でも用いられる。子どもは親と分離した場合、施設あるいは里親に託置される。そして、里親託置における面会交流排除に対し憲法訴訟が提起されている。

(b) 事例の概要

　本件は里親の下で養育され、面会交流を拒否している息子との面会交流を排除された親 X が面会交流を排除した原審に対する憲法異議を申し立てた事案である。連邦憲法裁判所第 1 法廷第 2 部会は、当該面会交流排除決定は結論として基本法及び欧州人権条約に反しないとしたが、そのなかで面会交流排除が許される要件について次のように示した[33]。

---

(30)　実父母の意思に反して里親のもとに子どもをひきつづき託置する原審判断の合憲性が問われた事案、BVerfGE 68, 176 (187).
(31)　民法1666条 1 項の合憲性が確認された事案、BVerfGE 60, 79 (93).
(32)　岩志和一郎編著『児童福祉と司法の間の子の福祉』（尚学社、2019年）70頁。

まず、面会交流をめぐる私人同士の紛争と面会交流排除による子どもの親への帰還を困難にする措置は区別され、後者は基本法6条2項のみならず6条3項の問題でもあり、厳格な比例性の要請を遵守することが求められる。次に、面会交流の制限又は排除は、子どもの精神的または身体的発達に対する具体的な危険を回避するために、子どもの保護が個々のケースの具体的な状況に応じてこれを必要とすることを前提とする。更に、面会交流の制限又は排除は、特に、子どもが重大な理由でこれを希望し、強制的な面会交流が子どもの福祉を損なう場合に検討されるが、その一方で、親の面会交流権の憲法及び（欧州人権条約をはじめとする）人権上の意義を考慮しなければならない。つまり、手続法上の観点から子どもに関する手続の形成は子どもの福祉の危険化を判断するために可能な限り信頼できる根拠に基づいたものであり、その形成が子どもの実体的な基本法上の地位の実現に資することに適合しかつ相当でなければならない。最後に、この違憲審査基準に照らすと、原審が民法1684条4項の規定に従い面会交流による子どもの福祉の危険化の有無を審査し、面会交流排除の期間を必要な範囲に限定しているために原審の判断は比例原則の要請を満たしている。

(c) 評　価

親の権利学説は、親同士の地位の衡量と本件のような面会交流排除を区別しており、本決定もそれにならっている。また、民法学ではこれまでの連邦憲法裁判所が面会交流の制限・排除と期間に応じて親の面会交流権への介入の程度を区別していないことを問題視されていた[34]が、同決定は基本法6条3項の適用をもって介入の程度を区別しようと試みている。ここでは国家と親の関係を、親と面会したくない子どもの利益を代表する国家と子どもと面会したい親の人格的利益を主張する親の問題と捉えるべきかと思われる。そして、子どもの意思が決定的なファクターになるとみられる。

親の面会交流権は子どもの福祉により制限される。しかし、親自身の利益も

---

(33)　BVerfG (K) 20, 135 (136 ff.). ドイツの里親制度の詳細については、鈴木博人『親子福祉法の比較法的研究Ⅰ　養子法の研究』（中央大学出版部、2014年）315頁以下参照。

(34)　Veit,in: Hau/Poseck (Hrsg.), Beck-Online Kommentar, BGB, 55. Edition, §1648 Rn. 48.1.

含まれるため、子どもの福祉の具体的内容を考えなければならない。そのさいに、今回のケースはいわゆる消極的・子どもの福祉の問題であり、子どもの基本権＝子どもの福祉を代表する国家と親との衝突と構成される。

(3) コロナ禍における面会交流規制

(a) コロナ禍と面会交流

コロナ禍はドイツの親子の面会交流にも影響を及ぼした。特にその影響が顕著であったのは、全国規模流行状況住民保護法（第三次法）による規制内容の「カタログ化[35]」以前のロックダウン時であったと思われる。

しかしたとえロックダウン時でも面会交流は親子にとって特別な意義があり、基本法6条の観点から抽象的かつ一般的な危険性をもって面会交流を過度に制約してはならない。そのため、コロナ禍による面会交流制限の場面でも、面会交流制限の限界が問われる。

そして、ロックダウン時に、一部の行政裁判所はラントによるコロナ感染対策を目的とした面会交流制限について憲法判断を行った。

(b) 2020年4月16日付のハンブルグ行政裁判所決定[36]

ロックダウンのさいにドイツでは連邦国家として、感染症制圧のための命令及び禁止を内容とする命令が各州政府に授権された（感染症予防法32条1項）。これをうけて成立した2020年4月2日づけのハンブルク州の新型コロナウイルス拡散封じ込めを目的とした命令は、150ユーロの過料（制裁金）をもって（過料カタログと結びつけられた同命令33条2項）15条1項において面会目的での児童保護施設（社会法典8編42条）への立ち入りを禁じた。しかし、同命令はその例外を規定していなかった。そこで、児童保護施設に入所している子どもの

---

[35] 第三次法は、感染症予防法に28a条を新設した。同条は、これまで出された保護措置・ラントの政令を類型化したうえで、考慮事項や必要なデータ保護法上の位置づけを与えた規定となっていた（横田明美『コロナ危機と立法・行政』[弘文堂、2023年] 4頁）。ドイツにおけるコロナ対策に関する法制度に関するわが国の研究成果については枚挙にいとまがないが、概要と立憲主義の視点を示したものとして、石村修「ドイツにおけるCOVID-19」植野妙実子ほか編『世界と日本のCOVID-19対応——立憲主義の視点から考える』（敬文堂、2023年）17-30頁が挙げられる。

[36] VG Hamburg, 16.04.2020, FamRZ 2020, 928.

親が同命令15条により児童保護施設に適用される社会法典8編42条に基づく児童保護施設への面会および立ち入り禁止が彼女に適用されない旨の仮命令の訴えを起こした。

ハンブルク行政裁判所は親の主張を認めた。同裁判所はこの面会交流排除規定を基本法6条3項が想定するような親子分離であるとした。そして、①当該命令が同項の（議会制定）「法律」に該当せず、②施設に託置された子ども及び職員の健康保護という抽象的な規制目的は教育権者の故障や施設にいる子どもがその他の理由から放置されるおそれのある場合には結びつかないため、基本法6条3項の要件を満たさないと判断した。

そして、児童保護施設において、例外なく面会を禁止することは、子どもの年齢、以前の親子関係の質及び接触の頻度等に応じて区別することなく、親子の接触を完全に断絶させることにつながるため、基本法6条2項における親の基本権を侵害するものであると判断した。更に、同裁判所は、本件命令が病院や公の宿泊施設でも面会を個別に認めているにもかかわらず、児童保護施設については、同様の規定が存在しないことを問題視した。

(c) 評　価

ハンブルク行政裁判所決定はロックダウン時という事態にだされたものであり、今後類似のケースが発生するとは、議会統制が執行権に及んでいるとされる現在では考え難い。特に先述したように、少なくとも2020年11月の第三次全国規模流行状況住民保護法成立以降は、立法により面会交流については規制を安易に加えてはいけない類型に分類されているため、立法により解決が図られたとみるべきだろう。しかし、今後も、感染症対策を理由とした医療施設での親子の面会交流制限というような場面で、参照する余地はあるだろう[37]。

この判断枠組及び結論について、一部の評釈では原告である母の居住指定権及び教育権が数年前にはく奪されているため基本法6条3項を適用する余地はあるのか疑問が付されている[38]。もっとも、まさに親の権利への強度の介入

---

[37]　なお、本件と類似するがハイリスク患者のコロナ感染症防止を目的としたラントによる医療施設での面会交流規制では基本法6条3項は適用されなかった（VG Gelsenkirchen, 29.04.2020 - 20 L 516/20参照）。

[38]　Wiesner, Anmerkung, ZKJ 2020, S. 237.

第 4 章　権利の限界

であるにもかかわらず、例外的に面会交流が認められる余地のない点が本件では問題視されるべきであり、結論自体は妥当である。

5　小　括

ドイツでは公権力による親子の面会交流規制の一部が、基本法 6 条 3 項における親子の分離の維持であるとみなされつつある。その結果、違憲審査基準が厳格化することが期待されている。実際に、里親のもとにいる子どもの面会交流排除や児童福祉施設に入所している子どものコロナ感染防止を目的とした面会交流規制が同項の対象となり得る。前者については、既に基本法 6 条 3 項を面会交流排除に用いた事例として注目されているが、後者についてはロックダウン社会における特殊なケースともとらえられうる。しかし、今後もコロナ感染防止を目的とした公権力による親子の面会交流規制に関する憲法判断に関し参照する余地はあるだろう。

このような判例の動向に対し、これを子どもの基本権、子どもの福祉の法的内容及び子どもの意思の尊重をもって補充する動きがみられる一方で、基本法 6 条 3 項の射程を問う見解も確認できる。

Ⅲ　私人間の紛争における面会交流の限界

1　問題提起

第 1 章でも触れたように、現在わが国では面会交流をより積極的に行うべきという主張がなされている。2019 年から行われた憲法上の面会交流権を主張する訴訟（詳細については、第 1 章参照）で、婚姻中または離婚後の夫婦の別居に伴い、子どもと別居することに至った親である原告らは次のように主張した。すなわち、憲法上保障されている別居親と子どもとの面会交流権の権利行使の機会を確保するために必要な立法措置をとることは必要不可欠であり、それが明白であるにもかかわらず、国会が正当な理由なく長期にわたって立法措置を怠ってきたことは、国家賠償法 1 条 1 項の違法な行為に該当する。

このような面会交流をめぐる紛争においては、同居親による拒否、別居親に

よる拒否、そして子どもによる拒否というように場面に応じて面会交流権の限界をも明らかにしなければならない。そのため、引き続きドイツの判例を参考に考察を進める。なお、(1)及び(3)の判例については第3章においても触れている。

2 私人間の面会交流紛争に関する判例

(1) 同居親による面会交流拒否

事案は、次のとおりである。

異議申立人X（母）は最初の結婚で1962年にA（父）との間にB（息子）をもうけた。その後1963年に両者は離婚した。Xは息子に対する親権（Gewalt）を担っていた。1966年にXは2番目の婚姻をCとした。Xは息子と暮らしている。XとAはBとの交流について合意に至らなかった。ミュンヘン区裁判所は、1969年にAとBとの新たな交流取り決めを宣言した。その結果、XにはAとBを交流させることが義務づけられた。この交流規則を履行しなかったため、Xには秩序罰がかせられた。Xによって自身と子どもの名においてミュンヘンラント裁判所に申立てが行われ、1962年に判決が下されたが訴えは認められず、上級ラント裁判所でも同様であったために、Xは憲法異議を申し立てた。

争点は、基本法に照らして後見裁判所が民法1634条によって離婚した非監護者の親とその子どもとの人的交流を規制し同時に交流の実行に関する命令を行う、つまり配慮権ある親Aに、子どもをもう一方の親Bに委ねることを義務づけることが許されるかが問題となった。端的に言えば、身上配慮を担当しない親がその子どもと個人的に交流する権限について定めていた民法1634条の規定が離婚後身上配慮を行う親とそうでない親との間で配慮を行わない親と子どもとの交流の在り方について同意をみない場合には後見裁判所がこれについて定め得ることになるので、同規定が配慮を行う親の教育権の侵害になるのか否かが争われた。

判旨は、次のとおりである[39]。

親権も面会交流権（Verkehrrecht）も、ともに自然的親の権利及びこれと結びついた親の責任から導き出される。親の責任は、配慮を行わない親にも原則

として存続する。この責任から、離婚に伴う子どもの発達への障害を可能な限り緩和し、子どもの利益に即した合理的な解決を行う親の義務が導き出される。しかし、もし親の間で意見が一致しない場合には、法秩序と法的平穏を維持するという国家の任務から、国家が対立する親の利益の調整について自ら決定を行う権限が導かれ、また、基本法6条2項にいう監督任務から、子どもの利益のために明確な規律をするよう配慮する義務が導き出される。したがって、一方の親にのみ親権を、他方の親には面会交流権を与えることは基本法に反しない。また面会交流権行使について親が一致しない場合に、国家が面会交流権を具体化し、必要な場合に他方の親の意に反してそれを実現するよう面会交流権を持つ親を援助することも、基本法に反しない。そのさい国家は、ともに親の教育権によって保護された親の法的地位の間の調整を行うのであって、教育主体としての親の優位を侵すものではないから、教育権への介入の差異に必要とされる厳格な条件には拘束されない。もちろん、国家の措置は目的にとって必要なものでなければならず、また、子どもの福祉を志向するものでなければならない。民法1634条はそうした方向での解釈が可能である[40]。

(2) 評　価

この判決によれば、たとえ親権者が反対していても子どもの福祉に合致する場合は面会交流を親権者はさせなければならないということになる。そして、そのさいに、親は子どもの利益に即した合理的な解決を行わなければならない義務を負い、これが基本義務によるものであると解される。

(3) 別居親による拒否[41]

事案は、次のとおりである。

異議申立人Xは既婚者の男性であり、妻との子どものほかに婚外子Aがいる。XはAを認知しているが、Aとの交流を拒んでいる。そのため、AはX

---

(39) 同判決の詳細については、横田守弘「親の教育権と国家の監視（一）」西南学院大学法学論集21巻1号（1988年）82-83頁及び第3章脚注(13)参照。
(40) BVerfGE 31, 194（205 ff.）.
(41) 同判決の詳細を扱った文献については、第3章脚注(19)参照。

との交流を求めて上級ラント裁判所に提訴した。上級ラント裁判所はＡの訴えを認め、ＸがＡとの面会交流を拒んだ場合、非訟事件法33条１項及び３項による執行金をかす旨を命じた。これに対し、Ｘは同条に基づいて執行金をかすという手段に関して人格権侵害を主張し、連邦憲法裁判所において憲法異議の訴えを行った。これに対し、連邦憲法裁判所は次のように判示した（２章でふれた子どもの基本権に関する箇所については、省略する）。

Ｘに執行金による心理的圧迫を与えることは、人格保護の基本権への介入である。しかし、子どもの福祉の範囲内であれば、交流義務を負わせることによる親の人格権に対する介入は合憲である[42]。けれども、親が交流を拒絶しているのであれば、強制執行によって行われる交流は、一般的に子どもの福祉にはならないのであり、親の人格権に対する介入は正当化されない。むしろ、子どもの福祉になるであろうと推測できる根拠のある場合に限って、例外的に親に対する交流の強制執行が許されるにすぎない[43]。

(4) 評　価

連邦憲法裁判所は、第２章でふれた子どもの基本権のほかに、親の面会交流義務の内容形成についても評価をしている。同判決では子どもは面会交流を求め権利を有するが、別居親による拒否の場合強制的な手段による請求権の行使は、例外的に子どもの福祉に合致する場合のみであり、通常は回避しなければならないと判示した。

この決定は、子どもが父親の意思に反して面会交流権を行使できないことを意味するのではない。むしろ、（強制的な）面会交流の実施が子どもの福祉につながるかどうかは、個々のケースで検討されるべきであるとされる。その際、同裁判所は、面会交流によって子どもの福祉が危険にさらされるかどうかを検討する必要はもちろんなく、むしろ子どもの福祉が促進されるかどうかを検討する必要があることを認識していなかった。連邦憲法裁判所は、子どもの面会交流権を強制的に行使する例として、死にかけている子どもが父親に会いた

---

[42]　BVerfGE 121, 69 (90 ff.).
[43]　BVerfGE 121, 69 (98 ff.).

第4章　権利の限界

がっている場合や、すでに人格が成熟している子どもが1回限りの接触で初めて父親を知りたいと思っている場合を挙げている[44]。

しかし、この決定は、通常のケース、すなわち父親が子どもとの間に感情的な結びつきを確立しておらず、そうしたいとも思っていない場合には、そのような結びつきを司法の助けを借りて強制することはできないということも意味している。面会交流を拒否する父親の態度は、非情に見えるかもしれないが、強制的に面会交流を強要された場合に、子どもが親の拒絶を経験するだけでは、子どもの福祉が促進されないことは明らかであるとされる。最初は面会交流を拒否していた親が、司法的に強制された接触の過程で、子どもへの関心を発見し、持続的な関係を築く可能性は、理論的な可能性にとどまると思われる。したがって、フーバーが指摘するように、ここで親の面会交流義務は「いわゆるシグナリング効果をもつプログラム規定[45]」にすぎないという様相を呈している。

こうした判例に対して、別居親同様子どももその意思に反する面会交流を回避できるようにするべきであるという主張も見られる[46]。下記の2016年の判決はこのような見解に対応しているといえよう。

(5) 子どもによる拒否

事案は、次のとおりである。

娘が産まれた直後から父母は不仲となり、以来、父は繰り返し娘との面会交流を求めてきたが母が応じなかったため、何度も家庭裁判所で交流手続が継続された。娘は、8歳の時から12歳の現在まで断固として父との交流を拒否し、更に18歳になるまでの交流禁止命令を求めた。家庭裁判所と上級地方裁判所は、娘の強い拒絶の意思から交流を認めると子どもの福祉の危険があるとして無期限の交流禁止を命じた。連邦憲法裁判所での本件の争点のなかからここでは2

---

(44)　この指摘について、Huber, Anmerkung, FPR 2008, S. 244.

(45)　a.a.O., S. 244. この点を強く批判する見解として、Rauscher, Anmerkung, JZ 2008, S. 950.

(46)　Peschel-Gutzeit, Umgangspflicht – Eine Naturalobligation?, NJW 2008, S. 1922-1925.

つ取り上げる。①父との交流が子どもの福祉の危険となるか、②基本法6条2項で保障された親の基本権への強い介入の前に、より穏当な手段がなかったか、であった。

①については、父母の長期にわたる激しい葛藤が子どもの拒絶の意思を強めてきたこと、幼い時からすでに何度も裁判所での交流手続にさらされてきた12歳の子どもの持続的な拒絶の意思は十分尊重されるべきで、原則としてこのような意思を考慮しないことは子どもの福祉の危険につながると判断された[47]。

②については、より穏当な措置としての交流支援や交流保護は、子どもの拒絶の意思を翻意させるのに適切ではない。むしろ、このような強制措置をとることは子どもの拒絶する姿勢を強化するだろう。また、子どもは母と確固とした愛着関係を築いているので母の配慮権はく奪の措置はとるべきではない。母に交流妨害を理由とする秩序手段をかすことは、子どもに家族システムへの脅威と受け取られる。そして、交流禁止を期限付きにすると父が再び裁判所に交流許可の申立てをすることが予測されるので、交流の無期限禁止は許されるとされた[48]。

(vi) 評　価

このケースは、子どもの福祉の危機判断において子どもの意思は重視される傾向にあることを示している。また子どもの父への基本権介入が比例原則に反しないかの判断においても、交流支援措置が子どもの意思を翻意するどころかむしろ逆効果であると判断し、原審の子どもの意思を尊重する判断を支持している。こうした連邦憲法裁判所の姿勢や第2章で見た子どもの意思の重視をみる限り、面会交流の場面においても子どもの意思はますます尊重されていくことになるのではないかと思われる。

3　小　括

私人間の紛争という三者関係の争いにおいては二面関係とは異なり、親権者の存在がある。そのため、親権者の意思に反する面会交流の限界が問題となる。

---

(47)　BVerfG, 17.09.2016, FamRZ 2016, 1917（1919）.

(48)　BVerfG, 17.09.2016, FamRZ 2016, 1917（1919 f.）.

第4章　権利の限界

　私人間の紛争における面会交流の是非は積極的・子どもの福祉により決められる。そして、たとえ親権者が反対していても子どもの福祉に合致する場合は面会交流を親権者はさせなければならない。
　別居親による拒否については、連邦憲法裁判所は、具体的な個別の事例において強制された面会交流が子どもの福祉になお奉仕し得るであろうことを推測させる十分な根拠が存在しない場合は、その面会交流を強制することはできないとしている。しかし、ヴァプラーの論説を踏まえるとそのさいには第2章との関係から当事者の合意を得ることが望ましいと考える。
　子ども自身の拒否は、公権力による面会交流制限同様近年重視されつつあり、子ども自身の意思が今後ますます重要なファクターになるとみられる。

Ⅳ　生物学上の親による面会交流請求

1　問題提起

　先述したように、面会交流権は憲法上の親の権利を拡大させる可能性を秘めている。そのため、わが国においても今後生物学上の親による面会交流請求が生じてもおかしくない状況にありその限界を検討することには意義が認められる。

2　生物学上の父による面会交流請求の限界

(1) 家事事件手続法167a条における出自鑑定制度

　先述した生物学上の父に面会交流権を認める立法で家事事件手続法167a条は、父子関係を証明する出自鑑定について、関係者の受忍義務を定めている。生物学的父が、子どもとの面会交流を望む時の裁判所による出自鑑定命令（家事事件手続法178条）について、これが基本権への介入となるために、十分な法律の根拠が必要であることは、今回の法律施行前に連邦憲法裁判所が明らかにしている。その中で、十分な法律の根拠なく介入されている基本法上の権利として、異議申立人の法律上の親の権利（基本法6条2項、子どもの配慮を担い、また子どもの遺伝的なデータを収集し利用することを許可するかについての判断が

Ⅳ　生物学上の親による面会交流請求

保障されている）、子どもの自己情報決定権（基本法1条1項と結びついた2条1項）、法律上の母の私的領域と内密領域の尊重（基本法1条1項と結びついた2条1項）[49]が挙げられている[50]。今回成立した法律により、この判決で言うところの十分な法的根拠がもうけられたことになる[51]。そして、この面会交流・回答請求に伴う出自鑑定自体が関係者にかける負担の存在については、2014年に連邦憲法裁判所が言及するところとなった。

(2) 連邦憲法裁判所による判断

事案は次のとおりである。異議申立人 X_1、X_2、そして X_3 は民法1686a条による面会交流手続と回答請求手続における出自鑑定の実施命令に対し憲法異議を提起した。X_1、X_2は2011年2月に生まれた異議申立人 X_3 の法律上の親であり、彼らは家計を共にしてきた。X_3の生物学上の父であると称する申立人は、X_3との面会交流と子どもの人的関係についての回答請求を要求した。申立人と X_1 が妊娠期間中に同居し、申立人が X_3 に生後一か月以内に同伴者付きの面会交流を許されているということについては争いがない。ドレスデン上級ラント裁判所は本件について、家事事件手続法167a条によって書面上の遺伝子鑑定の実施を原告が X_3 の生物学上の父であるかを明らかにするために命令した。異議申立人らは、裁判所によって命令された専門家による鑑定に協力することを拒否することを宣言した。彼らは更に「認諾（Anerkenntnis）」という方法で、「父子関係の付随確認なく原告の回答請求を求める訴えを聞き届ける」と主張した。上級ラント裁判所は中間判決で、出自鑑定への参加を拒否すること

---

(49) この判決を取り扱ってはいないが、女性の内密領域の保護に関する事例研究として、實原隆志「女性の内密領域の保護と裁判所による法の継続形成の限界」自治研究第92巻6号（2016年）142-149頁が挙げられる。

(50) この事案では原審が「生物学上の父であるが、法律上の父でないものの権利の強化に関する法律」施行前に家事事件手続法178条を用いて子どもの出生鑑定命令に対する抗告を不適法としたが、連邦憲法裁判所はその意見を採用しなかった（BVerfG, 23.05.2013, FamRZ 2013, 1195参照）。

(51) そのため、民法1686a条は家事事件手続法167a条によって手続上脇を固められている（flankieren）と評されている（von Collen, in: Sachs [Hrsg.], GG-Kommentar, 7. Aufl., 2014, Art. 6, Rn. 103）。

第4章　権利の限界

は違法であると判断した。Xらはこの判断に対し、憲法異議を提起した。彼らは、出自鑑定の実施がその他の諸要審査よりもより深刻なものであるととらえているためその他の諸要件を出自鑑定よりも先に審査すべきと主張している。これに対して、連邦憲法裁判所は、Xらの基本権への介入を正当化する。理由は以下のとおりである。

たしかに、生物学上の父子関係の出自鑑定の実行命令は、基本法6条1項によって保護される家族生活への介入を意味する。現存する家族が法律上の父と（子どもとの間に）生物学上の父子関係が欠けていることが明らかになる可能性と対峙することは、関係者から家族関係と妨げられる家族生活全てを奪い取ることになる。法律上の父が子どもの生物学上の父ではないことを出自解明が確立する場合、家族生活への負担は特に大きい。

けれどもこの介入は、民法1686a条と家事事件手続法167a条という法律上の介入権限が具体化された憲法に内在する、現存する家族保護の制限である。当該条文は、原則として憲法上承認されるべき法律上の父子関係の取消しができない推定上の生物学上の父の面会交流と回答請求という望みを具体化したものである。立法者は、欧州人権裁判所の判断に対する応答で、推定上の生物学上の父に対し面会交流と回答請求の実行のために、民法1600条2項2文により法律上の父子関係の取消しが考慮されないような場合に子どもの出自鑑定を可能とした。

もっとも、家庭裁判所は、民法1686a条の個別の構成要件を明らかにする順番について、自由に決定してはならない。なぜならば、比例原則により関係者らは必要でない基本権介入という負担をかけられてはならないからである。特に、裁判所は裁判手続をもっぱら当該実施可能性の吟味（Praktikabikitätserwägung）のみから順番を決め（wählen）てはならない。出自鑑定が与える家族への影響を考慮し、家族の基本権における不要な介入回避のため、出自鑑定は第一に裁判所がその他の生物学上の交流そして回答請求の諸要件が存在することを認定して初めて行われることが要請されている。

これに対し、その他の請求要件の解明が関係者にとってはるかに負担をかけるものであるならば、逆に、出自鑑定を優先させることが要請されうる。家族生活への侵害という評価においては、特に申立人の生物学上の父子関係の可能

性が関係者同士で争われているか否かという状況に意義がある。民法1686a 条と家事事件手続法167a 条による文言は、これらの憲法上の比例原則要請を尊重することを妨げない。今回の事例のように、原告と子どもとの間に生物学上の父子関係が存在することの具体的な可能性について争いがない場合は、家族生活への侵害は受忍できないほど大きいとはみなされない[52]。

(3) 評　価

この決定において、連邦憲法裁判所は、該当条文について憲法適合解釈をする中で、新しい法律は原則として憲法上認められるべき生物学上の父の子どもとの面会交流という望みによる、基本法6条1項の家族の基本権の内在的制約であるとした。そして、この請求を認めるための諸要件認定の順番について、裁判所が自由に決めてはならないとした。

もともと連邦憲法裁判所は、民法1686a 条における審査の順番は、裁判所の裁量に属するという認識でいた。もちろんこの裁量は憲法に適合する形で行使され[53]、裁量行使決定の背後にある憲法上の衡量とは、基本法6条1項によって保護される現存する家族の出自の解明においてこれと結びついた負担を負うことになる家族生活と、欧州人権裁判所の判決により強調された生物学上の父の交流と回答請求を求める権利である。実はすでに、連邦憲法裁判所は、行政による父子関係取消し規制の合憲性の判断においてそのような衡量枠組みをうちだしている[54]。そして、今回の判決とその評釈を見ると、両者の衝突調整手段を探る手掛かりは、当事者、特に子どもの負担にあるとみることができる[55]。つまり、当事者のうち特に子どもにとってより負担の少ない手段を裁判所が選択することが憲法上の要請であるとされる。ただし、一般には生物学上の父との面会交流の子どもの福祉性審査（家庭裁判所や関係官庁による子どもの聴聞）よりも出自鑑定の方が子どもにとっての負担が少ない、という考えがあるようである[56]。以上の2件の事例が示しているように、ドイツでは子

---

[52] BVerfG, 19.11.2014, NJW 2015, 542（542）.
[53] Opitz, Anmerkunng, NZFam 2015, S. 141.
[54] Hilbig-Lugani, Anmerkung, FamRZ 2015 S. 212.
[55] a.a.O., S. 212 f.

どもと社会的－家族的関係を有したことのない生物学上の父が望む面会交流を実施するための出自鑑定が問題視されている。子どもの出自鑑定については、一方で真実の父子関係の解明が子どものアイデンティティの発展にも役立つとも考えられるが、他方で子どもの出自解明が及ぼす家族生活への影響が懸念されるべきであろう。今回の立法は、法律上の父と子どもとの親子関係を取り消す効果はない。また後者の事例において出自鑑定が社会的家族の平穏な家族生活に及ぼす影響については、すでに法律上の父が自分と子どもとの間に親子関係がないことについて争いがないという事実をもとに基本権侵害であるとは認定されなかった。

　以上のように、生物学上の父の面会交流権の対抗的利益として、法律上の親の権利（基本法6条2項、子どもの配慮を担い、また子どもの遺伝的なデータを収集し利用することを許可するかについての判断が保障されている）、子どもの自己情報決定権（基本法1条1項と結びついた2条1項）、法律上の母の私的領域と内密領域の尊重（基本法1条1項と結びついた2条1項）そして家族基本権（基本法6条1項）が考えられる。そして、親の権利の問題としてとらえる場合特にここでは中間の子どもの福祉が問題とされるとされる[57]。ただ、結局のところ、これは積極的・子どもの福祉に帰するともとらえられよう。連邦憲法裁判所2014年決定によれば、子どもにとってより負担の少ない手続が基本法上要請される。

3　小　括

　ドイツでは、生物学上の父の面会交流権の対抗的利益として、法律上の親の権利（基本法6条2項、子どもの配慮を担い、また子どもの遺伝的なデータを収集し利用することを許可するかについての判断が保障されている）、子どもの自己情報決定権（基本法1条1項と結びついた2条1項）、法律上の母の私的領域と内密領域の尊重（基本法1条1項と結びついた2条1項）そして家族基本権（基本

---

(56)　a.a.O., S. 212 f.
(57)　ヴァプラーは、この中間の子どもの福祉基準について、子どもの福祉に「不利益」ではない限り認めるべき基準と表現している（Wapler［Anm. 17］2015, S. 281）。なお、ここでは兄弟や祖父母の面会交流も想定されている。

法6条1項）が考えられる。そして、親の権利の問題としてとらえる場合特に子どもの福祉は消極的・子どもの福祉と積極的・子どもの福祉の中間と学説では、とらえられる。しかし、これは結局のところ積極的・子どもの福祉に帰するともいえよう。そして、連邦憲法裁判所2014年決定によれば、法律上の家族の解体に繋がりかねない出自鑑定を他の審査よりも後にするというように子どもにとってより負担の少ない手続が憲法上要請される。

V 本章の小括及び考察

1 公権力による面会交流制限の類型化

わが国では、児童の保護を目的とする、行政処分としての公権力による親子の面会交流制限が存在する。しかし、同処分の実務における使い勝手が悪いために、実務上親子の面会交流制限の大半は行政指導という形で行われている。ところが、この行政指導が国家賠償法上違法なものではないかと懸念されており、実際に訴訟が提起されているが、裁判所によって判断が分かれている。

そこで、この問題を憲法上の面会交流権という観点から検討し、憲法上何らかの基準を導き出す必要が生ずる。そのために、ドイツの議論を参考にする。

まず、ドイツの面会交流権は子どもの保護を目的とした公権力の面会交流制限に対し、防御権として活用されている。この傾向は基本法6条2項のみならず、制限－制限規範である6条3項の活用を試みる連邦憲法裁判所の判例に顕著にあらわれている。そして、その場面として、里親のもとにいる子どもとの面会交流排除及びロックダウン時の面会交流規制が挙げられる。

次に、ドイツの子どもの保護を目的とした公権力による面会交流制限、特に長期間にわたる制約や排除は具体的な子どもの福祉の危険化が必要とされる。そしてその措置の憲法適合性を判断するにあたり、基本法6条3項が適用される。具体的には面会交流の制限又は排除は、特に、子どもが重大な理由でこれを希望し、強制的な面会交流が子どもの福祉を損なう場合に検討されるが、その一方で、親の面会交流権の憲法上・人権上の意義を考慮しなければならない。つまり、手続法上の観点から子どもに関する手続の形成は子どもの福祉の危険

化を判断するために可能な限り信頼できる根拠に基づいたものであり、その形成が子どもの実体的な基本法上の地位の実現に資することに適合しかつ相当でなければならない。また、たとえロックダウン時であっても施設に入所している子どもと親子の面会交流制限について基本法 6 条 3 項の適用は阻まれず、例外なき面会交流制限は許されない。

　ドイツの最近の動向はわが国の公権力による親子の面会交流制限にとって、憲法上明確な基準を設定するうえで参考になり得る。すなわち、憲法上の親の面会交流権は、親の人格的利益を考慮し、①子どもの意思が不明な場合は、国家と親の間での子どもの利益に関する判断の衝突の問題ととらえ、②子どもの意思が明らかな場合は子どもの権利と親の権利の衝突とし、その調整役として国家があらわれると思われる。そして、例えば里親家庭の自律性といった他者の存在も考慮に入れながら、判断を下すべきではないか。

　もっとも、ただちに直接司法救済の場で参考にするのではなく、将来の法形成や司法救済の場面においてわが国の面会交流権の憲法上の権利性をめぐる議論の中でドイツの議論のどの部分が参考になるかを考察しなければならない。

2　私人間の面会交流紛争の類型化

　現在わが国では面会交流をより積極的に行うべきという主張がなされている。2019 年から行われた憲法上の面会交流権を主張する訴訟（詳細については、1 章参照）で、婚姻中または離婚後の夫婦の別居に伴い、子どもと別居することに至った親である原告らは次のように主張した。すなわち、憲法上保障されている別居親と子どもとの面会交流権の権利行使の機会を確保するために必要な立法措置をとることは必要不可欠であり、それが明白であるにもかかわらず、国会が正当な理由なく長期にわたって立法措置を怠ってきたことは、国家賠償法 1 条 1 項の違法な行為に該当する。

　このような面会交流をめぐる紛争においては、①同居親による拒否、②別居親による拒否、そして③子どもによる拒否というように場面に応じて面会交流権の限界をも明らかにしなければならない。そのため、引き続きドイツの議論を参考に考察を進める。

　①については、私人間の紛争という三者関係の争いにおいては二面関係とは

V 本章の小括及び考察

異なり、親権者の存在がある。そのため、親権者の意思に反する面会交流の限界が問題となる。

私人間の紛争における面会交流の是非は積極的・子どもの福祉により決められる。そして、たとえ親権者が反対していても子どもの福祉に合致する場合は面会交流を親権者はさせなければならない。

②別居親による拒否については、連邦憲法裁判所は、具体的な個別の事例において強制された面会交流が子どもの福祉になお奉仕し得るであろうことを推測させる十分な根拠が存在しない場合は、その面会交流を強制することはできないとしている。しかし、ヴァプラーの論説を踏まえるとそのさいには2章との関係から当事者の合意を得ることが望ましいと考える。

③子ども自身の拒否は、公権力による面会交流制限同様近年重視されつつあり、子ども自身の意思が今後ますます重要なファクターになるとみられる。

前述した判例を契機に面会交流制度の見直しの機運が高まっているわが国にとって、以上のようなドイツの議論は憲法上の指針のありようを示しうる。すなわち、面会交流権の議論をするさいに特に3面関係の場合はパターン分けをしてどのような場合に面会交流の限界が認められるのかを明らかにしなければならない。ドイツはこの点を考えるうえで参考になる。

3 生物学上の父の面会交流権の限界

また、ドイツでは、生物学上の父の面会交流権の対抗的利益として、法律上の親の権利（基本法6条2項、子どもの配慮を担い、また子どもの遺伝的なデータを収集し利用することを許可するかについての判断が保障されている）、子どもの自己情報決定権（基本法1条1項と結びついた2条1項）、法律上の母の私的領域と内密領域の尊重（基本法1条1項と結びついた2条1項）そして家族基本権（基本法6条1項）が考えられる。そして、親の権利の問題としてとらえる場合特に子どもの福祉は消極的・子どもの福祉と積極的・子どもの福祉の中間と学説では、とらえられる。しかし、これは結局のところ積極的・子どもの福祉に帰するともいえよう。そして、連邦憲法裁判所2014年決定によれば、法律上の家族の解体に繋がりかねない出自鑑定を他の審査よりも後にするというように子どもにとってより負担の少ない手続が憲法上要請される。こうした限界は、

わが国において憲法上の生物学上の父の面会交流権の限界を考えるうえで参考になると思われる。
　以上の考察を経て、次章では、結論を述べる。

結論──わが国における憲法上の面会交流権

　本書では、第1章で述べた問題を解決するために、第2章では、ドイツの親の権利のアウトラインを検討し、その上で、第3・4章では面会交流権について、これまでのわが国の親の権利学説では必ずしも明確にされていなかったその①法的性質、②主体及び③限界について、ドイツの議論を参考に検討した。また、その過程でドイツの面会交流権をめぐる議論が権利重視型の傾向を強めていることも指摘した。

　その上で、第4章までの検討を踏まえ、以下ではドイツでの議論を簡潔にまとめつつ、日本において面会交流権を憲法論として展開することがいかにして可能か、またその内容はどのようなものになるかを明らかにしていきたい。また、現在の法制度の合憲性と今後の立法指針も示すことにしたい。

I　わが国における憲法上の親の権利

1　ドイツの親の権利論の概要

　まず、ドイツの親の権利はかつてのワイマール憲法規定とは異なり、制度的保障でありながらも親の権利の防御権及び親の優位を強調するような自然的権利と理解されている。また──その義務の性質や監督任務の範囲については争いがあるが──、国家は親が子どもの養教育責任を果たさない場合に監督任務に基づきその権利に介入すると理解されている。

　次に、ドイツの親の権利学説は、①親の権利の権利性を強調する段階、②親の権利の義務的側面を強調する段階、そして③親の権利の利己的側面を再び主張する段階ないし固有の権利性を模索する段階を踏んでおり、今日では連邦憲法裁判所により④子どもの基本権の具体化に至っていると考えられる。その結果、親の権利への国家介入の契機となる子どもの福祉の客観的な法的内容や親

結 論

の権利学説を修正する試みが行われている。しかし、結局のところこれまでの学説を完全に否定するのではなく、場面ごとに使いわけることを検討すべきである。また、②の段階で主張された学説について、子どもの福祉判断でヴァプラーの子どもの意思を子どもに関する手続で受け入れる基準（①子どもの意思が認められ次第考慮に入れ、②子どもが自分で決定しその決定にあたり十分な情報を得る限り第三者が子どもの意思を上書きできず決定的なものとして扱う、③それ以外の場合は、子どもの意思を考慮した協議を必要とする）を採用することにより、従来の学説との対話可能性を模索した方が良いのではないだろうか。また、従来アメリカ法の親の権利論をも参照してきたわが国の観点からすると、ドイツの一部の学説が基礎法学の次元で英米法を参考にしている点は興味深い。

2　わが国とドイツの差異

しかし、このようなドイツの議論をわが国に無媒介に導入して良いというわけではない。なぜならば、わが国は、後述する憲法条文構造の他にも憲法と民法の関係について争いがあるからである。

そもそもわが国では憲法と民法の関係について、大別すると①憲法と民法を本来異質な法ととらえる立場（異質論）、②憲法と民法を融合するものととらえる立場（融合論）、③憲法と民法の関係を上位法と下位法の関係としてとらえる立場（規範階層的重層論）、④憲法と民法は、憲法を基礎に置きつつ、互いに協働しながら国家・社会の基本法を重層的に構成しているとみる立場（憲法基底的重層論）がある[1]。そして最高裁判所の立場については、2015（平成27）年の夫婦同氏制最高裁判決において「法制度と人権の問題に関連して特定の見解を示したわけではないが、その基本的な見方には、上記のうち憲法基底的重層論の考え方と共通する部分もあるように思われる[2]」という指摘がある。

論者も憲法基底的重層論が妥当ではないかと考える。以下ではこの立場の山本敬三の見解を述べる。民法は国家法としての性格を持つ以上、国家の基本法としての憲法による拘束を受けるので、国家と社会の単純な二分論に基づいて

---

(1) 各説の詳細については、山本敬三「GCOE全体研究会　憲法・民法関係論の展開とその意義──民法学の視角から」新世代法政策学研究5巻（2010年）20-28頁参照。
(2) 畑秀佳「判解」法曹時報68巻12号（2016年）244頁。

民法と憲法を振り分けることはできない。そのため、国家と社会を構成する法（constitution）を考えるのであれば、憲法が、国家・社会のいずれの体制も規定しているとみるべきであるとされる。このような国家・社会の基本法としての憲法は、国家の基本組織を規定し、その活動を規制する法とされる。そして、わが国の憲法は、そうした国家の活動に関する根本原理として個人に基本権を認め、国家の運営を国民の民主的決定に委ねるという基本決定をしている。ここから、国家には、3つの責務が課されることになる。まず、国家自身による侵害からの基本権（憲法上の権利）の保護である（介入禁止）。国家は、侵害を正当化するのに足りるだけの十分な理由がない限り、個人の基本権を侵害してはならない。次に、他の市民による侵害からの保護である。国家は、個人の基本権を他人による侵害から保護しなければならない（国家の基本権保護義務）。この国家の義務の根拠として、基本権を「国家からの自由」に限定する立場を突き詰めれば、国家は不要となるはずであり、国家に存在意義を認めるのであれば、少なくとも個人の基本権を他人による侵害から保護することを国家の最低限の任務と認める必要があるという根拠が示される。最後に、国家の基本権支援義務である。国家は、個人の基本権がより一層実現できるよう様々な給付を提供したり、各種の制度を整備したりすべきである。

　山本によれば以上の3つの国家の責務を基礎として、民法には、次の3つの役割が課されている。

　第一の役割は、憲法のもとで概括的な方向が示されるにとどまっている基本権の内容を、市民相互間で問題となる状況に即して具体化し、その内容を特定することである。憲法29条に基づく財産権、憲法13条の幸福追求権を具体化することが示される。

　第二の役割は、基本権を他人による侵害から保護するための制度（不法行為法、物権的請求権、合意の瑕疵に関する制度、不当利得制度等）の整備である。

　第三の役割は、個人の基本権をより良く実現できるよう支援するための制度（代理制度、家族制度）の整備である。

　このように、基本権の保護・支援を民法の目的とするという理解にたっても、民法には憲法のみに尽くされない独自性があるとされる。すなわち、基本権の内容の具体的な形成及び基本権の保護や支援の方法には様々な可能性があるた

め、基本権の保障体制をどのような枠組みで構成し、その内容をどのような方針で形成するかについて、多くの基本決定をする必要がある。この基本決定を、私法の領域において行う法が民法である、とされる[3]。

こうした山本による憲法と民法理解の関係理解を踏まえると、国家の介入禁止から、憲法上第一に親の権利は国家に対する防御権を核として構成されると思われる。そして、親による子どもの基本権侵害や一方の親による親の基本権侵害から国家は保護をしなければならない。そのうえで、個々の親や子どもの基本権をより良く実現できるよう支援するための制度の整備が民法に求められている。

そして、ドイツの議論は少なくとも親の権利の暫定的な視点の形成には役立つかと思われる。この点を、以下で詳述する。

3　わが国における憲法上の親の権利学説の議論状況に対する示唆[4]

ドイツとは異なり根拠条文が存在しないわが国において、憲法上の親の権利（教育権）をめぐる学説は流動的である。

ここではドイツの議論をわが国の議論において参照する意義を強調するために、わが国の憲法上の親の権利学説への暫定的な視点の形成を導き出したい。

ここで、自説を確認する。自説の考える「親の権利」とは、親自身が有する権利・利益の集合体であり、完全に民法上の親権と重なるものではない。ただ、わが国の学説と本章の関心が重なる部分は家庭の場面であり、それは第一に民

---

(3) このような山本敬三の主張の詳細については、前掲論文の他「憲法・民法関係論の展開とその意義——民法学の視角から (1)・(2)」法学セミナー646号53巻10号（2008年）17-2頁、53巻11号44-48頁、「基本権の保護と私法の役割」公法研究65号（2003年）100頁等参照。山本説を要約するにあたり、宮澤俊昭「民法と憲法の関係の法的構成の整理と分析——共通の視座の構築をめざして」横浜法学24巻1号（2015年）158-159頁を参考にした。なお、第2章脚注12で述べたペーター・ヘーベルレは、「国家と社会の基本秩序としての憲法」という見解の代表論者として位置づけられる。

(4) なお、本項では、わが国の教育法学説において議論されてきた、学校との関係における親の教育権議論については意識しつつも、面会交流権という本書の関心上主に家族法・福祉法上想定されている親の権利を想定した判例・学説に焦点を絞り、教育法学説への言及は必要最低限にとどめる。

Ⅰ　わが国における憲法上の親の権利

法上の親権に該当する部分であるため、ここでは先の学説分析対象を、民法上の親権を主に想定しているものに絞る。

(1) 親権の法的性質をめぐる議論

　わが国において、旧民法における親権は、まだ父権的性格、権力的性格を残していた。すなわち、親権の帰属に関し、家にある父を第一次的親権者とし、家にある母は第二次的とするとともに親族会の監督に服せしめ、子どもは青年に達しても独立の生計を立てるまでは親の親権に服し、母には財産管理の辞任を認めるが父にはこれを認めず、婚外子も父が認知して父の家に入れば父の親権に服して母の手からこれを奪い、子どもの財産の収益と財産管理費用との自動相殺を規定する等していた。

　これに対して、現行法は、個人の尊厳の原理に基づき、成年の子は完全に親権から独立せしめ、親権に服するのは未成年の好みに限ることとするとともに、両性の本質的平等の原理に従って、父母の不平等を完全に撤廃した。しかしながら、親権の内容そのものを見ると、旧法はすでに、親権を親子法一般から分離し、親権についてはこれを権利であると同時に義務であることを明言し（民法旧879条）、親権濫用する者からこれをはく奪する制度を設ける（民法旧896・897条）等、子どもの福祉を図るための私的保護の制度である旨を打ち出しており、しかも現行法も子どもの財産の収益と管理費用との自動相殺規定は依然そのまま存知せしめたので、新旧両親権内容に顕著な性格的ないし構造的な変遷は見られない[5]。

　そして、わが国では、親権の法的性質に関する争いがあり、2011年には民法で義務が先行する形で再規定されたように見える。しかし、それでもなお親権の法的性質については争いがあるようである。大別すると①親権の義務あるいは職分としての側面を重視し、親としての独自の権利という側面を否定する見解[6]と②親権に残る権利としての側面を——特に対国家の関係で——意識する

---

(5)　中川淳・於保不二雄編『新版注釈民法(25) 親族(5)［改訂版］』（有斐閣、2004年）57頁。

(6)　米倉明「親権概念の転換の必要性」星野英一ほか編『現代社会と民法学の動向 加藤一郎先生古稀記念（下）』（有斐閣、1992年）396頁以下参照。

結　論

見解[7]がある。この状況で2011年の民法改正にくわえて、2022年に民法改正で822条におかれていた懲戒権が削除されることになった（施行は2024年4月1日）。これにより、親権が権利でなくなるのかさらに問われることになる。たしかに一部の理解[8]では、「同規定が削除されれば、親権が変容し、［引用者注：親権者の］妨害排除請求権が否定される解釈につながる可能性が示唆されているとも解される[9]」。しかし、久保野恵美子が指摘するように[10]、近時の傾向である親権が子どもの利益によって制約されることの明確化や同規定削除が、従来の親権が権利か義務かという性質論に影響を与えることはないと考えるべきであろう。

　ただし、親権の内容については、さほど議論が進んでいないという指摘が、二宮周平によりなされている。すなわち、親権の内容は「監護及び教育」とされているが、この中身があまり吟味されてこなかったのである。

　二宮によれば、監護教育の中身に関する学説は、大別すると３つ存在する。まず、監護とは身体の保全育成をはかる行為であり、教育とは精神の発達を図る行為であると考える説がある。次に、監護とは、身体及び精神の発達を監督し、これに危害または不利益の生ずるときにそれを防衛・保護する消極的行為（低級文芸書の耽読の禁止、わいせつ図書の獲得の防止など）であり、教育は身体及び精神の発育完成を図る積極的行為（登山、水泳等の稽古、運動会への参加の励行）であるとする説がある。最後に、監護にもある程度教育が入るし、教育にもある程度監督が入ることから、両者相まって初めて子は一人前の社会人に育成されるとし、監護教育は不可分であるとするものがある。同説によれば、子が成年に達したときに親権者が行う財産の管理の計算に関する民法828条に「子の養育」という文言があり、監護教育の不可分性を表すものと理解されている[11]。

　そして、二宮によれば、親権法の分野では、「親の教育権」について、諸判

---

(7)　大村敦志『家族法〔第３版〕』（有斐閣、2010年）117頁以下参照。
(8)　田中寛明「判解」最判解民編平成29年度587頁。
(9)　久保野恵美子「児童虐待への民事法的対応――親権法改正について」法律時報94巻11号（2022年）26頁
(10)　久保野・前掲注(9)26頁。

例（杉本判決、高津判決、旭川学テ最高裁判決［最大判1976（昭51）年5月21日刑集30巻5号615頁］）をもとに議論がなされ、次のような立場が共有された。つまり、親は学齢期に達した子どもの教育を公教育制度に委ねるが、この委託は、親が子どもに本来的に負う監護教育義務の延長線上にある者とみるべきであり、親は公教育に関して、子どもに対して負う義務を履行する意味で、将来の社会を担う子どもの成長にふさわしい教育について発言する必要があることである(12)。そして、戒能民江により、国家の介入に対抗する親の教育権は導き出されているものの、その後、議論が進んでいない(13)。

こうした親権の法的性質をめぐる議論について、面会交流権同様また異なる切り口を憲法学の議論は提供する。

なお、ここで二宮が提唱する父母に課された「養育及び発達」と学校教育を指す教育、すなわち「養育」と「教育」を区別するという家族法学からの教育法学への提唱(14)を踏まえ、以下では特に断りのない限り主に「養育」を想定した親の権利に関する憲法学説を検討していきたい。

(2) 憲法学説状況

そもそも、養育、教育を想定した日本の親の権利は憲法上親の教育権の学説において議論されてきた。そして、その中で親権も想定されてきたとみられる。

ただし、横田光平が整理するように(15)、教育法学や憲法学での憲法上の親の教育権は、自然権的理解(16)から始まる。しかし、当時の親の教育権は「国

---

(11) 二宮周平「親権者の監護教育の権利義務とは何か——養育と教育を区別する視点から」日本教育法学会年報48号（2019年）111頁。もっとも最後の学説については、その他の学説とは次元を異にするという考え方もできよう。
(12) 二宮・前掲注(11)111頁。
(13) 二宮・前掲注(11)112頁。
(14) 二宮・前掲注(11)116-117頁。
(15) 横田光平『子ども法の基本構造』（信山社、2010年）552頁。
(16) 例えば田中耕太郎は親の教育権が自然権であるとして学校教育等に対する家庭教育の優位が主張した（田中耕太郎『教育基本法の理論』［有斐閣、1961年］140-168頁）。なお、田中耕太郎とは異なる目的ではあったが、同じく親の教育権を自然権とする理解として、宗像誠也『教育と教育政策』（有斐閣、1961年）46-64頁が挙げられる。

結論

家に対する防御権として明確な内容をもつものとして主張されたものではなく、また、ドイツにおけるような自然法論の歴史的基礎を有するものでもない。そして、その後『国民の教育権』論(「子どもの学習権」説)と「国家の教育権」論の対立において」、当初の自然権的理解は「議論の中心から遠ざけられた」と後世において評される[17]。

親権を憲法上の権利として位置付けるにあたり注目すべき点が、この教育法学説に何点か存在する。

一つ目は、ここで先述した「子どもの学習権」説の主唱者である堀尾輝久による親の義務理解である。堀尾は「親権とは『その子を監護教育する義務を第一次的に(排他的に)履行する権利』すなわち、義務の第一次的履行の権利ないし義務履行の優先権だと考えられる」と「教育権の構造をスケッチ」した[18]。堀尾説は全体として「親の権利」と「親権」を区別していないという問題点が指摘されている[19]ものの、先述した箇所において親が有する義務を描写した意義は大きい。ただ、どちらかと言えばここで堀尾が想定しているのは、「親の権利」ではなく、文言通り「親権」なのではないかと考えられる。その点で、横田が指摘するように[20]、日本の教育法学説が堀尾説の段階でドイツの第二段階で提唱された学説を(少なくとも自覚的に)意識していたということはできないだろう。

二つ目は、教育法学説において主に教育の場面を想定した親の権利が国家に対する権利へと次第に先鋭化され、米沢広一により明確に国家への防御権として理解されたことである。親の教育権の体系的な整理の先駆者である米沢[21]によれば、(学校教育を主に想定すると)親の権利学説は①権利性不要説、②13条説、③23条説、④24条説、そして⑤26条説等多岐にわたる。そして、旭川学テ最高裁判決は、親の教育の自由が憲法上保障されていることを前提としていると理解される[22]。ここでは、親の教育権は次のようにイメージされてきた。

子どもを教育する権利は第一義的に親にあり、裁判で争う場合にも、子ども

---

(17) 横田・前掲注(15)552頁。
(18) 堀尾輝久『現代教育の思想と構造』(岩波書店、1992年)215頁。
(19) 横田・前掲注(15)570頁。
(20) 横田・前掲注(15)570頁。

の権利と親の教育の自由は一体のものとして扱われることが多い。しかし他方で、親の教育の自由には「①他者（子ども）をコントロールする権利」、②親と子どもは別個の人格を有し、「親は子どもの判断そのものを代替しているわけではなく、そして、「③親の教育の自由は親の自己実現のためだけではなく、子どもの教育を受ける権利から派生したという側面を有する」等の点からの限界が存する[23]。

　こうした憲法上の親の教育権のイメージは、ドイツの親の権利ともある程度合致する。

　ただ、留意しておきたいのは日本の場合、先の米沢による整理に見る通り親の権利は親の教育権として、国民教育権説と国家教育権説の対立過程で強調されてきたという経緯が存する。このようなドイツと異なる状況が生じた要因は、憲法条文の差異のほか、堀尾が述べるように「戦前のわが国において教育をめぐる親権〔引用者注：この文脈では「親権」というよりも「権利」と表現した方が堀尾の意図を汲みやすいだろう〕と国家権力との戦いの思想とその経験が皆無に等しかったこと[24]」にあるように思われる。そして、親の権利の内容として、二宮の指摘に見る通り長らく「教育」権と「養育」権が混同されたままだったことも、日本の親の権利学説を整理する上で欠かせない視点である。

　このような日本の議論の特性は、後述する共同親権訴訟において、旭川学テ

---

(21)　国家に対する防御権としての親の権利の視点を確立した米沢以前にも、教育法学においては既に自由権としての「親の教育の自由」が語られてはいたが、ここでは学校教育との関係を念頭に置き、「学校に対する教育要求権」を中心とした「親の教育の自由」が検討される傾向にあった。それゆえ、横田光平のように（横田・前掲注(15)556頁）、米沢説を、本章が検討対象とする親権を中心とした親の権利学説を整理する場合に一つのターニング・ポイントとすることには一定の意義があると考えるべきだろう。もっとも、だからと言って、教育法学説を全く検討してよい理由にはならない。なお、教育法学の観点から本書でも取り上げている近時の親の教育権に関する学説状況及び教育法学の関心を整理した文献として、中川律『教育法』（三省堂、2023年）105-123頁。

(22)　米沢広一『憲法と教育15講〔第4版〕』（北樹出版、2016年）171頁。

(23)　米沢・前掲注(22)173頁。

(24)　堀尾・前掲注(18)174頁。

結論

訴訟を原告側が、傍証ではあるものの親権を基本的人権である[25]旨を主張するにあたり持ち出す等の形で発露している。今後はこの特性を踏まえた議論が求められる。

本章が想定する「養育」の場面において、親の権利はその後、西原博史や横田光平らによって具体化されていくがその過程で争点が複数生じた。ここではその争点を両者の議論の対立を軸にみていこう。

(3) 西原説

まず、西原博史による親の権利理解を確認する。なお、ここでは掲げた本書の問題意識の都合上、主に児童虐待に対する国家の介入を想定したであろう論文[26]を用いる。

まず、民法学における親権の限界を定め、親権制限措置を授権された国家は、単に第三者のうちの一人としてそこに係るわけではない。民法における親権保障の裏に、憲法上の基本的人権たる親の教育権が不文ながら存在している。日本国憲法も、憲法26条2項で親が子どもを保護する関係を「当然の前提」としており、その意味で近代法に共通する親権の存在を踏まえている。問題は、その対国家的な防御権としての実質が「どの基本的人権によって保障されているか」である。

親の教育権の根拠条文は、①憲法13条と②憲法24条に分類される。前者は、理論の分岐はあるものの[27]「子どもを養育し、宗教的・道徳的価値観を伝え」ることが最狭義の自己決定権に係る問題として、親自身の人格の発露という観点において位置づけられる。そして、親の教育権は価値伝達をあくまで個人の人格との関係でとらえるべきであり、憲法19条における思想・良心の自由と連

---

(25) 大森貴弘の分析によれば、訴状は2段構えになっており、「まず、親権は基本的人権であることを前提に民法819条2項の違憲性が主張される。たとえ親権が基本的人権であることが否定されたとしても、人格的利益に該当するならば、憲法24条に基づく立法裁量の限界をなすことが主張される」(大森貴弘「作花共同親権訴訟の成果と教訓——憲法上の親の権利の確立のために」常葉大学教育学部紀要43号[2022年]16-17頁)。

(26) 西原博史「親の教育権と子どもの権利保障」早稲田社会科学総合研究14巻1号(2013年)65-75頁。

続したものと位置づけながら13条及び19条を親の教育権の根拠ととらえうる[28]。

(4) 横田説

このように親の教育権を理解する西原に対して、横田光平は自己決定権を根拠とした親の権利を否定するべく憲法24条を根拠とした内容形成を必要とする親の権利を描き出す。横田は、これまでの憲法学説が特に子どもに対する親の義務を視野に入れた親子関係をも視野に入れた親の権利学説を構築していないとし、その観点からドイツの民法・憲法学説が考察対象となる[29]。その結果、子どもの福祉を指針とするドイツの第二段階で提唱された学説（特殊説）が導き出されるが、一方で特殊説とドイツの第一段階で提唱された学説（同質説）の両立可能性を追求する[30]。

(5) 両者の差異及び考察

両者の決定的な違いは①根拠条文や、②国家の介入に対し親の権利のみを用

---

(27) 親の価値観伝達などといった要素を親個人のものと位置づける西原説のほかに、「家族の形成」という最小単位のコミュニティ形成に向けられたものと位置づける考え方（佐藤幸治『日本国憲法と「法の支配」』［有斐閣、2002年］147頁、竹中勲「親密な人的結合の自由」法学教室176号（1995年）49頁、米沢・前掲注(22)168頁以下）がありうると西原は指摘する（西原・前掲注(26)72頁）。また、近年では中原茂樹が、竹中と同様に子どもを監護及び教育する親の自由を、憲法13条から導きだされる「親密な交わり・人的結合に関する自己決定権」ないし「親密な人的結合（に対する権利）」として保護する（中山茂樹「家族と憲法――何が憲法上の問題となるのか」比較憲法学研究31号［2019年］99-101頁）。
(28) 西原・前掲注(26)72頁。
(29) 横田・前掲注(15)15頁。
(30) 横田・前掲注(15)576-579頁。横田説は親の権利の根拠条文を憲法24条に求める点で、「家庭教育選択権」等幅広い親の教育の自由を考察対象とした大島佳代子との共通点はある（大島佳代子「公教育と親の教育権（3・完）――アメリカ合衆国におけるその保障と制約原理」北大法学論集44巻11号［1993年］57頁）。ただし、前者は本書でいうところの「養育」場面を主に想定し、後者は「教育」場面を想定していると考えられる。そのため、両者は想定する場面が明らかに異なっていると評価できる。

結 論

いることで私人の自律を保護するかそれとは別に子どもの権利も用いるかといったものが挙げられる。

①についてたしかに流動的な親の権利学説の中で多数説といえるのは憲法13条説ではあり、そのバラエティも豊富である。しかし、仮に13条説を採用したとしても憲法24条が何も示していないという理解は誤りだろう。親の権利は原則として内容形成を必要とするもののその存在は否定できず、これに対し憲法学が何を要請しているかを解明しなければならない。

そのさいに、憲法24条の存在は無視できない。憲法24条の法的性質については、1平等権と解する立場[31]（通説的見解）、2制度的保障とする立場[32]、3自由権的人権とする立場[33]、4国務請求権とする立場[34]、5社会権的把握を

---

(31) この通説的見解は、更に次の2つに分類できる。まず、一つ目は、平等の具体化とする平等権の特別則であるとする見解である（芦部信喜『憲法〔第8版〕高橋和之補訂』〔岩波書店、2023年〕136頁、浦部法穂『憲法学教室〔全訂第3版〕』〔日本評論社、2016年〕109-110頁、内野正幸『憲法解釈の論点〔第4版〕』〔日本評論社、2005年〕50頁等）。もう1つが、平等権であるという理解を基軸とするが、24条を13条と14条の2つの特別則とする見解である（佐藤功『日本国憲法概説〔全訂第5版〕』〔学陽書房、1996年〕188頁、浦田賢治＝大須賀明編『新判例コンメンタール・日本国憲法2』〔三省堂、1994年〕〔大山儀雄執筆〕55頁、小林孝輔＝芹沢斉編『基本法コンメンタール〔第5版〕憲法』〔日本評論社、2006年〕〔武田万里子執筆〕184頁、芹沢斉＝市川正人＝阪口正二郎編『新基本法コンメンタール憲法』〔日本評論社、2011年〕〔武田万里子執筆〕211頁、辻村みよ子『憲法〔第7版〕』〔日本評論社、2021年〕170-171頁）。同見解については、憲法24条を13条と14条の家族生活への投影であると把握する立場から、13条がすべて14条に収束されると考えることは適切か、という疑問が示されている（植野妙実子『憲法24条――今、家族のあり方を考える』〔明石書店、2005年〕37頁）。

(32) 田口精一「家族生活における基本原理」田上穣治『憲法の論点』（法学書院、1965年）141頁、奥平康弘『憲法Ⅲ――憲法が保障する権利』（有斐閣、1993年）29頁。同説の問題点として、制度的保障の実質的意味や制度として保障する婚姻形態が挙げられる。また、婚姻や家族に関わる権利の存在が見えにくくなる、と指摘されている（植野・前掲注[31]37頁）。

(33) 俵静夫『日本国憲法概論』（三省堂、1953年）63-64頁、種谷春洋「婚姻の自由」田上穣治『体系憲法辞典』（青林書院、1977年）347-349頁。

(34) 宮沢俊義『法律学全集 憲法Ⅱ』（有斐閣、1959年）408-409頁、佐々木惣一『改訂日本国憲法論』（有斐閣、1978年）434頁、田畑忍『日本国憲法条義』（有斐閣、1961年）148頁、橋本公亘『日本国憲法〔改訂版〕』（有斐閣、1989年）213頁。

する立場⁽³⁵⁾、6自由権と社会権双方の性質を有すると解する立場⁽³⁶⁾、7公序と解する立場⁽³⁷⁾、そして8制度設営義務を遂行するよう請求する権利と解する立場⁽³⁸⁾等がある。そのうち8説をもって、2説の側面も否定できないが、実務的には請求権的性格までも認めるべきではないかと思われる。憲法24条は「両性の本質的平等」及び「個人の尊厳」に立脚した立法を求めているため、憲法24条の親及び子どもの個人の尊厳から立法者に対する何らかの要請を導き出すことが素直な解釈と言えよう。また、親の権利学説一般に対しては、憲法上の親の権利・利益について個別に検討しなければならないものの、——少なくとも親の固有の利益が認められるような——子どもを養育する自由について、憲法24条2項と結びついた13条を根拠に主張するというアプローチを検討するべきである。

②については、親と子どもの権利はやはり別のものとして扱わなければならない場面があることに留意するべきだろう。

(6) 近時の学説

横田説と西原説に加えて、近年篠原説が確認できる。篠原永明は、憲法24条2項の個人の尊厳、すなわち子どもの尊厳を実現することを要求することが親の権利であると理解する。もっともここでの親の権利は伝統的な権利観には合致しないいわば理念的な権利といえ、ドイツの第二段階で提唱された学説のうち親自身の権利を実質的には権限ととらえるものであり、子どもの福祉に服する範囲は横田説と比較すると広範である⁽³⁹⁾。

また、子どもの権利研究を行う木村草太は子どもの個人の尊重に基づき、子

---

(35) 小林孝輔「家族生活における個人の尊厳と両性の平等——憲法の家族観」法学セミナー増刊『日本の家族』（1979年）287頁、鵜飼信成『憲法』（岩波書店、1956年）143頁。
(36) 利谷信義「日本の家族」法学セミナー増刊『日本の家族』（1975年）10-11頁、影山日出弥「第24条」有倉良吉編『基本法コンメンタール憲法〔新版〕』（日本評論社、1977年）110頁。
(37) 樋口陽一『憲法』（創文社、1996年）259頁、同『国法学〔改訂版〕』（有斐閣、2007年）145頁。同説についても、制度保障説への批判がある程度あてはまる（植野・前掲注[31]37頁）。
(38) 長谷部恭男『憲法の理性〔増補新装版〕』（東京大学出版会、2016年）133頁。

結論

どものために何が最善かという視点から親権制度が構築されるべきだとし、かつ子どもの生存権・教育を受ける権利の具体化法として親権制度をとらえようとする。その結果、「子どもの権利の具体化法」として親権制度をとらえ、離婚後の共同親権制度も親の感情的満足や国家の都合ではなく、子どもの権利をより良く実現するために何が最善かを考えて構築しなくてはならないとする(40)。

更に、本書で先にも触れた大森貴弘は、共同親権訴訟を題材に、「憲法上の親の権利は憲法26条と結びついた憲法13条によって保障される(41)」と述べている。同説は、従来の憲法学説において指摘されていた憲法26条の条文構造に着目し、同条が親の義務や利他性を導き出すにふさわしいと考えているようである。ただ、同説が拠り所としているように見える旭川学テ訴訟(最大判1976［昭51］年5月21日刑集30巻5号615頁)は、国民教育権説と国家教育権説の対立の中で出されたものであり、この判例の射程がどこまで及ぶかについては慎重な検討が必要であるように思われる。

(7) 主な論点の検討

これらの学説をみると、子どもの側からの再構成が迫られているとはいえど親の教育権ないし権利自体の存在は否定できない(42)が、問題はその法的性質及び限界であることがうかがえる。こうした比較的最近主張された学説も踏まえると本書で扱った論点との関連で、①親の権利は全て子どもの福祉ないし利

---

(39)　第1章Ⅳ6参照。篠原説を参考に、憲法上の権利としての親権を請求権的にとらえる学説として、中岡淳「離婚後単独親権制度と親の憲法上の権利——東京高裁令和3年10月28日判決を契機に」三重大学法経論叢39巻2号27-41頁（特に31頁以下参照）が挙げられる。

(40)　木村草太「離婚後共同親権と憲法——子どもの権利の観点から」梶村太市・長谷川京子・吉田容子編著『離婚後の共同親権とは何か——子どもの視点から考える』（日本評論社、2019年）28-31頁。もっとも木村説は面会交流権と親権を横田説同様区別する（木村草太「子どもの利益と憲法上の権利」梶村太市・長谷川京子・吉田容子編著『離婚後の子どもをどう守るか——「子どもの利益」と「親の利益」』（日本評論社、2020年）122頁）。

(41)　大森・前掲注(25)27頁。大森説の詳細な検討については他稿に譲る。

益により基礎づけられるのか、つまりドイツの第二段階で主張された学説（横田説がいうところの「特殊説」）で説明できるのか、②ここで想定される未成年者像、③信託的性質、④親の権利の内容形成はもっぱら立法裁量に委ねるべきなのか、そして⑤子どもの意思の扱いが問題となるだろう。

①については、全ての場面でこの理論が通用するとは思えない。横田説が目指すように、少なくとも先述した学説が通用しない場面があるという認識は必要である。ヴァプラー説が先述した学説への警鐘を鳴らしたのもそのような趣旨であると受け取ることもできよう。そう考えると、篠原永明のように親の権利がすべて先述した学説で説明できると解するのは難がある。

②について、未成年者は保護が必要な存在と一義的にとらえるべきではない。しかし、その自律性を判断するにあたっては、ヴァプラーが指摘するような特性（適応的選好形成等）を顧慮する必要がある。

もっとも、この点について、わが国特有の事情として、18歳成人を契機に、憲法上の「子どもの人権」について、人格的自律権を中核とする人権体系を前提とした自律と保護の対立関係を前提とした従来の議論自体が見直されている点に注意を要する。堀口悟郎は、「子どもの人権」によって「自律」のみならず「保護」も要請されるとしたが、ここで（子ども自身に自己決定とそれに伴う責任を負わせる）自律と（子どもが自己決定の結果に責任を負うことで不利益を被ることを防ぐ）保護は、いわば「責任」をめぐる綱引きをしていると分析する[43]。このような自己責任を負えない者には、自律の代わりに「保護」を与えるという思想は、子どもを含む「弱い個人」の自己決定権尊重を考えるに有益なものとはいえない。そこで、堀口は、「自己決定と自己責任を切り離す」

---

(42) もっとも、権利性否定説も健在である（齊藤愛『異質性社会における「個人の尊重」——デュルケーム社会学を手がかりにして』（弘文堂、2015年）202-203頁、君塚正臣「社会権としての『教育を受ける権利』の再検討——その過大再考の提言」横浜国際社会科学研究15巻5号［2011年］11頁等）。これらの学説は親権の義務性を強調する民法学説と親和的であるが、それゆえ子どもとの関係と区別して国家との関係を問うべきである（横田光平「子ども法の基本構造と憲法上の親の権利」法律時報90巻9号［2018年］117頁）。

(43) 堀口悟郎「18歳成人と『子どもの人権』」憲法理論研究会編『多様化する社会と憲法学』（敬文堂、2023年）258-260頁。

結　論

という試論を提示する。すなわち、「自律を『自己決定』に純化させ、保護を『自己責任』の免除に純化させた場合、責任をめぐる自律と保護の綱引きはおわり、自律と保護の対立関係は解消」する(44)という。かような見解が表れていることを踏まえると、「弱い個人」の自己決定権をめぐる問題について、日本とドイツの議論を比較する必要があるだろう。

　③について、ドイツの信託説を直ちに受け入れるのではなく果たしてわが国にその理論が馴染むのかを検討しなければならない。例えば本書でも触れたベッケンフェルデの信託説が憲法24条2項に規定のない「親」「子ども」関係の理論的考察において参考になると判断した古野豊秋のように、わが国の憲法学説に信託説は親和的であるかを考えなければならないだろう(45)。わが国において、子どもは親の親権に服し、成長とともに自分で判断し行動したいと望む者とされる(46)。このような「子ども」という存在を親権という名のもとに支配することを正当化しながらも、子どもを個人として尊重することの一つの説明として信託説を採用することには意義があるかもしれない。とはいえ、現在のドイツにおいて信託説に疑問を投げかける見解が存在することは本書で明

---

(44)　ただ、この試論に様々な課題があることは、提唱者自身が認識している。詳細については、堀口・前掲注(43)261頁以下参照。

(45)　古野豊秋『憲法における家族』（尚学社、2011年）138頁。古野は、また次のようにも述べており、この点はわが国において信託説を導入するかを考えるうえで重要な文言であると思われるので以下で引用する。

　「親と子どもに関するわが国古来の伝統的な考えの背景には、『子どもは天からの授かりもの』という親の側の一方的な受益的なとらえ方が潜んでいる。このようなとらえ方にあっては、親の都合で子どもを扱うことに何らの制約も存在しないことになる。しかし、わが国の憲法が13条1項で『個人の尊重』を挙げていることからすれば、『子ども』も人格の主体であり、個人として尊重されるべきである。この点からすれば、親と子どもの関係をベッケンフェルデのように信託的な関係ととらえる考え方には参考とされるべきものがある。このような『信託的な関係』にあっては、子どもは『天からの授かりもの』ではなくて、『天からの預かりもの』ということになろう」。

　なお、憲法24条における子どもの「個人の尊厳」から信託的思想を導き出す見解として、法学協会編『註解日本国憲法上巻』（有斐閣、1948年）238-239頁。「個人の尊重」と「個人の尊厳」の関係の詳細については、稿を改めて検討する。

(46)　内野正幸『表現・教育・宗教と人権』（弘文堂、2009年）201頁。

らかにしたとおりであり、信託説を受け容れるならばこの点も考慮しなければならない。仮に信託説を支持するとしても、同説が子どもの権利論と両立するかという点は別に議論しなければならない所である[47]。この点について、ヴァプラーの議論を採用するならば、少なくともドイツにおける従来の信託説は採用できず、子どもの権利思想と両立する範囲で信託説を用いなければならないということになる。すなわち、子どもが自分で基本権を行使できる段階においてはもはや信託説は通用せず、かつその段階は個別の場面でフレキシブルに設定することになる。

④について、たしかに親の権利は内容形成が必要とされる。しかし、憲法24条の法的性質でも触れたように、その内容は憲法においてある程度指針を読み取ることが可能であると考える。そのさいに、特に憲法24条2項の「個人の尊厳」から何を読み取るかについて、ドイツの議論は参考になるのではないだろうか。たしかにドイツの「人間の尊厳」と日本の「個人の尊厳」概念の異同は問題になる[48]。しかし、子どもの「人間の尊厳」ないし「個人の尊厳」について、親子間への国家の介入基準を見出そうとしたヴァプラーの議論は基礎法学に遡り普遍性を獲得しようとしたものとみられるため、たとえすべてではなくとも一部は参考になりそうである。

⑤について、横田は特に裁判所によるより良い選択肢を追求する（相対的）積極的・子どもの福祉の判断にあたり、第三者として判断をする裁判所は親の権利を外から限界づける消極的・子どもの福祉の場合以上に子ども本人の意思を尊重すべきであるという。通常子どもの意思は子どもの福祉に合致するが、一方で子どものみが面会交流を望む場合のように子どもの意思と子どもの福祉が合致しない場合もある[49]。ここで、子どもの意思の取り扱いについてドイ

---

(47) 特に完全信託説を想定した上でのこの指摘について、大江洋「親の正義論」岡山大学法学会雑誌67巻3・4号（2018年）550頁。

(48) わが国の学説状況の詳細については、玉蟲由樹『人間の尊厳保障の法理』（尚学社、2013年）32頁以下参照。

(49) 横田光平「子どもの意思・両親の権利・国家の関与」法律時報83巻12号（2011年）14-15頁。なお、「リベラル・パターナリズムを受ける権利」と「子ども自身の自己決定権」の関係に関する考察例として、大江洋「権利の多層性に関する一考察」東京大学大学院法学政治学研究科本郷法政紀要3号（1994年）57-58頁参照。

結　論

ツのヴァプラー説が大いに参考になり得る。

　具体例として、面会交流の場面を想定しよう。子どものみが面会交流を望む場合、ドイツの連邦憲法裁判所は、別居親による拒否については、具体的な個別の事例において強制された面会交流が子どもの福祉になお奉仕し得るであろうことを推測させる十分な根拠が存在しない場合は、その面会交流を強制することはできないという（第4章Ⅲ2(3)参照）。これに対し、ヴァプラーは、子どもと親の受け入れ可能な関係を前提とし、あるいは少なくともそのように発展するという全ての者の意思の合致が必要であるという[50]。両者は突き詰めれば大した違いはないかもしれないが、子どもの福祉という概念の不明確性を払拭するためには後者を支持するべきではないか。

　なお、日本では、「必要性の共同体である『伝統的家族』が、選択される関係」「に変化し、交渉に基づく多様な関係から成りたる暫定的な家族」である、いわゆる「家族の個人化[51]」と、それに巻き込まれる子どもの主観の関係がようやくクローズアップされつつある印象を受ける[52]。それだけに、子どもの主観に注目するドイツの研究は、「家族の個人化」を志向する日本の憲法上の親の権利学説にとって重要である。

(8) 自説の問題点

　なお、自説の重大な問題として、消極的・子どもの福祉と積極的・子どもの福祉という二分法が果たして憲法解釈に馴染むのかという問題がある。たしかに親の権利の濫用に対抗する概念というのであれば、消極的・子どもの福祉（＝子どもの基本権）で十分であり、積極的・子どもの福祉の必要性が問われよう。しかし、ドイツでみたように少なくとも機能の観点から、消極的・子どもの福祉と積極的・子どもの福祉は区別されるべきであり、いわば経済的自由の消極目的規制と積極目的規制とパラレルにとらえることもできるのではないだろうか。

---

[50]　Wapler, Kinderrechte und Kindeswohl, 2015, S. 260.
[51]　野辺陽子編『家族変動と子どもの社会』（新曜社、2022年）4-5頁。
[52]　社会学の観点からこのことを指摘する研究成果として、野辺陽子・前掲注[51]が挙げられる。

I　わが国における憲法上の親の権利

(9) 判例動向

　以上のような考察は、先述した二宮説を踏まえると、従来親の権利学説で議論されてきた、親の養育の自由をどのように憲法上位置付けるか、という問いとなろう。これに対し、自説は少なくとも親固有の利益が認められる限り憲法24条と結びついた13条で保障されるべきであるというものである。

　この点について、共同親権訴訟では、第一審が親の子どもに対する養育に人格的利益を認めた[53]。

　また、2023年にも、大阪地方裁判所が興味深い判断を行っている[54]。これは、次のような事案である。原告母の子が、児童福祉法（平成30年改正前）33条1項により一時保護され、親子である原告Xらは、一定期間面会をすることができなかった。このことについて、Xらは、国会が、子どもの権利条約9条、憲法13条、31条に違反して、一時保護の義務的司法審査や一時保護後の親子の面会通人に関する立法措置を、長期にわたり講じなかったためであると主張して、国家賠償法1条による損害賠償請求訴訟を提起した。

　そして、親の「養育権」の憲法上の位置づけについて、大阪地裁は次のように述べている。

　「子どもの養育は、子どもが将来成熟した大人となり、共同社会の一員としてその中で生活し、自己の人格を完成させ、自己実現を図る基礎となる能力を

---

(53)　「親である父又は母と子とは、三者の関係が良好でないなどといった状況にない限り、一般に、子にとっては、親からの養育を受け、親との間で密接な人的関係を構築しつつ、これを基礎として人格形成及び人格発達を図り、健全な成長を遂げていき、親にとっても、子を養育し、子の受容、変容による人格形成及び人格発展に自らの影響を与え、次代の人格を形成することを通じ、自己充足と自己実現を図り、自らの人格をも発展させるという関係にある。そうすると、親である父又は母による子の養育は、子にとってはもちろん、親にとっても、子に対する単なる養育義務の反射的な効果ではなく、独自の意義を有すものということができ、そのような意味で、子が親から養育を受け、又はこれをすることについてそれぞれ人格的な利益を有するということができる」（東京地判2021［令3］年2月17日訴月67巻9号1313頁）。一連の訴訟の評価について、詳細は、大森・前掲注(25)13-31頁参照。なお、同訴訟のうち第二審判決を提材に憲法上の親の権利の法的性質を問い直し、同判決を評価する文献として、中岡・前掲注(39)が挙げられる。

(54)　大阪地判令和5年7月31日令和3年（ワ）第11934号判例集未登載。

結 論

身につけるために必要不可欠な営みであり、その最も原初的かつ基本的な形態は、子が親との自然的な関係に基づいて親から受ける養育である。他方、親にとって子を養育することは、子どもがその人格を完成させ、自己実現を図る基礎となる能力を身につけるための責務であるにとどまらず、子との自然的な関係に基づいて自己の人生をどのように築き上げるかという親自身の自己実現ないし自己表現に密接に関連するものである。したがって、国家から不当に介入されることのない自由権としての『子が親に養育される自由』『親が子を養育する自由』は、いずれも個人の人格的生存に不可欠な利益というべきであり、憲法上の権利として保障される人格権の一内容として、憲法13条によって保障されると解するのが相当である。

もっとも、子どもは、心身ともに未成熟であって傷つきやすく、成熟した大人になるために、自身の力のみでは不十分であり、また、親から受ける虐待等によって、健全な成長や発達がかえって害されるおそれがあることも否定できないから、国家による後見的な介入が必要となる場合がある。このように、『子が親に養育される自由』『親が子を養育する自由』は、子の未成熟性という特性に応じて、後見的な見地からの制約を受けうる権利というべきである（下線部引用者）」。

同判決は、まさに養育の自由を憲法上位置付けるものであり、その根拠を憲法13条としている。この判断は、画期的である一方で、親固有の利益の詳細な検討や憲法24条への言及も自説から見ると必要だったのではないかと思われる。

4 小 括

(1) わが国の親の権利学説への示唆

わが国においては、子どもの側からの再構成が迫られているとはいえど親の教育権ないし権利自体の存在は否定できないが、問題は根拠条文のみならず、その法的性質及び限界であることがうかがえる。根拠条文については、少なくとも親固有の利益が見いだされる領域においては、憲法24条と結びついた13条を根拠に主張するべきではないだろうか。

また、わが国の比較的最近主張された学説も踏まえると本書で扱った論点との関連で、①親の権利は全て子どもの福祉ないし利益により基礎づけられるの

か、つまり横田による特殊説で説明できるのか、②ここで想定される未成年者像、③信託的性質、④親の権利の内容形成はもっぱら立法裁量に委ねるべきなのか、⑤子どもの意思の扱いが問題となるだろう。

①については、全ての場面でこの理論が通用するとは思えない。横田説が目指すように少なくとも特殊説が通用しない場面があるという認識は必要である。

②について、未成年者は保護が必要な存在と一義的にとらえるべきではない。しかし、その自律性を判断するにあたっては、ヴァプラーが指摘するような特性（適応的選好形成等）を顧慮する必要がある。

③について、ドイツの信託説を直ちに受け入れるのではなく果たして日本にその理論が馴染むのかを検討しなければならない。

④について、たしかに親の権利は内容形成が必要とされる。しかし、憲法24条の法的性質からうかがえるように、その内容は憲法においてある程度指針を読み取ることが可能であると考える。そのさいに、特に憲法24条2項の「個人の尊厳」から何を読み取るかについて、ドイツの議論は参考になるのではないだろうか。

⑤について、横田は特に裁判所による積極的・子どもの福祉の判断にあたり第三者として判断をする裁判所は消極的・子どもの福祉の場合以上に子ども本人の意思を尊重すべきであるとする。通常子どもの意思は子どもの福祉に合致するが、一方で子どものみが面会交流を望む場合のように子どもの意思と子どもの福祉が合致しない場合もある。ここで、子どもの意思の取り扱いについてドイツのヴァプラー説が大いに参考になり得る。

(2) **面会交流権の検討へ**

本書では以上のような親の権利の輪郭をつかんだうえで、面会交流権の具体的な検討に入る。

なお、第2章の末尾で述べたように、ドイツの基本法6条は権利としての側面と内容形成を必要とする側面を有し、わが国の親の権利学説も同様に考えるべきである。実際にわが国の親の権利学説も第1章で見た面会交流権と同様、例えば西原説は権利重視型で篠原説は制度重視型と言うように分類が可能である。しかし、どちらを重視するべきなのかは本章で検討したドイツ学説をみる

結 論

限りでは定かではない。

　このように考えると、憲法上の親の権利は制度重視型か権利重視型か一義的に決めてはならない。まず、憲法上の親の権利の中にある個別の権利・利益について、中間の視座から分析を開始するべきである。そして、親の権利の1つである面会交流権はそもそもいずれなのかから分析を始めるべきだろう。

II　面会交流権の法的性質・主体

1　面会交流権の法的性質

　第3章でみたとおり、ドイツでは、子どものために手厚い面会交流制度が用意され、憲法上の面会交流権は第一に子どものための権利とされながらもそれでも親自身の権利と構成する余地がある。このような面会交流制権は、基本的には子どもの福祉によって方向づけられる。しかし、事実上親の固有の利益が優先されるように、第二段階で主張された学説が通用しない場面がある。そして憲法上の面会交流権は特に欧州人権法の影響により、権利重視型の傾向を強めている。

　わが国でも、同様に憲法上の親及び子どもの面会交流権を考察すべきである。

　なお、わが国でもドイツでも面会交流権は、時間を積み重ねた親子のものということが前提とされていると考えられるため[55]、本書でもこの前提の下で議論を進めていく。この場合、ドイツで問題となったような、時間を積み重ねたわけではなく、生物学上のつながりがあるにすぎない親子の面会交流権は、異なる基礎付けで認められてしかるべきである。

---

(55)　横田は、親子の「絆」という情緒的表現を法学的に分析するにあたり、「親の権利」が「利他的権利」であるとされる場合に、「他」が「特定の」他者である点が改めて強調されるべきであるとしている。そして、更にこの「特定性」は鈴木博人が語るように（鈴木博人「親権概念の再検討——ドイツ親子法との比較の観点から」法律時報75巻9号〔2003年〕28-32頁）、「継続＝時間」と結びつくものであるとした。そして、これが面会交流権を含む「（特定の他者との）人的結合それ自体への権利」の一内容であると説明している（横田・前掲注[15]583-584頁）。

Ⅱ　面会交流権の法的性質・主体

　ところで、親の面会交流権について、わが国では篠原のように面会交流権と親権の法的性質を区別しない考え方もある[56]。しかし、ドイツの議論を参考にするならば、そうではなく、面会交流権は親の権利カタログの中でも特に親固有の利益が認められることから、横田のように[57]両者を区別するべきではないかと思われる。こうした考察は、家族法・教育法の対話において二宮が要請するような「教育」と「養育」の区別に類する議論と位置付けられるだろう。

　かような法的性質をもつ面会交流権は、憲法24条と結びついた13条を根拠と考察するべきだろう。

　この点について、注目すべき判例がある。これは、Ⅰ3（9）で検討した、当時の児童福祉法（2018年改正前）33条1項により一時保護された子ども及びその親であるXらが、一定期間面会をすることができなかったために、国会が、子どもの権利条約9条、憲法13条、31条に違反して、一時保護の義務的司法審査や一時保護後の親子の面会通人に関する立法措置を、長期にわたり講じなかったためであると主張して、国家賠償法1条による損害賠償請求訴訟を提起した事案である。面会交流権に関する議論の箇所で、大阪地裁は以下のように述べている。

①子どもの権利条約からの要請について

「子どもの権利条約9条1項は、子どもがその父母から分離されないことについて、具体的な措置を講じることを締約国に義務付けていることに照らすと、同条3項は、同項に規定された権利が完全に行使される保障まで求める趣旨ではなく、立法措置の要否・内容について、基本的に、各締約国の裁量的な判断に委ねるものと解するのが相当である」。

「そして、児童虐待防止法12条1項は、一時保護が行われた場合において、児童虐待の防止及び児童虐待をうけた児童の保護のため必要があると認めるときは、児童相談所長は、当該児童虐待を行った保護者について、当該児童との面会及び通信の全部または一部を制限することができることを定めている。この規定以外には、一時保護下での親子の面会通信を制限する法規がないこと

---

(56)　篠原永明「親権制限とその周辺」甲南法学59巻3・4号（2019年）188頁。
(57)　横田・前掲注(15)577-581頁。その他の学説について、第1章脚注48を参照。

結　論

（弁論の全趣旨）を考慮すると、同規定は、一時保護が行われた場合に親子の面会通信を制限することができる場合を、『児童虐待の防止及び児童虐待をうけた児童の保護のため必要があると認めるとき』に限定したものと解されるのであって、『児童の最善の利益に反する場合』の例外を認めた児童の権利条約9条3項の趣旨に沿った立法措置がされている」。

これに対し、Xらは、子どもの権利条約4条（「この条約において認められる権利の実現のため、すべての適当な立法措置、行政措置その他の措置を講ずる」）を根拠に、同条約9条3項を踏まえて、一時保護後の親子の面会通信の権利を実現するための立法措置が要請されている旨主張するが、同条約がその権利の保障について締約国に広い立法裁量を認めているところに照らして採用できない。国連の総会採択決議や子どもの権利委員会の所見について、法的拘束力は認められない。

以上によれば、子どもの権利条約9条3項、4条によって、一時保護後の親子の面会通信に関する立法措置を執ることが要請されているとはいえない。

②憲法13条による立法措置の要請について

「ア　親が子を養育する、又は子が親に養育されるためには、親子の間において意思疎通を図る機会が確保されていることが必要であるから、一時保護がされた児童と親との間の面会通信を制限することは、『親が子を養育する自由』『子が親に養育される自由』を制約する面があることは否めない」（下線部引用者）。

「この点について、児童虐待防止法12条1項は、一時保護が行われた場合について、親子の面会通信の全部または一部を制限することができる旨を定めている」。「一時保護の対象となる児童の精神状態等は様々であるため、当該児童の状況に鑑みて、児童の福祉の観点から、親子の間の面会通信を認めることが適切でない場合もある。したがって、上記規定が、『児童虐待の防止及び児童虐待をうけた児童の保護のため必要があると認めるとき』という要件の下で、一時保護時の親子の面会通信の制限を認めていることは、『親が子を養育する自由』『子が親に養育される自由』に対する必要かつ合理的な制約であるというのが相当である」。

「Ｘらは、一時保護の場面において、圧倒的多数の親が、面会通信の権利についての認識がないためにその申出ができず、児童相談所側の一方的かつ恣意的な判断で、児童虐待防止法12条１項の趣旨に反して、面会通信が事実上制限されている実情があるから、一時保護後の親子の面会通信に関する立法措置（面会通信の権利の明記、当該権利の告知、希望時の面会通信の実施を義務付ける立法措置）が不可欠であると主張する」。

しかし、厚生労働省の調査結果等の事実によれば、「一時保護期間中の親子の面会通信の制限が、児童虐待防止法12条１項に基づく措置としてではなく、行政指導によって行われる例が少なくないことがうかがわれるものの、少なくとも令和３年４月の時点においては、そのような行政指導が、児童相談所側の一方的かつ恣意的な判断で上記規定の趣旨に反して行われることが常態化していたことが明白であったとまではいえず、その実態把握の必要性が指摘されるにとどまっていたものと認められる」。そうすると、「Ｘらが主張する一時保護後の親子の面会通信に関する立法措置（面会通信の権利の明記、当該権利の告知、希望時の面会通信の実施を義務付ける立法措置）の必要性を基礎付ける立法事実の立証は、なお不十分であると言わざるを得ない」。

「以上によれば、憲法13条によって、一時保護後の親子の面会通信に関する立法措置を執ることが要請されているとはいえない」。

以上が同判決の判旨である。同判決では「養育する自由」／「養育される自由」（憲法13条）の一つとして、面会交流権を位置付けたとみられる。また、子どもの権利条約からのアプローチも試みているものの、これには限界があることを示している。しかし、親権と面会交流権の異同はもとより、立法義務を導き出すためには、憲法24条の存在にも触れるべきだったかと思われる。

２　義務者と義務内容

面会交流権は、他の権利とは異なり、他者との関係が切り離せない為に義務を伴う。そこで、ドイツの議論（詳細については、第４章Ⅲ及び本章Ⅲ４参照）を参考に、以下で当事者の義務内容を挙げる。

義務者と義務内容については、以下のことが確認できる。

まず、同居親は、面会交流を正当な理由なく妨げてはならない。このことは、

結　論

第2章で検討した信託説から導き出される。この信託説は、倫理的な義務として憲法に由来する。

次に、別居親は、ドイツの判例を参考にするならばその面会交流が子どもの福祉に反しないかぎり面会交流請求に応じる義務を負う。しかし、ドイツの学説の言う通りその場合でもなお当事者の合意が必要であると考えるべきであり、仮にその義務を民法で実現するならば、その規定はシグナリング効果をもつプログラム規定でなければならない。

これらの義務を、少なくとも私法上の義務として定めることを憲法は禁止していないとみるべきである。それどころか、親や子どもの面会交流権から、立法者は、上述した内容の立法義務を負うと解する余地がある。たしかに面会交流権の核は防御権であるが、本章で述べた憲法と民法の関係上国家は個人の基本権をより良く実現できるよう支援するための制度の整備を行わなければならないし、憲法24条による制度設営請求権からもこのことは要請される。

3　面会交流権の主体拡大可能性

第3章でみたように、ドイツでは面会交流権の主体が拡大される傾向がある。ドイツのようなパッチワーク・ファミリーが多数を占める国家における議論がわが国においてどの程度有用かという指摘もあろうが、わが国でも、近年「生殖補助医療の提供等及びこれにより出生した子の親子関係に関する民法の特例に関する法律」（2020［令和二］年法律第七十六号）の成立、令和4年12月16日公布の「民法の一部を改正する法律」による父子関係否認権者の拡大、生殖補助医療特例法10条による嫡出否認の行使否定等の立法を踏まえると、いわゆる「多数親家族[58]」への対応を、法整備をもって考えなければならない段階にきているといえる。また、特別養子縁組のハードルが下がっていることを考えると、今後親子関係の多様化がますます進むと考えられる。

そして、社会の変化に伴って新たに現れた親子関係を法に取り込むことへの法学上の関心も高まっている[59]。この点を踏まえて、以下において第3章で

---

(58)　二宮周平編『LGBTQの家族形成支援〔第2版〕』（信山社、2023年）279頁。

(59)　近年の研究としては、例えば山口真由『アメリカにおける第二の親の決定』（弘文堂、2022年）が挙げられる。

Ⅱ　面会交流権の法的性質・主体

検討したドイツの議論が参考になり得る場面を挙げる。

4　わが国の面会交流実務への示唆

　まず、わが国ではDNA父子鑑定事件[60]以降の法律上の父の面会交流事例[61]のように、生物学上の親子関係のみ有する父はおろか一度法律上の子どもとの関係を築いたにもかかわらず面会が認められない場合がある。大阪家庭裁判所は、本件において子どもが現在母と生物学上の父の下で平穏に暮らしていることや、子どもが法律上の父によって育てられていたとの認識がなく彼らが「愛情で結ばれている」こともないことをあげている。しかし、法律上の父であり原告であるXは、子どもが2歳4、5カ月まで父としてふるまっており、そのような過去をもってXと子どもが「愛情で結ばれてい」ないと果たして断言できるだろうか。本書が依拠する原則として面会交流権が親子の一定の関係性を基礎としているという立場からは、このような審判の結論に疑問を感じざるを得ない。

5　面会交流権主体を拡大するさいの留意事項

　また、最高裁判所は父母以外の第三者に、──たとえ事実上子どもを監護してきた者であっても──民法766条に基づく審判の申立権を認めていない[62]が、これについては多様化する親子関係への対応が迫られているというべきである。しかし、立法者により面会交流権の主体を拡大すること自体に憲法上の問題がないとしても、面会交流権の主体拡大を考える際に、面会交流権の法的性質も

---

(60)　最一小2014（平26）年7月17日判決民集68巻6号547頁。本件は、夫とは別の男性を妊娠した妻が、民法772条によって嫡出推定された子どもの法定代理人として親子関係不存在確認の訴えを起こした事案である。最高裁判所では、「民法772条2項所定の期間内に妻が出産した子から、科学的証拠により生物学上の父でないとして親子関係不存在確認を請求できるか」が争点となった。2014年7月17日最高裁第一小法廷が判決を下し、破棄自判して、訴えを不適法として却下した。

(61)　前述した事件の後、法律上の父が、妻と子どもの実の父と暮らす子どもとの面会交流を望んだ審判である（大阪家審2015［平27］年3月13日平26年［家］第7727号判例集未登載）。

(62)　最決2021（令3）年3月29日裁判所時報1765号4頁。

結論

さることながら無秩序に広げることが子どもの利益にかなうのか、むしろ逆の作用を起こすのではないかを考えるべきだろう。そして、そのことが、憲法24条の「個人の尊厳」から導き出される可能性がある。親と対立する子どもの憲法上保護されるべき利益として、ドイツの議論を参考にすると、①子どもが現在生活している家族の継続性・安定性、②親の責任が分散せず、完全な責任を有する親がいること、③親同士の衝突可能性を最小化することが考えられる。また、④出自を知る権利、⑤聴聞を受ける権利(意見表明権)というような権利も考慮しなければならない。これらの考慮要素は、ドイツ以外の他国(アメリカ、カナダ、ニュージーランド等)を参考にした「2人親」(Co-Parenting)規範への問いかけ[63]に重要な示唆をもたらすだろう。

6　祖父母の面会交流権

次に、わが国では祖父母の面会交流権について民法学説ではとりあげられており、当初は、法的性質に関する議論の中で言及されていた。民法学説において面会交流権を自然権ととらえる論者は、「権利性は弱いとしても、直系尊属である祖父母または兄弟姉妹についても面接権を認める余地があるものと考える」としている[64]。その一方で、「面接交渉権」を親権の一権能と解釈する論

---

[63]　詳細については、有田啓子「『二人親』規範を問う」二宮周平編『LGBTQの家族形成支援』(2022年、信山社) 323頁以下参照。そのさいに、憲法24条における「家族」像が問題となる。これについて、最高裁判所は法律婚を起点とする(巻美矢紀「憲法と家族」論ジュリ18巻〔2016年〕93頁以下)。その一方で、学説は、①法律上の家族とする見解(米沢広一「憲法と家族法」ジュリスト1059号〔1995年〕8頁)、②憲法上の家族を想定すること自体を否定する見解(安念潤司「人間の尊厳と家族の在り方」ジュリスト1222号〔2002年〕25頁)、③子どもを軸とする親密な集団(齊藤笑美子「家族と憲法」『憲法問題』21号〔2010年〕115-116頁)とする見解が確認できる。これについて、論者は、今日の家族の多様性に鑑みた憲法解釈が必要であると考える。この点については、稿を改めて検討したい。

[64]　森口静一・鈴木経夫「監護者でない親と子の面接」ジュリスト314号(1965年)76頁。ほかに、田中裕通「面接交渉権の法的性質」判例タイムズ747号(1991年)323頁、子どもの権利として父母以外の「面接交渉権」を構成するものとして、花元彩「面接交渉権の法的性質に関する一考察——アメリカにおける継親子間の訪問権を中心に」関西法学52巻3号(2002年)187-189頁。

者は、「直系尊属である祖父母や兄弟姉妹は法律上の権利としては、面接・交渉することはできない」とする⁽⁶⁵⁾。その後、規定を欠くことを理由に、父母以外の者の「面接交渉権」を否定し、事実上の問題として解決されればよいという論者も現れた⁽⁶⁶⁾。しかし、比較的最近では「『面接交渉』はそもそも実体的権利か手続的権利かという点について見解が分かれるものの、父母以外の者の『面接交渉』事態については認める論調が優勢になりつつあるように思われる⁽⁶⁷⁾」。実際に――実現はしなかったものの――、「民法改正委員会家族法作業部会」が示した改正提案にも祖父母と第三者の面会交流に関する規定が盛り込まれていた⁽⁶⁸⁾。公表された裁判例では、東京高裁1977年(昭52年)12月9日決定において子どもの引き渡しの経過措置として、祖父母に孫との面接交渉を認めたものがある。

そして、最高裁判所は、2021年に、たとえ事実上子どもを監護したという経緯があったとしても子どもの祖母は父母ではないから、家庭裁判所に対し、面会交流について定める審判を申し立てることはできないと判断している⁽⁶⁹⁾。ここで、最高裁判所は、原審が試みた⁽⁷⁰⁾本件への民法766条の適用又は類推適用を否定している。これは、先述した学説の傾向とは異なると評してよいだろう。

---

(65) 佐藤義彦「離婚後親権を行わない親の面接交渉権」同法110号（1969年）56頁。ほかに、「面接交渉」は本質的に親の権利とするものとして、野田愛子「面接交渉権の権利性について」最高裁判所事務総局家庭局編『家庭裁判所の諸問題（上）』（最高裁判所事務総局、1969年）206頁。

(66) 北野俊光「面接交渉権」村重慶一編『裁判実務体系(25) 人事訴訟法』（青林書院、1995年）196頁。

(67) 栗林佳代『子の利益のための面会交流：フランス訪問権論の視点から』（法律文化社、2011年）75頁。

(68) この指摘について、栗林・前掲注(67)75頁。

(69) 前掲注(62)。

(70) 大阪高決2019（令元）年11月29日令和元年[ラ]第1140号判例集未登載。同決定は、「父母以外の事実上子を監護してきた第三者が、子との間に父母と同視しうるような親密な関係を有し、上記第三者と子との面会交流を認めることが子の利益にかなうと考えられる場合には、民法766条1項及び2項の類推適用により、子の監護に関する処分として上記の面会交流を認められる余地がある」とした。

結　論

　しかし、このような民法学説とは異なり、憲法学説では、祖父母の面会交流権自体がさほど議論の対象になっていない印象をうける。けれども現実には、祖父母と孫の面会交流が問題になることは少なくないため、憲法上の面会交流権を論じるのであれば、祖父母の存在にも触れなければならないだろう[71]。

　この点について、第1章でふれた東京地判2022（令4）年11月28日LEX/DB25572766において東京地方裁判所は、原告Xらによる①祖父母と孫の面会交流権が憲法13条で保障される、②同居親に子とその祖父母との面会交流を許可する特権を認めているのに対して祖父母はこうした特権を有しないこと、この許可の有無によって子（孫）の養育という人格的利益の享受の点で祖父母と同居親との差異が生じており、現行法は憲法14条に違反する、そして③憲法24条2項違反の主張をいずれも退けている。ここで注目したいのは、③についてである。東京地裁は「祖父母と子との面会交流は、憲法24条2項の『婚姻及び家族に関するその他の事情』に該当するものと解される。」と述べており、祖父母と孫の関係が憲法上の「家族」に該当すること自体は認めている。この点は、憲法24条における「家族」を広くとらえたものとして評価すべきである。もっとも、続けて東京地裁は「現行の法制度は、父母にのみ親権を付与し、子の監護に関する権利及び義務を有するものとしていて、この点は、子との近接性に照らし、直ちに不合理なものということはできない。そして、これを前提とした場合において、前記説示のとおり、面会交流を私法上の権利として構成せず、父母の協議により定めるという規定を置くにとどめたことが、直ちに祖父母と子の個人の尊厳等の要請に照らして合理性を欠く制度であるということはできない。」と述べている。

　しかし、ドイツの憲法解釈を参考にするならば、例えば「第二の親」として祖父母に面会交流権を認める立法をすることを、憲法24条は少なくとも妨げるものではない（ただし、先述したように一定の制約はある）と理解する余地はあるように思われる。

---

(71)　もっともこの際には、民法学において祖父母は父母と必ずしも同一の基準で面会交流が認められるわけではない、という見解（山口亮子「第三者（祖父母）による監護者指定・面会交流の申立て——最高裁令和3年3月29日決定」ジュリスト1564号［2021年］86頁）が主張されていることに留意しなければならない。

7　養子縁組に出された子どもの実親の面会交流権

　最後に、養子縁組に出された子どもと実親の面会交流について父母の離婚後に、監護親の配偶者との間でいわゆる連れ子養子縁組がされた場合において、非監護親と子どもとの面会交流を巡って紛争が生じたときは、民法766条の射程内にあるものとして、非監護親は面会交流を求めることができると解されているものと考えられる。実際に実務的にも、民法766条2項に基づき、家事審判を行っているものと思われる。これに対し、父母の離婚の有無は問わず、連れ子養子縁組以外の縁組がされた場合において、実親が子どもと面会することを求めることができるか否かという点については、現行法上何らの規律がない。このため、面会交流権の主体拡大を考えるときまたドイツの議論が参考になり得る。また、法制度上特別養子縁組のハードルが下がったようにわが国でも今後養子縁組制度の積極的な活用が期待されている。その一方で、ドイツでは立法のみならず司法も養子縁組を望む者に対する障害を取り除く傾向が強い[72]。その際には、必ずかつての法律上の親と子どもとの面会交流が課題として残る。養子縁組制度の差異[73]をもってしてもなお、ドイツの議論展開には引き続き注目するべきだろう。

III　面会交流権の限界

1　公権力による面会交流制限の類型化

　わが国では、児童の保護を目的とする、行政処分としての公権力による親子の面会交流制限が存在する。しかし、同処分の実務における使い勝手が悪いために、実務上親子の面会交流制限の大半は行政指導という形で行われている。

---

(72)　近時の例としては、非婚の家族を継養子縁組制度から除外することは、一般的な平等取扱いの要請に反するとした連邦憲法裁判所判決（BVerfGE 151, 101）が挙げられる（第3章脚注169も参照）。

(73)　詳細については、鈴木博人『親子福祉法の比較法的研究I』（中央大学出版部、2014年）85頁以下参照。

結論

　ところが、この行政指導が国家賠償法上違法なものではないかと懸念されており、実際に訴訟が提起されているが、裁判所によって判断が分かれている（詳細については、第4章Ⅱ参照）。

　そこで、この問題を憲法上の面会交流権という観点から検討し、憲法上何らかの基準を導き出す必要が生ずる。そのために、第4章Ⅱではドイツの議論を参考にして、以下のような結論が出た。

　まず、ドイツの面会交流権は子どもの保護を目的とした公権力の面会交流制限に対し、防御権として活用されている。この傾向は基本法6条2項のみならず、制限——制限規範である6条3項の活用を試みる連邦憲法裁判所の判例に顕著にあらわれている。そして、その場面として、里親のもとにいる子どもとの面会交流排除及びロックダウン時の面会交流規制が挙げられる。

　次に、ドイツの子どもの保護を目的とした公権力による面会交流制限、特に長期間にわたる制約や排除は具体的な子どもの福祉の危険化が必要とされる。そしてその措置の憲法適合性を判断するにあたり、基本法6条3項が適用される。具体的には面会交流の制限又は排除は、特に、子どもが重大な理由でこれを希望し、強制的な面会交流が子どもの福祉を損なう場合に検討されるが、その一方で、親の面会交流権の憲法上・人権上の意義を考慮しなければならない。つまり、手続法上の観点から子どもに関する手続の形成は子どもの福祉の危険化を判断するために可能な限り信頼できる根拠に基づいたものであり、その形成が子どもの実体的な基本法上の地位の実現に資することに適合しかつ相当でなければならない。また、たとえロックダウン時であっても施設に入所している子どもと親子の面会交流制限について基本法6条3項の適用は阻まれず、例外なき面会交流制限は許されない。

　ドイツの最近の動向はわが国の公権力による親子の面会交流制限にとって、憲法上明確な基準を設定するうえで参考になり得る。すなわち、憲法上の親の面会交流権は、親の人格的利益を考慮し、①子どもの意思が不明な場合は、国家と親の間での子どもの利益に関する判断の衝突の問題ととらえ、②子どもの意思が明らかな場合は子どもの権利と親の権利の衝突とし、その調整役として国家があらわれると思われる。そして、例えば里親家庭の自律性といった他者の存在も考慮に入れながら、判断を下すべきではないか。

2　司法の新傾向

先に述べたドイツ法からの示唆について、注目すべき判例が出されている。それは、第4章Ⅱで見たような、施設入所措置ではなく、一時保護中の親子の面会交流制限に関する行政指導の違法性を争った事案である。

(1) 大阪地判2022(令4)年3月24日判例タイムズ1506号129頁

事例は以下のとおりである。

原告Xは、本件児童Aと2人で生活する自宅において、Aを抱いた状態で、グラスを取ろうとして、Aを左手で抱き、グラスに右手を伸ばしたところ、Aをフローリングの床に落としてしまい、Aが床に後頭部の上の方を打ち付ける事故（本件事故）が起きた。Aは、Xの119番通報により病院に緊急搬送され、頭部CT検査の結果、本件児童の両側頭頂骨に骨折が生じていること等が判明し、入院することになった。

P児童相談所長は、本件事故の2日後、病院からの通告を受けて、医師からの説明を受けるなどした上、児童福祉法33条に基づき、Aについて病院に委託して一時保護をすることとし、一時保護を開始した。

Aは、本件事故の約2週間後、退院したが、P児童相談所長は、一時保護を継続することとし、児童福祉法33条に基づき、乳児院に委託して本件児童の一時保護を継続した。

P児童相談所は、Aの受傷原因等について、医師（法医学）に鑑定を嘱託し、同医師から、「虐待の可能性が考えられる。」旨の鑑定書（本件鑑定書）を取得した。

P児童相談所長は、一時保護の2か月間の期間満了前に、児童福祉法33条5項本文に基づき、大阪家庭裁判所に対し、引き続いての一時保護の承認の申立てをした。これに対し、大阪家庭裁判は、引き続いての一時保護を承認する旨の審判（本件審判）をした。本件審判の理由は、本件鑑定書の内容の信用性の再検討等を行うことが相当であり、本件鑑定書の内容の信用性の検討及び家庭引取りに向けた準備等の期間として、引き続いての一時保護を承認するなどというものであった。

結　論

　Ｐ児童相談所長は、本件鑑定書の内容の信用性の検討を行うことはなく、引き続いての一時保護の２か月間の期間満了前に、児童福祉法28条１項１号に基づき、本件児童を乳児院に入所させることの承認の申立てをした。その後、Ｐ児童相談所長が一時保護を解除するまで、Ａの一時保護は約８か月間継続した。Ｐ児童相談所長は、本件児童が退院し、乳児院に委託一時保護をするに当たり、ＸとＡとの面会の全部を制限することとし、Ｘに対し、乳児院の名称・住所等を開示しなかった。Ｘが、Ａの予防接種に同行する形でＡと面会するまで、約２か月間、ＸとＡとの面会の全部が制限された。そこで、Ｘは、①一時保護の開始、②一時保護の継続及び③一時保護期間中のＸとＡとの面会制限が違法であるなどと主張して、被告Ｙ（大阪府）に対する国家賠償法１条１項に基づく損害賠償請求訴訟を提起した。

　Ｘの訴えに対し、大阪地裁は、①については違法性を否定し、②について本件審判日の１か月後の日以降の一時保護の継続は、国家賠償法１条１項の適用上違法であるとした。そして、③について、次のように述べた。

　「児童の権利に関する条約９条３項は、締約国は、児童（18歳未満の全ての者）の最善の利益に反する場合を除くほか、父母の一方又は双方から分離されている児童が定期的に父母のいずれとも人的な関係及び直接の接触を維持する権利を尊重する旨規定し、親子分離がされている場合であっても、原則として、親子の面会の権利等を尊重することを締約国に求めている。そして、児童虐待防止法12条は、児童虐待を受けた児童について同法33条１項又は同条２項の規定による一時保護が行われた場合等において、児童虐待の防止及び児童虐待を受けた児童の保護のため必要があると認めるときは、児童相談所長は、厚生労働省令で定めるところにより、当該児童虐待を行った保護者について、当該児童との面会及び当該児童との通信の全部又は一部を制限することができる旨規定し、上記の児童の権利に関する条約９条３項が定める面会の権利の尊重についての例外に当たる場合を規定している。

　他方で、児童福祉法13条４項は、児童福祉司は、児童相談所長の命を受けて、児童の保護その他児童の福祉に関する事項について、相談に応じ、専門的技術に基づいて必要な指導を行うなど児童の福祉増進に努める旨規定し、児童相談所長の命を受けた児童福祉司による行政指導の権限について定めている。そし

て、上記の『必要な指導』には、一時保護を受けた児童とその保護者との面会制限も含まれると解される。そうすると、同法33条に基づく一時保護中の面会の制限は、同法13条3項に基づく児童相談所長の命を受けた児童福祉司による行政指導として行われることも考えられる。

　もっとも、行政指導としての面会制限は、行政手続法が定める行政指導に関する規定に適合するものでなければならない。同法32条1項は、行政指導の一般原則として、行政指導の内容は飽くまで相手方の任意の協力によってのみその内容が実現されるものである旨規定するところ、これは、行政指導の内容が事実上の強制によって実現されてはならないことを確認的に規定したものと解される。そうすると、<u>行政指導として面会制限は、保護者の任意の協力によって実現されたにとどまらず、保護者への事実上の強制によって実現されるに至った場合には、児童相談所の人的・物的態勢によっては面会の実施が困難であるなどの特段の事情がない限り、上記の行政指導の一般原則のほか、児童の権利に関する条約の趣旨にも違反するものであり、国家賠償法1条1項の適用上違法であると解される［下線部引用者］</u>」。

　これらの事情に照らせば、Xは、平成31年1月9日の時点において、本件児童との面会を求める意思を明確に表明したが、P児童相談所はこれを拒否し、本件面会制限を継続させたといえる。そうすると、本件面会制限は、遅くとも、同日の時点において、事実上の強制により実現されるに至ったというべきであり、P児童相談所の人的・物的態勢により面会の実施が困難であったなどの特段の事情があったということもできない。

　「そして、本件面会制限が事実上の強制により実現された状態は、平成31年2月27日まで解消されなかったというのであるから……、同日まで継続したというべきである（同日以降の面会の一部制限が、事実上の強制により実現されたと認めるに足りる証拠はない。）。

　したがって、平成31年1月9日〜同年2月27日の本件面会制限は、国家賠償法1条1項の適用上違法であるというべきである」。

　「なお、Yは、……児童相談所長は、児童福祉法33条の2第2項の監護のための必要な措置として、一時保護をする児童と保護者との面会を制限する権限がある旨主張する。

結　論

　しかし、行政処分としての親子の面会制限は児童虐待防止法12条において規定されている以上、強制的に親子の面会制限を実現するためには、同条によらなければならないものと解されるから、児童福祉法33条の2第2項にいう『監護のための必要な措置』は、強制によって実現できるものではないと解するのが相当である。そうすると、児童相談所長が児童と親権者との面会を制限することが同項にいう『監護のための必要な措置』に含まれると解し得るとしても、親権者の任意の協力によって実現されなければならないと解するのが相当である」。

(2) 評　価

　本判決は、先述したように第4章Ⅱでみた宇都宮の事例とは異なり、一時保護中の面会交流制限であり、児童虐待が明らかではなかったことを踏まえると、面会交流制限指導はより慎重に行うべきだったといえるだろう。

　また、本判決は、当事者の面会交流の利益ないし権利について、子どもの権利条約を持ち出し、これと立法との関係を明らかにする手法をとる。これは、先の判例になかった、新たな傾向とみてよいだろう。

　加えて、本判決は判断枠組みについて、明らかに引用してはいないものの、「特段の事情」を要請する、という従来の違法性判断枠組みを踏襲しているとみられる（下線［実線部分］参照）[74]。しかし、第4章Ⅱで述べた理由により、この判断枠組みは採用できない。

　更に、Yの児童相談所長による監護等に関する必要な措置（児童福祉法33条2の第2項）に親子の面会交流制限が該当する、という主張について、本件判例はこれを退けている。同条文により児童相談所長が具体的に採れる措置は「必要な」ものという要件で限定されている。児童相談所長にはこの要件に従って権限を行使することが求められ、権限の行使に当たっては、親権者等の意向の考慮も要請される。必要な措置の具体的範囲については、児童福祉法47条と比較すると、一時保護はあくまでも一時的暫定的な処分であることから、

---

(74) 同旨の指摘について、西森利樹「判批」賃金と社会保障1821号（2023年）265頁以下参照。

現実には重大な問題が生ずる機会は相対的に多くないとされている[75]。したがって、本判決がこの点に関するYの主張を退けたことは妥当である。

(3) 大阪高判2023(令5)年8月30日 LEX/DB25596449
控訴審は、次のように判断している。
「5　争点(3)（本件面会制限は国賠法1条1項の適用上違法であるか否か）について
(1) 強制的な面会制限の法的根拠について
ア　児童虐待防止法12条1項は、児童虐待を受けた児童について児童福祉法33条1項の規定による一時保護が行われた場合において、児童虐待の防止及び児童虐待を受けた児童の保護のため必要があると認めるときは、児童相談所長は、当該児童虐待を行った保護者について、当該児童との面会の全部又は一部を制限することができる旨を規定しており、一時保護中の児童の保護者に対して当該児童との面会を強制的に制限する権限を児童相談所長に付与している。
一方、児童福祉法33条の2第2項は、児童相談所長は、一時保護が行われた児童で親権を行う者のあるものについても、監護及び教育に関し、その児童の福祉のため必要な措置をとることができる旨を規定しているところ、同項に規定する監護のための必要な措置には、行政指導（同法11条1項2号ニ、13条3項）により、一時保護を受けた児童とその保護者との面会を制限することも含まれるものと解される。そして、この面会制限は、行政指導として行うものである以上、飽くまで相手方の任意の協力によって実現しなければならないから（行政手続法2条6号、32条1項）、保護者の同意（黙示的又は消極的な同意も含まれ得る。）に基づく必要があり、強制にわたってはならないものである（なお、Yは、強制力を有する「行政指導」が存在するかのような主張をするが、行政指導の一般原則について定めた行政手続法32条1項に照らしておよそ採用し難い。）」。
「ここで、児童の権利に関する条約9条3項は、父母の一方又は双方から分離されている児童が定期的に父母のいずれとも人的な関係及び直接の接触を維

---

(75) 磯谷文明・町野朔・水野紀子ほか編『実務コンメンタール　児童福祉法・児童虐待防止法』（有斐閣、2020年）405頁。

結　論

持する権利について規定しているところ、これは飽くまで児童が親と面会する権利について定めたものであるものの、<u>児童と別居している親の側においても、児童と面会する権利又は少なくとも法的利益を有するものと解するのが相当である（民法766条1項や児童虐待防止法12条1項は、これを前提とするものと解される。）</u>（下線部引用者）」。

「そうすると、児童相談所長が、児童虐待防止法12条1項の規定によらずに、一時保護中の児童の保護者に対して、事実上の強制によって当該児童との面会を制限することは、法令上の根拠がないにもかかわらず、当該保護者の児童と面会する権利又は法的利益を侵害するものであって、国賠法1条1項の適用上違法となるというべきである。なお、児童虐待防止法12条1項は、「児童虐待の防止及び児童虐待を受けた児童の保護のため必要があると認めるとき」という面会制限の要件該当性の判断について、児童福祉に関する専門的知識を有する児童相談所長の合理的裁量に委ねているものと解されるが、児童相談所長は、同項に基づかずに強制的な面会制限を行う権限を有しないのであるから、法令上の根拠に基づかない強制的な面会制限はそもそも違法なものであって、児童相談所長の裁量は問題とならない。

もっとも、保護者による面会については、児童が一時保護されていることによる内在的制約（例えば、児童相談所や保護施設の人的・物的態勢によって面会の時間や場所が一定の制約を受けるなど）が存在するところ、このような制約は、児童福祉法33条に基づく一時保護に根拠を有するものであるから、国賠法1条1項適用上違法とは評価されない。また、保護者が児童と面会する権利又は法的利益は絶対的なものではなく、児童の最善の利益に反してはならないから（児童の権利に関する条約9条3項、民法766条1項参照）、例えば、児童虐待をした保護者が面会を求めたり、児童が保護者との面会を拒絶したりしており、面会を実施することによって児童の安全や福祉が侵害される具体的なおそれがあるような場合には、保護者が面会を求めることが権利の濫用（民法1条3項）に該当し、これを制限することがそもそも違法性を有しない、あるいは正当業務行為又は正当防衛（民法720条1項）として違法性が阻却されることも十分にあり得るというべきである（下線部引用者）」。

「(2) 本件面会制限について

ア　平成31年1月4日から開始された本件面会制限によって、Xと本件児童との面会は全面的に制限されたところ、Xは、同日に面会制限を伝えられた際、面会制限に応じない意思を明示しておらず……、本件面会制限に対して少なくとも黙示的又は消極的には同意していた（行政指導に応じていた）ものと推認するのが相当であるから、同日の時点では、P児童相談所長による本件面会制限が国賠法1条1項の適用上違法であったとはいえない。

　しかしながら、Xは、同月9日には、代理人弁護士とともにP児童相談所を訪問し、本件面会制限の法的根拠等を尋ねるとともに本件児童との面会を求めているから……、この時点においては、P児童相談所に対して本件面会制限に同意しない（行政指導に従わない）意思を明確に示したものと認められる。それにもかかわらず、P児童相談所長は、同日以降、児童虐待防止法12条1項によらずに、事実上の強制による全面的な面会制限を継続したものであるから、このことは国賠法1条1項の適用上違法であるといわざるを得ない。

　また、その後、P児童相談所長は、Xによる面会の要望を受け、同年2月27日以降、P児童相談所職員が本件児童を予防接種に連れて行く際にXが同行することを認めることとし、Xは本件児童と面会できるようになったものの、その面会は不定期で頻度も高くなく（同日、同年3月20日、同月27日、同年4月3日、同月19日、同月22日及び同月24日の合計7回）、令和元年5月8日以降の面会も1週間に1回に限定されていたため、Xは、その間も、P児童相談所に対し、もっと面会を認めてほしいと要望し続けていたことが認められる……。そうすると、P児童相談所は、面会を一部認めるようになった平成31年2月27日以降も、児童虐待防止法12条1項によらずに、事実上の強制による部分的な面会制限を継続したものと認められるから、このことは国賠法1条1項の適用上違法であったといわざるを得ない」。

(4)　評　価

　控訴審では、子どもの権利条約をひきあいにだして、親子の面会交流権を導き出す余地を示し（下線［実線部分］参照）、原審が採用した違法性判断基準である「特段の事情」自体を排斥あるいはその具体化をはかったとみられる。すなわち、児童福祉法33条の2第2項にいう監護のための「必要な措置」には行

結　論

政指導による面会制限も含まれるところ、これは行政手続法上強制にわたってはならない。そして児童虐待防止法12条1項によらずに一時保護中の子どもの親に対して事実上の強制によって面会制限をすることは、法令上の根拠がないにもかかわらず親の面会交流権ないし法的利益を侵害するものである、とする。もっとも、控訴審は本書が提唱するような子どもの意思をはじめとする要素を挙げ、親が面会を求めることが権利濫用（民法1条3項）に該当し、面会制限について正当業務行為または正当防衛（同720条）として違法性が阻却される余地も認める（下線［破線部分］参照）。

　このような判断枠組みは、先例には見られない、新たな傾向である。

　以上の司法の傾向から見ると、親子の面会交流「権」の導入は、ある程度前向きに司法の場で検討されていると評価できる。もっとも、これらの判例は子どもの権利条約を、少なくとも子どもの面会交流権の根拠としようとしているが、──条約から締約国の立法義務を導き出すことの可否の検討は必要ではあるものの──このアプローチでは、先に見たように立法不作為の違法性を争う場合に不利である。引き続き、憲法上の面会交流権を検討すべきだろう。

3　議論が望まれる場面

(1)　里親のもとにいる子どもと親の面会交流規制

　第4章でみたドイツの議論を参考にすると、今後議論が望まれる問題として、施設にいる子どものほかにも里親のもとにいる子どもと親の面会交流規制が挙げられる。

　まず、わが国でも里親家庭に子どもがなじむために一定の期間面会交流を制限し、その後も子どものために面会交流を制限する必要性は否めない。憲法による解決が必要とされる際には、親の面会交流権、子どもの面会交流権、そして里親家庭の自律を考慮したうえで明確な基準を設定することが望ましい。そのために、まず憲法以外の法分野における親権者と里親の関係の検討が求められる[76]。また、ドイツでは再統合支援という役割が里親に求められているが、

---

[76]　考察例として、横田光平「里親委託の両義的性格に関する法的考察──行政法学と民法学の協働」法と政治72巻1号（2021年）611-643頁。

わが国の里親に明確に求められている役割は何かも明らかにしなければならない[77]。

ここで、両国の里親の相違点を簡潔に述べたうえで、最近のわが国における研究及び判例動向について述べておきたい。

まず、わが国とドイツの里親制度については、行政法・福祉法に分類される児童福祉法に置かれており、親権者と意見が対立する場面も想定して、里親がとる児童等の福祉のために必要な措置を親権者は不当にさまたげてはならないとされ、里親が児童の福祉に必要な措置をとることができるとされるに至った。何が不当かはガイドラインを策定してそれによることとされている。さらに、児童などの生命または身体の安全を確保する必要があると認められるときは、親権者の意に反してでもこれをとることができるとした。これらは親権制限につながる内容を持っているが、民法には里親の権限については規定が設けられていない。親権者が児童などに対する決定を争う場合には行政訴訟によるか、損害賠償請求の民事訴訟によることになるであろうと推測されている[78]。

これに対して、ドイツ法では法律に配慮権者の配慮権を司法判断なく制限する規定は置かれていない。配慮権者の同意を得られない場合は、民法の配慮権制限規定の問題にされる。つまり、ドイツ法では、配慮権制限は民法の問題であり司法判断に委ねられる[79]。

福祉法上の里親制度は、ドイツでは教育援助として、配慮権者が受けるべき権利を持つ援助として位置付けられている。里親制度は、配慮権者、多くの場合実親の元に子どもを帰すことを目指す制度と位置付けられていると言える。また、里親制度は、子どもを実親のもとに帰すことを目的にした制度なのかどうかが不明である[80]。

この点について、横田は、近時の判例を参考に、里親には、私的側面と公的側面があると分析する。横田によれば社会福祉法人の設置する児童養護施設で

---

(77) ドイツとわが国における里親制度の相違点について、鈴木・前掲注(73)320-322頁参照。
(78) 鈴木・前掲注(73)321頁。
(79) 鈴木・前掲注(73)321頁。
(80) 鈴木・前掲注(73)321頁。

結論

の子どもの被害に対して損害賠償が請求された事案に係る最判平19年1月25日民集61巻1号1頁が、里親の公的側面を考察する上で参考になる。同判例は、児童福祉法における都道府県、児童養護施設と子ども、保護者の関係に関わる法規定のあり方を確認した上で、子どもへの不法行為につき都道府県と子どもとの関係としてとらえる。ここで児童福祉施設入所と里親委託は区別されず、共に公権力の行使として行政活動の一環に位置づけられ、都道府県と子どもが向き合うことになる。つまり、児童福祉法上の社会的擁護の法的仕組みの下では、都道府県と子ども、保護者の関係を中心とする理解がなされる[81]。

この考察を参考にするならば、里親には公的側面が存在し、ドイツと比較するとわが国では親権者が児童などに対する決定を争う場合には行政訴訟による可能性が高いということになる。また、里親と行政の関係も公的側面に属することになる。とはいえ、里親にも里親と子どもの関係のように私的側面があることも横田は指摘する。その上で、たとえ「里親家庭の自律と言っても社会的養護であるがゆえの制約があることは繰り返すまでもなく、実親との関係においても親子再統合に向けた面会交流など、里親には、子どもとの直接的な関係の形成と、子どもと実親の関係への配慮を両立させることが求められる[82]」と述べている。このような考察を踏まえるならば、里親家庭に自律が認められるにしても（特に再統合の場面において）それには限界があるとみるべきだろう。

補論 —— 里親の面会交流権？

里親が子どもとの面会交流を望んだ場合はどうなるだろうか。この問題が、2023年に東京地方裁判所で提起された。

そもそも里親が里親委託解除の是非を争う場合のみならず里子との面会交流を望んだ場合にも、訴訟が困難になっているという実情がある。

例えば、里親が里親委託解除処分の取消しを求める訴訟を提起しようとした場合、取消訴訟の訴訟要件である原告適格を満たすのかが問題となる。この里親委託解除処分の取消訴訟において、東京地方裁判所は、処分の名宛人に限ら

---

(81) 横田・前掲注(76)617-620頁。
(82) 横田・前掲注(76)629頁。

ず処分の法的効果により自己の権利の制限を受ける者は原告適格を認められるとの先例（最判平成25年7月12日民集第244号43頁）に従い、「里親が里子との間で築いた愛着関係を断ち切られるという不利益」について検討した。

　本判決では、まず、「処分の名宛人以外の者が処分の法的効果による権利の制限を受ける場合」に当たるか否かについて、児童福祉法27条1項3号に基づく里親委託措置は、児童の福祉のため児童を家庭から引き離す措置であって、同法上、親権者又は未成年後見人の権利に制限を加える法的効果を有するものとされており、同措置を解除する旨の処分は、上記の制限を解除する法的効果を有するといえる一方、里親との関係についてみると、同法上、里親委託措置やこれを解除する旨の処分は、里親に対して何らかの権利又は利益を付与したり、あるいは、これに何らかの制限を課したりするものとはされていないとした。

　原告Xらは、里親委託措置を解除する旨の処分と個別の里親に対する児童の委託の解除が表裏一体、不可分の関係にあり、里親委託措置を解除する旨の処分によって「里親としての地位」が失われる旨主張していた。しかし、本判決は、児童の委託を受けた里親と知事等との関係について、知事等による個別の里親に対する児童の委託の申し込みと里親によるその承諾という契約締結行為によって生じる民法上の準委任に準じた公法上の契約関係であると解しており、児童福祉法27条1項3号所定の里親委託措置それ自体によって生じるものではないとした。その上で、本判決は「里親委託措置を解除する旨の処分（行政処分）」と「個別の里親に対する児童の委託を解除する行為（契約関係を解除する旨の意思表示）は別個の行為であって、このうち里親委託措置を解除する旨の処分が取り消されたとしても、これにより個別の里親に対する児童の委託の解除の効果が覆滅するものではない以上、当該個別の里親について当然に当該児童の里親としての地位が復活するものではなく、里親委託措置を解除する旨の「処分自体の法的効果によって」児童の里親としての地位が復活するのではないとした。すなわち、里親委託措置を解除する旨の処分が取り消されたとしても、これにより個別の里親に対する児童の委託の解除の効果が覆滅するものでない以上、当該個別の里親に当然に当該児童の里親としての地位が復活するものではなく、里親委託を解除する旨の「処分自体の法的効果によって」児

結　論

童の里親としての地位が失われるということはできないとして、Xらの主張を排斥した。

　次に、行政事件訴訟法9条2項に基づく検討において、本判決は、児童福祉法が専ら児童の福祉の実現を目的としており、里親については、「専ら委託を受けた児童の健全な育成と福祉を図るために、公的な立場においてその育成を行うことが期待されている」とした。そして、本判決は、このような趣旨等に照らし、同法及びその関係法令は、里親委託措置やその解除等について、専ら児童の健全な育成と福祉を図るため、児童の最善の利益にかなうようにするという観点から行われるべきものとしており、委託された児童と生活すること等により里親が個人的利益を享受することがあるとしても、このような里親自身の利益を個別的利益として保護する趣旨と解することはできないとして、行政事件訴訟法9条2項によっても里親の原告適格を肯定することはできないとした。

　その結果、里親の原告適格は否定されることになる（東京地判2019［令元］年11月7日判例タイムズ1487号196頁）。

　この判決から明らかなように、里親が里親制度をめぐる行政処分の違法性を争うことは非常に困難である。学説では、国賠法と取消訴訟の差異を念頭に置いたうえで、あえて前者の訴訟で認められた法的利益をもって、後者の原告適格肯定を試みるものもある。横田は、里親委託措置の解除につき里親が国家賠償を求めた事案にかかわる山口地判2015(平27)年4月23日 LEX/DB25540959 が、「里親と里子の関係は、親子関係に類似するものであることから、里親、あるいは里子がそれぞれその地位において受ける利益があり、それが法的保護に値すると解される場合があることも考えられる」と判示していることに着目した。つまり、親子関係に類似する里親と里子の関係につき、里親、里子が有する利益が法的に保護される余地を認めているのである。このような利益は、親子関係に類似する関係という事実に根拠づけられる法的利益であって、児童福祉法によって始めて根拠づけられる法的利益ではない。しいて言えば、民法学で主張される法的利益に重なるものと分析されている[83]。仮に児童福祉法

---

(83)　横田・前掲注(76)634-636頁。

の定めによらずそのような法的利益が里親、里子に認められるのであれば、先述した令和元年判決が引用する平成25年最判の判断枠組みに基づき、里親委託措置の解除を争う取消訴訟においても、里親、里子に原告適格が認められる余地があるという[84]。

それでは、里親の面会交流権はどう考えるべきなのか。2023年に出された東京地裁判決（東京地判2023［令5］年3月31日令和元年［ワ］第32289号判例集未登載）は、この問題を浮き彫りにしている。

本件は、以下のような事案である。2010年に原告X_1及びX_2は、3歳の女児を迎え入れ、里親として養育していた。2016年に、X_1がストレスなどから帰宅途中に橋の上から川に飛び込み、医療保護入院となった。杉並児童相談所は、女児の一時保護を決定し、翌2017年1月に里親委託を解除した。X_1及びX_2は、①本件一時保護決定の違法性、②本件里親委託措置解除等の違法性、そして③被告（児童相談所及び東京都）が一切の交流を継続的に妨げていることについての違法性を主張し、国家賠償請求訴訟を提起した。③について、X_1・X_2は、里親子関係にあった里親と子どもは永続的な家族関係を維持する利益（憲法13条、24条における「家族」の保護、子どもの権利条約20条1項・3項、国連人権規約B規約23条1項）を有し、児童相談所が両者の面会を合理的な理由もなく拒否したり、禁止することはできないと主張した。

これに対し、東京地方裁判所は、①及び②について、違法性を否定した。

そして、③について、以下のように述べている。

「(3) 里親が、委託に基づき里子である児童を養育監護すべきことは、国家賠償法との関係では、法的保護に値するというべきであることは前述のとおりであるが、本件児童については、本件一時保護期間中は本件一時保護を理由に本件里親委託措置が停止されており、その後は、本件里親委託が解除されている。そうするとX_1・X_2においては、委託に基づいて本件児童を養育監護することができない状況であり、そのような状態であっても、本件児童と交流することができる法的権利ないし法的に保護されるべき利益を有すると解すべき根拠は現行法上見出しがたい。子どもの権利条約9条3項は、父母から分離されない

---

[84] 横田・前掲注(76)636頁。

結　論

ことに関する児童の権利を定めたものであり、里親又は里親であった者に関する規定とはいいがたい。そうすると、X_1・X_2が本件児童と交流することに関し、法的に保護された権利または利益を有しているとは解し難いと言わなければならない。

(4) 以上によれば、本件証拠上優に認められる原告らによる本件児童に対する愛情深い養育状況及びその結果として構築されたX_1・X_2と本件児童の愛着関係の強さ、X_1・X_2と本件児童双方にとって突然かつ本意とはいい難い別れとなってしまった経緯などからすれば、本件児童の意向や心情などを十分に踏まえつつ、今後の面会を含む交流の在り方について、関係機関において柔軟に検討されることが期待されるにしても、これまでの原告らと本件児童との間の交流の制限が国家賠償法上違法であるとはいえない」。

本判決は、(4)において、面会交流の実施を検討するようよびかける配慮は見せているが、里親の面会交流を監護養育と連続したものであるととらえ、監護養育ができない里親の面会交流について、法的権利ないし法的利益を有すると解すべき規定を、現行法では見出しがたい、とした。もっとも、実親、子どもの権利ないし利益との調整はまた別の問題であるものの、里親の面会交流権についても考察が必要である[85]。

(2) コロナによる面会交流制限

次に、たとえコロナ禍であっても、親子の面会交流規制は慎重に行わなければならない。もっとも、ドイツのような法規命令ではなく、わが国ではこの場合も任意処分で面会交流制限が行われる可能性が高い。しかし、今後面会交流制限を強化する可能性は否めない。仮に規制を行うならば、子ども（及び職員）の健康保護という目的を達成するための必要最小限の制約として、多様な面会交流形式を活用することによりたとえ対面形式ではなくとも可能な限り面会交流を実現しなければならないだ。憲法上の面会交流権を構想することによ

---

[85]　この問題について、横田は、里親委託解除を争う行政法裁判例を念頭に、行政介入から防御されるべき当該法的利益の憲法上の根拠づけを構想する。ここでは里親の養育権限とは区別される「関係への権利」が、子どもと里親の親密な人的結合への権利として、憲法13条による根拠づけが提唱される（横田・前掲注[76]637-639頁）。

り、このような主張を裏づけることができよう。そして、ドイツの判例を見る限り、年齢や障害等の事情により対面形式での面会交流によってのみ親とのつながりを感じることができる子どもの存在も考慮し、面会交流規制が強化される場合は、その制限の例外を認めなければならない。この点もまた、憲法上明確な基準を描くにあたり参考になりうる。

4　私人間の面会交流紛争の類型化

現在わが国では面会交流をより積極的に行うべきという主張がなされている。2019年から行われた憲法上の面会交流権を主張する訴訟（詳細については、1章参照）で、婚姻中または離婚後の夫婦の別居に伴い、子どもと別居することに至った親である原告らは次のように主張した。すなわち、憲法上保障されている別居親と子どもとの面会交流権の権利行使の機会を確保するために必要な立法措置をとることは必要不可欠であり、それが明白であるにもかかわらず、国会が正当な理由なく長期にわたって立法措置を怠ってきたことは、国家賠償法1条1項の違法な行為に該当する。

このような面会交流をめぐる紛争においては、①同居親による拒否、②別居親による拒否、そして③子どもによる拒否というように場面に応じて面会交流権の限界をも明らかにしなければならない。そのため、引き続きドイツの議論を参考に考察を進める。ドイツの議論によれば、面会交流権の限界については以下のとおりとなる。

①については、私人間の紛争という三者関係の争いにおいては二面関係とは異なり、親権者の存在がある。そのため、親権者の意思に反する面会交流の限界が問題となる。

私人間の紛争における面会交流の是非は積極的・子どもの福祉により決められる。そして、たとえ親権者が反対していても子どもの福祉に合致する場合は面会交流を親権者はさせなければならない。

②別居親による拒否については、連邦憲法裁判所が、具体的な個別の事例において強制された面会交流が子どもの福祉になお奉仕し得るであろうことを推測させる十分な根拠が存在しない場合は、その面会交流を強制することはできないとしている。しかし、ヴァプラーの論説を踏まえるとそのさいには第2章

結　論

との関係から当事者の合意を得ることが望ましいと考える。

　③子ども自身の拒否は、公権力による面会交流制限同様近年重視されつつあり、子ども自身の意思が今後ますます重要なファクターになるとみられる。

　わが国における前述した判例を契機に面会交流制度の見直しの機運が高まっている今日において、以上のようなドイツの議論は司法判断のみならず立法者に対し憲法上の指針のありようを示しうる。すなわち、面会交流権の議論をするさいに特に3面関係の場合はパターン分けをしてどのような場合に面会交流の限界が認められるのかを明らかにしなければならない。ドイツはこの点を考えるうえで参考になる。

5　生物学上の父の面会交流権の限界

　また、ドイツでは、生物学上の父の面会交流権の対抗的利益として、法律上の親の権利（基本法6条2項、子どもの配慮を担い、また子どもの遺伝的なデータを収集し利用することを許可するかについての判断が保障されている）、子どもの自己情報決定権（基本法1条1項と結びついた2条1項）、法律上の母の私的領域と内密領域の尊重（基本法1条1項と結びついた2条1項）そして家族基本権（基本法6条1項）が考えられる。そして、親の権利の問題としてとらえる場合特に子どもの福祉は消極的・子どもの福祉と積極的・子どもの福祉の中間と学説では、とらえられる。しかし、これは結局のところ積極的・子どもの福祉に帰するともいえよう。そして、連邦憲法裁判所2014年決定によれば、法律上の家族の解体に繋がりかねない出自鑑定を他の審査よりも後にするというように子どもにとってより負担の少ない手続が憲法上要請される。こうした限界は、わが国において、面会交流権の主体拡大を考える際、その限界を考えるうえで参考になると思われる。

Ⅳ　現行制度の合憲性及び今後の立法指針に関する検討

1　私法における面会交流をめぐる現行制度の検討

　以上のように考えるならば、民法766条を出発点とした私法における面会交

IV 現行制度の合憲性及び今後の立法指針に関する検討

流をめぐる現行制度については、第1章でみた訴訟の結論とは異なり、同条は違憲の疑義を免れないと考えられる。すなわち、民法766条は、憲法24条と結びついた13条で保障される面会交流権を具体化した内容であるべきである。そのように考えた場合、民法766条の内容は、完全に立法者の自由に委ねられない。また、憲法24条の法的性質の理解次第では、立法義務を導き出すことも不可能ではない。

もっとも、立法者との関係で司法がどこまで判断すべきか、については別途議論が必要であることは言うまでもない。

そして、本書において検討した憲法上の親の権利や面接交流権の議論を踏まえれば、面会交流をめぐる紛争処理（予防）制度については、将来的に協議離婚を含む全ての離婚について面会交流に関する当事者の合意形成を促す制度を考える必要があるだろう。更に――後述する法改正をめぐる議論は流動的であるため、本書での提案はごく一部に限定するが――子どもの意見を取り入れられる法制度や面会交流の対象を広げる際の留意事項を踏まえた議論が憲法上要請されるだろう。

例えば、家事事件手続法65条が、家事審判の手続における子どもの意思の把握及び考慮について、「家庭裁判所は、親子、親権又は未成年後見に関する家事審判その他未成年者である子ども（未成年被後見人を含む。以下この条において同じ。）がその結果により影響を受ける家事審判の手続においては、子どもの陳述の聴取、家庭裁判所調査官による調査その他の適切な方法により、子どもの意思を把握するよう努め、審判をするに当たり、子どもの年齢及び発達の程度に応じて、その意思を考慮しなければならない」と定める。同条の規定は、同法258条1項により、家事調停の手続における子どもの意思の把握等について準用される。同規定は、子どもの意思の把握の方法として、子の陳述、調査官による調査、その他の適当な方法をあげているが、特に一定の審判事件（子の監護に関する処分の審判〔子の監護に要する費用の分担に関する処分の審判を除く〕〔家事法152条2項〕、親権喪失、管理権喪失または親権停止の審判及びこれらの審判の取消しの審判〔家事法169条1項1号及び2号〕、親権又は管理権を辞するについての許可の審判〔同項3号〕、親権又は管理権を回復するについての許可の審判〔同項4号〕、未成年後見人または未成年後見監督人の選任の審判〔家事法178条1項

結論

1号〕）については、子どもが15歳以上の場合には、必ず、子どもの陳述の聴取をしなければならないと規定する。この点について、実務では子どもの監護に関する処分の審判手続とは異なり調停手続においては必ずしも常に子どもの意思の把握と考慮が確保されていないという指摘[86]もあり、家事調停手続から始まることが多いとされる面会交流事件では、子どもの両親の合意によって子どもに影響する判断が下されることもあり、より一層の子どもの意思の把握と考慮がなされるべきである。こうした親の面会交流権を制限する子どもの福祉を子どもの主観に開かれたものにすることは、子どもの意見表明権という観点からも重要であると考える[87]。

そして、第1章でも述べた通り、法制審議会が家族法改正案を議論している。共同親権制度導入を柱とし、親子の面会交流に関する新たな規定をもうける要綱案は、2024年に国会に提出される見込みである。

2023年12月現在明らかにされている本書の関心に関わる要綱案の内容は、以下のとおりである。

「第4　親子交流に関する規律

1　父母の婚姻中の親子交流

父母の婚姻中の親子交流について、次のような規律を設けるものとする。

（1）民法第766条（同法第749条、第771条及び第788条において準用する場合を含む。）の場合のほか、子と別居する父又は母と当該子との交流について必要な事項は、父母の協議で定める。この場合においては、子の利益を最も優先して考慮しなければならない。

（2）上記(1)の協議が調わないとき、又は協議をすることができないときは、家庭裁判所が、父又は母の請求により、上記の事項を定める。

（3）家庭裁判所は、必要があると認めるときは、父又は母の請求により、

---

[86] 大谷美紀子「家事事件手続における意見を聴かれる子どもの権利の保障」松川正毅編『木内道祥先生古稀・最高裁判事退官記念論文集　家族と倒産の未来を拓く』（金融財政事情研究会、2018年）69頁。

[87] 家事司法システムにおける子どもの意見表明権の保障手段についての考察例として、原田綾子『子どもの意見表明権の保障——家事司法システムにおける子どもの権利』（信山社、2023年）が挙げられる。

上記(1)及び(2)の規定による定めを変更することができる。
　2　裁判手続における親子交流の試行的実施
(1)家事事件手続法の規律の新設
　家事審判事件における親子交流の試行的実施について、次のような規律を設けるものとする。
　ア　家庭裁判所は、子の監護に関する処分の審判事件（子の監護に要する費用の分担に関する処分の審判事件を除く。）において、子の心身の状態に照らして相当でないと認める事情がなく、かつ、事実の調査のため必要があると認めるときは、当事者に対し、子との交流の試行的実施を促すことができる。
　イ　家庭裁判所は、上記アの試行的実施を促すに当たっては、交流の方法、交流をする日時及び場所並びに家庭裁判所調査官その他の者の立会いその他の関与の有無を定めるとともに、当事者に対して子の心身に有害な影響を及ぼす言動を禁止することその他適当と認める条件を付することができる。
　ウ　家庭裁判所は、上記アの試行的実施を促したときは、当事者に対してその結果の報告（当該試行的実施をしなかったときは、その理由の説明）を求めることができる。
　エ　上記アからウまでの規律は、子の監護に関する処分の調停事件（子の監護に要する費用の分担に関する処分の調停事件を除く。）及び離婚についての調停事件に準用する。
(2)人事訴訟法の規律の新設
　離婚の訴え等における附帯処分として子の監護に関する処分（子の監護に要する費用の分担に関する処分を除く。）の申立てがされている場合において、上記(1)アからウまでと同様の規律を設けるものとする。
　3　親以外の第三者と子との交流に関する規律
　親以外の第三者と子との交流に関して、次のような規律を設けるものとする（注1）。
(1)家庭裁判所は、父母の協議離婚後の子の監護について必要な事項を定め又はその定めを変更する場合において、子の利益のため特に必要があると認めるときは、父母以外の親族と子との交流を実施する旨を定めることができる。
(2)上記(1)の定めについての家庭裁判所に対する審判の請求は、次に

結 論

掲げる者（イに掲げる者にあっては、その者と子との交流についての定めをするため他に適当な方法がないときに限る。）がすることができる（注２）。
　ア　父　母
　イ　父母以外の子の親族（子の直系尊属及び兄弟姉妹以外の者にあっては、過去に当該子を監護していた者に限る。）
（注１）本文（１）及び（２）の規律は、民法第766条が準用されている他の場面（婚姻の取消し、裁判上の離婚、認知）においても同様に準用するものとする。また、父母が婚姻関係にない場面のほか、婚姻中の父母が別居する場面（本文第４の１参照）についても、本文と同様の規律の整備をするものとする。
（注２）子の監護に関する処分の審判（父母以外の親族と子との交流に関する処分の審判に限る。）及びその申立てを却下する審判について、即時抗告（家事事件手続法第15 6条参照）等についての規律を整備するものとする[88]」。

　このような家族法制の見直しに関する要綱案の取りまとめに向けた親子の面会交流規律案の検討について、法制審議会内部ではおおむね賛同は得られたものの、一部の委員・幹事からは、裁判手続における親子交流の試行的実施のさいには家庭裁判所調査官その他の第三者の立会いを必須とすることを求める修正意見や、親以外の第三者と子との交流に関する規律を設けることについては慎重な検討が必要であるとする意見などが示された[89]。

　同案では民法766条改正及び裁判手続きにおける親子交流の試行的実施に関する規律案等を検討しているものの、依然として面会交流に関しその権利性への言及を避け、親子の面会交流は協議で定めることが原則とされている。共同親権制度をめぐる議論と関連して、同案では協議が整わないとき又は協議をすることができないときに、家庭裁判所に判断を仰ぐことになる。しかし、少なくとも司法の場において、現状よりも子どもの意見表明の機会を確保する形での法改正が求められる。

　また、第三者の面会交流についても、「親以外の第三者と子との交流に関する規律」として家庭裁判所への面会交流申立権者の範囲を広げようとしている

---

(88)　部会資料35-1 7-9頁より抜粋。
(89)　法制審議会家族法制部会第33回会議（令和５年11月14日開催）議事速報。

Ⅳ　現行制度の合憲性及び今後の立法指針に関する検討

が、その際には、当事者の紛争可能性を最小限にとどめるような要件を設けることも検討すべきである。「イ　父母以外の子の親族（子の直系尊属及び兄弟姉妹以外の者にあっては、過去に当該子を監護していた者に限る。）」というように、面会交流申立権者の特定が試みられているが、この範囲が適切か否かについては、更なる議論を要するだろう。

2　公権力による親子の面会交流制限について

　私人同士の面会交流制限については今後の立法動向を見守る必要があるが、本書では序論でも示した問題意識のとおり、私人同士の面会交流制限のみならず公権力による面会交流制限についても議論の進展を望みたい。

　すなわち、先述した通り憲法上親子に面会交流権があり、行政は正当な理由がない限りこれを制限することはできない。それにもかかわらず行政機関はこれを制限し、その一部は司法で違法と断ずるに至った。ただ、多くの判例で用いられている違法性判断枠組みには批判が多いことは先にふれたとおりであり、（事実上）強制的な行政指導は本来違法と考えなければならないだろう。

　この点から、行政処分としての面会交流制限・行政指導による面会交流制限について、立法で現場の意見を踏まえた上で、後者の法律上の位置づけを明らかにし、かつ前者を現場で活用できるような児童福祉法等の改正が望まれる。そのさいに、ドイツの議論を参考に、子どもの意見表明の機会を充実させなければならない[90]。なお、2022年の児童福祉法改正により、児童相談所等は入所措置や一時保護等の際に児童の最善の利益を考慮しつつ、児童の意見・意向を勘案して措置を行うため、児童の意見聴取等の措置を講ずることとし、都道府県は児童の意見・意向表明や権利擁護に向けた必要な環境整備を行うこととされた。

---

(90)　児童福祉法下での子どもの意見表明権保障の問題点については原田・前掲注(87) 323頁、掛川亜紀「児童福祉法下の家事事件手続と子どもの意見表明権」鈴木博人・横田光平編『子ども虐待の克服をめざして（吉田恒夫先生古稀記念論文集）』（尚学社、2021年）3-13頁参照。

結　論

V　今後の課題

　まず、本書の立場は従来の単独親権制度の合憲性をめぐる議論とは、一定の距離を保つものである。これは、面会交流権が本来広い場面で議論されるべきだという考えによるものであり、いかなる法制度であっても共同親権制度自体を否定する趣旨ではない。そして、先述した通り、わが国が共同親権制度を導入することを検討する以上、今後は私人間の紛争において従来の単独親権制度に加えて共同親権制度が前提となる議論も必要であろう[91]。これについては、稿を改めて検討したい。

　次に、より広い場面・主体を想定した面会交流権の議論が必要である。前者の例としては、刑事収容施設や医療機関での親子の面会交流が、後者の例としては、先に触れた里親が挙げられる。これらの事例に、引き続き取り組みたい。

　最後に、国際人権法とのかかわりを、渉外事件を視野に入れ議論する必要がある。この点について、本書で取り上げた判例では、子どもの権利条約の理念を取り入れた児童福祉法の領域を除き、原告側が主張する国際人権法の活用に否定的な態度が見られる。しかし、子どもの権利条約はもとより、本書でもドイツとの比較でふれたヨーロッパ法やハーグ条約について、渉外事件を題材に検討すべきだろう。

*　本稿脱稿後、共同親権制度を柱にし、かつ先述した要綱案の内容を反映した「民法等の一部を改正する法律案」が2024年３月８日に国会に提出された。同案では、まず民法766条の２に「審判による父母以外の親族と子との交流の定め」がおかれた。次に、「判決前の親子交流の試行的実施」（人事訴訟法34条の４）及び「審判前の親子交流の試行的実施」（家事法152条の３）規定がおかれた。最後に、民法817条の13に「父母の婚姻中の親子交流」に関する規定がおかれた。

　同案は、修正議決を経て、2024年５月17日に成立した（令和６年法律第33

---

(91)　日本における共同親権制度の在り方を考える手掛かりとして、鈴木博人「離婚後の共同親権制度導入に関しての原則的考察」法学新報129巻10・11号（2023年）163-191頁参照。

V 今後の課題

号)(改正案及び成立した法律内容については、法務省 HP［https://www.moj.go.jp/MINJI/minji07_00348.html］で閲覧可)(最終確認日:2024年5月31日)。

　また、同じく本稿脱稿後に、行政指導による親子の面会交流制限の国賠法上の違法性について争う新たな判例(千葉地判2023［令5］年12月20日令和3年［ワ］第1853号等)に接する機会を得た。

謝　辞

　はしがきで述べた通り、本書は博士論文をベースにしている。同論文では、日本法の法状況やドイツの議論の紹介や論文の翻訳を行う際に多くの先行研究を参考にしたが、その際にあたっては数多くの先生方から直接のご指導をいただいた。

　大学院博士課程前期課程からお世話になってきた亡き師匠である畑尻剛先生には、研究者としての初歩から教えていただいた。畑尻先生ご退職後には、橋本基弘先生に指導教員となっていただき、ドイツ法とは異なる視座から、特に日本法の解釈論としてどのように展開することができるかについて、多岐にわたるご教示をいただいた。松原光宏先生には、学内の研究会や博士論文の審査などを通じて、正確なドイツ法の理解、そして基礎理論の重要性を学ばせていただいた。柴田憲司先生には、直接の指導教員ではないにもかかわらず、ドイツ法、日本法、また論文の細部に至るまでコメントをいただいた。

　中央大学内のみならず、学外でも、ドイツ憲法判例研究会、児童福祉法研究会、憲法理論研究会、日本教育法学会、一橋EU法研究会等複数の研究会・学会活動を通じて、同志社大学の横田光平先生、明治大学の斎藤一久先生、甲南大学の篠原永明先生、一橋大学の中西優美子先生をはじめとする様々な先生から貴重なご意見を伺う機会を得た。先生方からいただいたコメントがなければ、今よりも自己本位で偏った見解になっていたに相違ない。改めて、先生方に感謝申し上げたい。

　また、博士論文の審査においては、橋本先生、松原先生のほか、教育法を一から手ほどきしてくださった廣澤明先生、私が学部生の頃家族法に関心を抱くきっかけをつくってくださった鈴木博人先生から、複数の課題をいただいた。審査の労をお取りいただいたことに感謝申し上げるとともに、本書を通じて、少しでも課題に答えることができていればと思っている。

　本書を執筆するにあたり、必要な研究環境は母校である中央大学のみならず明治大学にも御提供いただいた。また、日本の最新の判例動向を検討する必要

あとがき

性に迫られ、不躾を承知の上で複数の報道機関や訴訟を牽引する実務家の方々とコンタクトをとるに至った。各大学の関係者の皆様、資料収集に快くご協力いただいた、訴訟当事者、報道関係者、弁護士の先生方に改めて感謝申し上げる。

　最後に、昨今の厳しい出版状況にもかかわらず、快く出版に御協力いただいた信山社様及び編集者である今井守氏・稲葉文子氏にお礼申し上げたい。

2024年6月

吉　岡　万　季

初 出 一 覧

- 序　　論　　書き下ろし
- 第 1 章　　書き下ろし
- 第 2 章　　「未成年者に対する憲法上の親の権利とその限界について――ドイツの親の憲法上の権利義務理論を中心に」中央大学院研究年報法学研究科編44巻（2015年）3-21頁、同「憲法上の親の権利の必要性と問題――ドイツにおける近年の学説状況を参考に」憲法理論研究会編『憲法学のさらなる開拓』（敬文堂、2020年）137-151頁及び口頭報告「ドイツにおける子どもの基本権の具体化」（日本教育法学会、2022年）を加筆・修正
- 第 3 章　　「憲法上の親の面会交流『権』――ドイツの生物学上の父の面会交流『権』を参考に」大学院研究年報法学研究科篇46巻（2017年）21-46頁のうち一部、「家族法の国際化とその憲法上の限界――ドイツにおける家族法の欧州化を手がかりに」法学新報124巻11=12号（2018年）149-177頁及び口頭報告「ドイツにおける面会交流権とEU法」（一橋EU法研究会、2023年）を加筆・修正
- 第 4 章　　Ⅰ　書き下ろし
    - Ⅱ　「公権力による面会交流制限の限界――ドイツの学説・判例を参考に」法学新報127巻7=8号（2021年）543-571頁を加筆・修正
    - Ⅲ　書き下ろし
    - Ⅳ　「憲法上の親の面会交流『権』――ドイツの生物学上の父の面会交流『権』を参考に」大学院研究年報　法学研究科編篇46巻（2017年）21-46頁のうち一部を加筆・修正
- 第 5 章　　書き下ろし

判例索引

◇最高裁判所

最大判1976(昭51)年5月21日刑集30巻5
号615頁 ························ *231, 232-234, 238*
最決1984(昭59)年7月6日家月37巻5号
35頁 ··· *20*
最決2013(平25)年3月28日民集67巻3号
864頁 ·· *14*
最一小判2014(平26)年7月17日判決民集
68巻6号547頁 ·· *251*
最大判2015(平27)年12月16日民集69巻8
号2427頁 ·· *157*
最大判2015(平27)年12月16日民集69巻8
号2586頁 ·· *157*
最二小決2021(令3)年7月7日令和2年
(オ)第1341号判例集未登載 ······················· *25*

◇高等裁判所

東京高決1967(昭42)年8月14日家月20巻
3号64頁 ··· *19*
大阪高決2019(令元)年11月29日令和元年
(ラ)第1140号判例集未登載 ······················ *253*
東京高判2020(令2)年8月13日判時2485
号27頁 ·· *24*
東京高判2021(令3)年12月16日判自487
号64頁 ·· *200*
大阪高判2023(令5)年8月30日LEX/
DB25596449 ··· *261*
東京高判2023(令5)年8月31日LEX/
DB25596453 ··· *13, 28*

◇地方裁判所

高松高決2002(平14)年6月25日家月55巻
4号66頁 ··· *14*
山口地判2015(平27)年4月23日LEX/
DB25540959 ··· *268*
東京地判2019(令元)年11月7日判タ1487
号196頁 ··· *268*
東京地判2019(令元)年11月22日法教474
号123頁 ··· *23*

東京地判2021(令3)年2月17日訴月67巻
9号1313頁 ··· *243*
宇都宮地判2021(令3)年3月3日判時
2501号73頁 ··· *198*
名古屋地判2021(令3)年3月30日判時
2518号84頁 ··· *158*
大阪地判2022(令4)年3月24日判例タイ
ムズ1506号129頁 ······································· *257*
東京地判2022(令4)年11月28日LEX/DB
25572766 ··· *26, 254*
東京地判2023(令5)年3月31日令和元年
(ワ)第32289号判例集未登載 ················ *269*
大阪地判2023(令5)年7月31日令和3年
(ワ)第11934号判例集未登載 ·········· *243, 247*

◇家庭裁判所

東京家審1964年(昭39)年12月14日家月17
巻4号55頁 ··· *17*
大阪家審1994(平5)年12月22日家月47巻
4号45頁 ·· *17, 18*
大阪家審2015(平27)年3月13日平26年
(家)第7727号判例集未登載 ················ *251*

◇ドイツの裁判所

BGHZ 203, 350 ·· *177*
BGH 24. 08. 2016, NJW 2016, 3174 ········· *176*
BGHZ42, 364 ··· *119*
BGHZ 212, 155 ··· *173*
BVerfG 09. 03. 1999, FamRZ 1999, 641
·· *76*
BVerfG 09. 03. 1999, FamRZ 1999, 641 ··· *79*
BVerfG 03. 05. 1999, FamRZ 1999, 1053
·· *79*
BVerfG 17. 09. 2016, FamRZ 2016, 1917
··· *215*
BVerfG 19. 11. 2014, NJW 2015, 542 ····· *219*
BVerfGE 4, 52 ··· *69, 76, 78*
BVerfGE 7, 198 ··· *87*
BVerfGE 24, 119 ······················· *69, 84, 182, 204*

BVerfGE 31, 194 ·············· *80, 119, 205, 212*
BVerfGE 37, 217 ························ *69*
BVerfGE 56, 363 ························ *71*
BVerfGE 59, 360 ···················· *49, 71*
BVerfGE 60, 79 ············ *49, 79, 205, 206*
BVerfGE 61, 358 ························ *72*
BVerfGE 68, 176 ······················· *206*
BVerfGE 89, 155 ······················· *147*
BVerfGE 92, 158 ············· *126, 190, 191*
BVerfGE 103, 89 ························ *85*
BVerfGE 108, 82 ····· *126, 128, 129, 169, 170*
BVerfGE 111, 307 ················· *132, 139*
BVerfGE 117, 202 ······················ *181*
BVerfGE 121, 69 ············· *53, 90 121, 213*
BVerfGE 123, 267 ············· *138, 147, 148*
BVerfGE 124, 199 ······················ *156*
BVerfGE 133, 59 ·················· *91, 170, 173*
BVerfGE 135, 48 ······················· *174*
BVerfGE 136, 382 ······················ *188*
BVerfGE 141, 186 ················· *137, 181*
BVerfGE 151, 101 ······················ *174*
BVerfG(K) 20, 135 ···················· *207*
BVerfG(K) 03. 02. 2017, NJW 2017, 1295
 ·· *91*
BVerfG(K) 05. 07. 2013 - 2 BvR 708/12
 ··· *154*
BVerfG(K) 9, 274 ······················· *95*
BVerfG(K) 10, 519 ······················ *95*
BVerfG(K) 15, 509 ······················ *95*
BVerwG, 10. 02. 2011, Az. 1 B 22/10 ······ *96*

OLG Braunschweig, 12. 04. 2017, FamRZ
 2017, 972 ······························ *178*
VG Gelsenkirchen 29. 04. 2020- 20 L
 516/20 ································· *209*
VG Hamburg, 16. 04. 2020, FamRZ 2020,
 928 ···································· *208*

◇欧州人権裁判所・欧州司法裁判所
EGMR 05. 11. 2013 Nr. 23338/09 –
 Kautzor/Deutschland ················ *135*
EGMR 15. 09. 2011 Nr. 17080/07 –
 Schneider/Deutschland ·············· *135*
EGMR 21. 12. 2010 Nr. 20578/07 –
 Anayo/Deutschland ·················· *133*
EGMR 26. 02. 2004 Nr. 74969/01 –
 Görgülü/Deutschland ················ *132*
EGMR 26. 06. 2014 Nr. 65192/11
 – Menesson/Frankreich ·············· *147*
EuGH 2. 10. 2003 C-148/02 –Garcia-
 Avello ································· *144*
EuGH 14. 10. 2008 C-353/06 –Grunkin-
 Paul ··································· *145*
EuGH 22. 12. 2010 C- 208/09-Iloka Sayn
 -Wittgenstein/Kandeshauptmann
 von Wien ····························· *151*
EuGH 30. 3. 1993 C-168/9 – Konstantinidis
 ·· *144*
EuGH 31. 05. 2018 - C-335/17 ············ *188*
EuGH 7. 5. 2013 C-617/10 – Åkerberg
 Fransson ······························ *146*

〈著者紹介〉

吉 岡 万 季（よしおか・まき）

1989年愛知県生まれ
2011年3月　中央大学法学部卒業
2015年3月　中央大学大学院法学研究科公法専攻博士前期課程修了
2023年3月　中央大学大学院法学研究科公法専攻博士後期課程修了
2023年9月　明治大学法人PD（至2024年3月）
2024年4月　朝日大学法学部准教授

〈主要著作〉

「第8章　移動の自由」ストーリー・Ⅰほか　岡田順太・淡路智典・杉山有沙編『障害のある人が出会う人権問題』（成文堂、2023年）

学術選書
259
憲　法

憲法上の面会交流権
―― 親の権利の日独比較 ――

2024（令和6）年11月30日　初版第1刷発行

著　者　吉　岡　万　季
発行者　今井　貴・稲葉文子
発行所　株式会社　信　山　社
〒113-0033　東京都文京区本郷 6-2-9-102
Tel 03-3818-1019　Fax 03-3818-0344
info@shinzansha.co.jp
笠間才木支店　〒309-1600　茨城県笠間市笠間 515-3
笠間来栖支店　〒309-1625　茨城県笠間市来栖 2345-1
Tel 0296-71-0215　Fax 0296-72-5410
出版契約 2024-8285-6-01010　Printed in Japan

Ⓒ吉岡万季, 2024　印刷・製本／藤原印刷
ISBN978-4-7972-8285-6 C3332 P.308/323.500 a.017 憲法
8285-0101：012-030-010《禁無断複写》

JCOPY　〈(社)出版者著作権管理機構　委託出版物〉

本書の無断複写は著作権法上の例外を除き禁じられています。複写される場合は、そのつど事前に、(社)出版者著作権管理機構（電話03-5244-5088, FAX03-5244-5089, e-mail: info@jcopy.or.jp）の許諾を得てください。また、本書を代行業者等の第三者に依頼してスキャニング等の行為によりデジタル化することは、個人の家庭内利用であっても、一切認められておりません。

◆ 講座 立憲主義と憲法学 ◆

第1巻 憲法の基礎理論　山元 一 編集

第2巻 人権Ⅰ　愛敬浩二 編集

第3巻 人権Ⅱ　毛利 透 編集

第4巻 統治機構Ⅰ　只野雅人 編集

近刊
第5巻 統治機構Ⅱ　宍戸常寿 編集

第6巻 グローバルな立憲主義と憲法学
　　　　　　　　江島晶子 編集

信山社

◆ **ドイツの憲法判例〔第2版〕**
　　ドイツ憲法判例研究会 編　栗城壽夫・戸波江二・根森健 編集代表
・ドイツ憲法判例研究会による、1990年頃までのドイツ憲法判例の研究成果94選を収録。ドイツの主要憲法判例の分析・解説、現代ドイツ公法学者系譜図などの参考資料を付し、ドイツ憲法を概観する。

◆ **ドイツの憲法判例Ⅱ〔第2版〕**
　　ドイツ憲法判例研究会 編　栗城壽夫・戸波江二・石村修 編集代表
・1985～1995年の75にのぼるドイツ憲法重要判決の解説。好評を博した『ドイツの最新憲法判例』を加筆補正し、新規判例を多数追加。

◆ **ドイツの憲法判例Ⅲ**
　　ドイツ憲法判例研究会 編　栗城壽夫・戸波江二・嶋崎健太郎 編集代表
・1996～2005年の重要判例86判例を取り上げ、ドイツ憲法解釈と憲法実務を学ぶ。新たに、基本用語集、連邦憲法裁判所関係文献、1～3通巻目次を掲載。

◆ **ドイツの憲法判例Ⅳ**
　　ドイツ憲法判例研究会 編　鈴木秀美・畑尻剛・宮地基 編集代表
・主に2006～2012年までのドイツ連邦憲法裁判所の重要判例84件を収載。資料等も充実、更に使い易くなった憲法学の基本文献。　　　　　　　　　　　　　第Ⅴ巻近刊

◆ **フランスの憲法判例**
　　フランス憲法判例研究会 編　辻村みよ子編集代表
・フランス憲法院（1958～2001年）の重要判例67件を、体系的に整理・配列して理論的に解説。フランス憲法研究の基本文献として最適な一冊。

◆ **フランスの憲法判例Ⅱ**
　　フランス憲法判例研究会 編　辻村みよ子編集代表
・政治的機関から裁判的機関へと揺れ動くフランス憲法院の代表的な判例を体系的に分類して収録。『フランスの憲法判例』刊行以降に出されたDC判決のみならず、2008年憲法改正により導入されたQPC（合憲性優先問題）判決をもあわせて掲載。

◆ **ヨーロッパ人権裁判所の判例**
　　戸波江二・北村泰三・建石真公子・小畑郁・江島晶子 編集
・ボーダーレスな人権保障の理論と実際。解説判例80件に加え、概説・資料も充実。来たるべき国際人権法学の最先端。

◆ **ヨーロッパ人権裁判所の判例Ⅱ**
　　小畑郁・江島晶子・北村泰三・建石真公子・戸波江二 編集
・新しく生起する問題群を、裁判所はいかに解決してきたか。様々なケースでの裁判所理論の適用場面を紹介。

信山社

ドイツ近現代法学への歩み／ヤン・シュレーダー(石部雅亮編訳)
ドイツ憲法Ⅰ・Ⅱ／クラウス・シュテルン(赤坂正浩他訳)
ドイツ基本法―歴史と内容／クリストフ・メラース(井上典之訳)
現代ドイツの外交と政治(第2版)／森井裕一
ドイツ連邦共和国基本法(第2版)／初宿正典 訳
ドイツ語圏人名地名カタカナ表記辞典／初宿正典 編著
講座 憲法の規範力 第1巻～第5巻／ドイツ憲法判例研究会 編
憲法の発展Ⅰ―憲法の解釈・変遷・改正
　　／鈴木秀美・M.イェシュテット・小山剛・R.ポッシャー 編集
日本国憲法制定の過程―資料考証と解題／芦部信喜・高見勝利
憲法の原理と解釈／棟居快行
放送の自由(増補第2版)／鈴木秀美
世紀転換期の憲法論／赤坂正浩
憲法学の倫理的転回／三宅雄彦
情報自己決定権と制約法理／實原隆志
現象学的国法学―純粋法学を参照軸としながら／足立治朗
連立政権の憲法的研究―ドイツ連邦共和国の実例を中心に／岩切紀史
講座 政治・社会の変動と憲法―フランス憲法からの展望Ⅰ・Ⅱ
　　／辻村みよ子 編集代表
現代フランス憲法理論／山元 一
代表における等質性と多様性／只野雅人
憲法研究 1～15号 続刊／辻村みよ子 責任編集
メディア法研究 1～2号 続刊／鈴木秀美 責任編集
ＥＵ法研究 1～15号 続刊／中西優美子 責任編集
行政法研究 1～57号 続刊／行政法研究会 責任編集

信山社